AF354999

Con il patrocinio di

AMNESTY INTERNATIONAL
SEZIONE ITALIANA

Per la capacità di andare oltre i fatti del femminicidio, sapendo ispirare nel lettore un desiderio concreto di cambiamento. Un libro che non soltanto racconta, documenta alla perfezione e denuncia una piaga del nostro tempo con chiara fermezza, ma che trasforma l'arte in strumento per contrastare silenzio ed omertà.

Ni una más. Arte e attivismo contro il femminicidio
di Francesca Guerisoli

© 2016 Postmedia Srl, Milano

Design: Romain Citerne

www.postmediabooks.it
ISBN 9788874901562

Ni una más

Arte e attivismo contro il femminicidio

Francesca Guerisoli

postmedia•books

> *Sangre mía,*
> *de alba,*
> *de luna partida,*
> *del silencio.*
> *de roca muerta,*
> *de mujer en cama,*
> *saltando al vacío,*
> *Abierta a la locura.*
>
> da *Sangre Nuestra*
> Susana Chavez
> (Ciudad Juárez, 1974 - 2011)

Ciudad Juárez, Messico. È il 1993 l'anno in cui cominciano a scomparire ragazze, studentesse e lavoratrici, ritrovate poi prive di vita nel deserto o in aree abbandonate o persino in zone centrali della città. Da allora, con una spietata e ingiustificata aggressione su decine e poi centinaia di donne, si compiono crimini che si ripetono con la stessa atroce modalità: rapimento, stupro, tortura, mutilazioni e uccisione. Ancora oggi, non conosciamo il volto dei responsabili di questi delitti, che continuano a muoversi liberamente in una realtà in cui l'impunità regna sovrana.

Qui, centinaia di donne, al pari delle argentine più note Madres de Plaza de Mayo, non si limitano a piangere le proprie figlie, ma chiedono che sia fatta giustizia. *Ni una más*, non una di più, non è semplicemente lo slogan che scandisce le loro marce nelle strade e piazze della città, ma un grido di dolore e la ragione stessa di ciò che resta della loro esistenza: pretendere la verità.

Lo slogan, divenuto simbolo della lotta al femminicidio, è mutuato da *Ni una muerta más*, espressione coniata dalla poetessa e attivista dei diritti umani Susana Chavez. Con la passione di chi sente dentro di sé la spinta ad agire per affermare un diritto negato, Susana aveva avviato un lavoro di denuncia delle ingiustizie contro le donne; le sue poesie venivano recitate alle manifestazioni in onore delle vittime.

Aveva la mia età quando, nel 2011, la sua vita venne spezzata e il suo corpo fu ritrovato seminudo per strada. Il suo non era "solo" l'omicidio di una donna. A tutti, tranne che alle autorità, la forza e la lucidità con le quali Susana manifestava la propria opposizione ad un potere radicato e padrone sono parse la causa del suo verdetto di morte. Recidere la vita di una donna, a Ciudad Juárez, vuol dire anche reprimere un pensiero, soffocare una parola, annullare un'identità e manipolare con la paura la manifestazione dell'"esserci" femminile.

Negli ultimi anni, anche in Italia, insieme all'affermarsi dell'uso del termine femminicidio, grazie ai movimenti delle *madres* e degli attivisti si è diffusa, seppur tra una cerchia ristretta, la conoscenza del tragico fenomeno per cui Ciudad Juárez è ritenuta la città più pericolosa al mondo per una giovane donna. Fino a pochi anni fa, nel nostro Paese, l'esistenza di una città chiamata Juárez era nota esclusivamente ai più incalliti frequentatori del cinema o del gossip, per via del matrimonio per procura tra Sofia Loren e Carlo Ponti, celebrato nel 1957 proprio nella città messicana, che aveva suscitato un acceso dibattito per la particolare modalità di celebrazione; oppure agli attenti osservatori delle dinamiche del libero mercato, perché qui si trova la più grande zona franca industriale del Messico; o ancora agli studiosi delle scienze umane, della giurisprudenza e ai movimenti femministi, in quanto il termine femminicidio viene usato da Marcela Lagarde, nel 1997, in riferimento al contesto di Juárez. L'antropologa e femminista messicana definisce il femminicidio come la manifestazione di un problema strutturale, la forma più estrema di violenza di genere contro le donne, prodotto della violazione dei suoi diritti umani, sia in ambito pubblico sia privato, attraverso condotte misogine che, se non punite a livello sociale e dallo Stato, pongono la donna in una posizione di rischio e possono portare alla morte. A Ciudad Juárez c'è un problema di impunità. E l'impunità comunica che ciò si può fare.

Le istituzioni occultano il problema del femminicidio, impongono una narrativa che non rispecchia né quella dei movimenti né degli organismi e delle Corti internazionali. In questo contesto, in cui i media non godono di un'autonomia effettiva, in cui le vittime sono colpevolizzate dalle autorità, e dove la paura logora le relazioni sociali e spaziali, come ha reagito il mondo della cultura e, in particolare, dell'arte? In che relazione si pongono il contesto e l'arte? Che tipo di legame si instaura tra la produzione interna ed esterna alla città? In che modo la cultura diviene motore di consapevolezza in ambito internazionale? In sostanza: come agisce l'arte in un contesto di guerra contro i diritti umani delle donne?

In *Ni una más. Arte e attivismo contro il femminicidio* mi propongo di rispondere a queste domande assumendo punti di vista diversi, quello della studiosa d'arte interessata alla produzione socialmente impegnata e quello dell'attivista per i diritti delle donne. La lettrice e il lettore estranei a entrambi gli ambiti saranno guidati, attraverso approfondimenti e collegamenti storico-critici, nell'analisi dei fenomeni e delle vicende trattate.

Per sviluppare l'argomento della ricerca e definirlo nei singoli capitoli ho consultato fonti quali saggi di storia e critica d'arte, rapporti di ONG, inchieste giornalistiche, studi sociologici e antropologici, documenti giuridici e ho stabilito un confronto diretto con artisti, attivisti, *madres*, studentesse, collettivi e giornalisti di Ciudad Juárez ed El Paso.

Nel primo capitolo viene ricostruito il fenomeno del femminicidio di Ciudad Juárez attraverso l'analisi del contesto storico, sociale, politico, culturale facendo emergere le dinamiche che hanno generato un sistema di potere caratterizzato da diffusa disonestà e immoralità, in relazione al quale solo la produzione culturale non istituzionalizzata sembra aver assunto un significato autentico. Il capitolo presenta pertanto l'incrocio di studi che hanno indagato il fenomeno da varie prospettive e discipline alla ricerca di risposte ai crimini che lo caratterizzano. L'obiettivo è anche quello di restituire con le parole l'immagine della città di frontiera e della lotta per la pace, la giustizia e la dignità condotta dalla cittadinanza che ha detto "no" alla violenza contro le donne e alla militarizzazione del confine per una presunta "guerra alla droga" che ha portato ad un aumento esponenziale della violenza.

Ciudad Juárez è un caso-studio particolarmente interessante perché dall'analisi di questa realtà emergono le tragiche conseguenze dei sintomi che hanno caratterizzato le forme e l'illusione di progresso: gli effetti della globalizzazione economica con l'incremento delle *maquiladoras*, industrie a capitale straniero che ha portato allo sfruttamento del lavoro, soprattutto di giovani donne; la collusione tra narcotrafficanti, forze dell'ordine, istituzioni e politica; la concettualizzazione del termine e la creazione del reato di femminicidio; la nascita e la resistenza di un attivismo contro la violenza di genere sulle donne che ha fatto conoscere il caso oltre i confini del Messico.

Solo avendo chiaro il contesto possiamo penetrare nelle maglie del lavoro artistico. L'analisi della produzione culturale sul femminicidio di Ciudad Juárez, delle strategie creative di contro-informazione che si manifestano nella città con una particolare effervescenza, di un'arte di impegno sociale generalmente supportata dai movimenti civili, costituisce il tema portante della seconda parte del saggio. Della produzione locale e extra regionale, vengono evidenziate le strategie di significazione, le pratiche messe in campo, l'azione dell'arte per ristabilire il legame sociale.

Le pratiche artistiche, in un contesto di violazioni e violenza estreme, agiscono per riaffermare valori etici e la memoria che il discorso istituzionale nega e nasconde. Il panorama urbano racconta la città attraverso una produzione simbolica dal basso, che si oppone alla narrazione istituzionale, che dichiara la volontà della cittadinanza di riappropriarsi dello spazio e della memoria pubblici. Le croci rosa, simbolo delle donne uccise e della battaglia delle *madres*, dominano il paesaggio urbano, segnano i punti in cui sono stati ritrovati i corpi; i murales rivendicano una memoria viva delle vittime e impongono il colore laddove la città si sporca del loro sangue; i volantini sui quali sono riportate fotografia e nome delle ragazze scomparse tappezzano ogni angolo della città.

Oltre a questi elementi, che visualizzano un "paesaggio di memoria" nello spazio urbano dando prova dell'entità del fenomeno, diverse sono le produzioni artistiche e culturali nate, dentro e fuori Juárez, con l'intento di esprimere il dissenso e compiere un'operazione di sensibilizzazione. Esse ricordano donne tra i 15 e i 25 anni che non hanno più fatto ritorno a casa. Nominano giovani lavoratrici di *maquiladora* e studentesse che sono state vittime di un sistema, nel quale i corpi vengono buttati via come rifiuti. Denunciano impunità e omertà. Chiedono la responsabilità dello Stato e della cultura misogina. Come l'impegno nell'attivismo, anche fare arte può costare la vita. È successo a Susana Chavez. È un rischio per tante documentariste, fotografe e artiste continuamente minacciate per impedire che la ribellione che alimenta la loro spinta creatrice possa sfondare il muro di omertà che avvolge i crimini contro le donne.

Nell'ultima parte del saggio ho trattato un caso-studio che mi ha coinvolta in prima persona: *Zapatos Rojos* (scarpe rosse), il progetto d'arte partecipativa dell'artista messicana Elina Chauvet che in Italia ha conosciuto una particolare diffusione. L'opera nasce nel 2009 nel contesto specifico di Ciudad Juárez, ma al tempo stesso si riferisce a un fenomeno presente a livello globale, quello della violenza di genere contro la donna. Questo fa sì che *Zapatos Rojos* si carichi di significato in tutti quei contesti in cui è presente un problema di femminicidio, sintomo di una cultura di stampo maschilista che considera la donna subalterna all'uomo. Il suo riproporsi in tempi e spazi diversi e la modalità stessa con la quale è posto in essere fanno convergere nell'installazione di una marcia di scarpe rosse, nello spazio cittadino, due elementi fondanti: le storie di donne e uomini presenti nel "qui ed ora" del progetto; e le scarpe, dipinte di rosso, sistemate nello spazio pubblico, che rievocano le donne assenti e inscenano una manifestazione di protesta che, in un'azione di sensibilizzazione, mira a modificare il presente. L'installazione, dunque, è quell'atto che afferma la presenza; mentre lo spazio urbano, nel quale essa si situa, assume nuovi significati simbolici. Attraverso la marcia lo spazio viene rivissuto e reinterpretato, interrogato e messo in discussione dalla cittadinanza.

In qualità di curatrice d'arte, con il sostegno del Comune di Milano, ho portato il progetto per la prima volta in Europa, a Milano, il 18 novembre 2012: da allora, nel nostro Paese, è divenuto virale. *Zapatos Rojos* è stata la mia chiave di accesso a Ciudad Juárez, al fenomeno delle giovani vittime. Occupandomi della sua realizzazione nelle diverse città italiane, in questi tre anni inevitabilmente il mio interesse verso il

Ni una más, grafica digitale, 2011
La grafica, creata da Ina Riaskov come immagine del profilo Facebook dell'associazione Producciones y Milagros Agrupación Feminista, è divenuta popolare grazie all'impiego nelle strade e nei social network. Courtesy Producciones y Milagros Agrupación Feminista, Città del Messico

contesto della città messicana è cresciuto giorno dopo giorno. La presa di coscienza del fatto che la realtà di Juárez sia perlopiù ignorata, mi ha spinta a volerla diffondere attraverso questa ricerca. Mi ha portata, inoltre, a tentare di descrivere, attraverso questa situazione particolare, la capacità dell'arte di ridare senso alle cose, di cambiare segno al trauma, di ridare speranza laddove i diritti umani sono calpestati quotidianamente, a creare reti transnazionali attraverso un linguaggio che non conosce confini.

Ricondurre al contesto un simbolo (le croci rosa), un termine (femminicidio), un motto (ni una más), un oggetto (le scarpe rosse), scavando oltre la superficie, è volerne acquisire la sostanza. La consapevolezza è l'arma più grande per una società che intenda la politica, come l'arte, una pratica capace di immaginare mondi migliori, un'azione di cambiamento e di trasformazione dello status quo, un mezzo per riparare alle ingiustizie del mondo.

Desidero ringraziare chi mi ha accompagnata in questo percorso. Un viaggio complesso, non privo di difficoltà di ricerca e di scelte che hanno interessato anche il piano etico, in quanto la realtà di cui tratto non è passata, non è fissata nei libri di storia, ma è attuale, è fatta di persone che vivono una quotidianità estremamente violenta che stiamo osservando a distanza. Dunque in primo luogo il mio abbraccio va alle *madres*, agli attivisti e agli artisti juarensi, per la loro preziosissima disponibilità al confronto, e in particolare a: Brenda Cerniceros, Pablo Hernández Batista, Jaime Lasso, Olga Guerra, Alejandro Morales Vázquez, Marisela Ortiz Rivera, Rayito Rocha, Carolina Rosas Heympel.

Ringrazio Monica Mazzoleni per il suo supporto costante a questa ricerca e Chiara Calzolaio per i preziosi suggerimenti. E ancora: Nello Barile, Fabrizio Bellomo, Stefania Campanile, Elina Chauvet, Anna Maria Cherubini, Paolo Giorgio, Federica Guerisoli, Francesco Laforgia, Graziella Massa, Massimo Mazzone, Luisa Monterisi, Anna Parisi Presicce, Fabrizio Pizzuto, Gianni Romano, Alberta Romano, Carla Sanguineti, Silvia Somaschini, Jorge Tirado, Tiziana, Renato, Daniela, Gemma e tutte e tutti coloro che hanno creduto, sostenuto e condiviso *Zapatos Rojos* e il suo messaggio.

Elina Chauvet, *Zapatos Rojos*, Lecce, Piazza Duomo, 3 febbraio 2013
Foto di Anna Maria Cherubini

Frontiera Ciudad Juárez – El Paso, 2015
Foto di Jaime Lasso

Ciudad Juárez, la città che uccide le donne

La città di Ciudad Juárez (abbreviato in Cd. Juárez o Juárez) è nota a livello internazionale come la più pericolosa al mondo per una donna, definita dai messicani "la città delle donne morte". Qui, a partire dagli inizi degli anni Novanta, centinaia di ragazze sono state stuprate e uccise e i loro corpi abbandonati nel deserto. Gli autori di questi efferati delitti sono rimasti, nella maggior parte dei casi, senza un nome.

La città sorge sulle rive del Rio Bravo, si estende per 188 chilometri nello Stato di Chiuhuahua, fino al confine con la texana El Paso. Con essa, Juárez costituisce la regione del Paso del Norte, la più grande area metropolitana binazionale al mondo, che conta oltre due milioni di abitanti. Quello tra El Paso e Ciudad Juárez, più che un confine, è un limite che divide due mondi: da un lato la città statunitense, che vanta di essere una delle più sicure al mondo; dall'altro, la città messicana, un vero buco nero della legalità e dei diritti umani.

La posizione geografica di Juárez è la causa dell'incremento dei fattori di rischio. A partire dagli anni Ottanta, i cartelli della droga, lo strapotere economico dei grandi industriali, il contrabbando con gli Stati Uniti, la corruzione, uniti alla fragilità delle politiche pubbliche e all'evanescenza dello Stato hanno reso la città estremamente pericolosa. Per alcuni anni, Juárez si è guadagnata il titolo di "città più pericolosa al mondo"; secondo il rapporto del Citizens Council for Public Security, una ONG messicana, a Juárez si sono consumati, solo nel 2008, centotrenta omicidi ogni centomila abitanti, saliti a duecentonovanta nel 2010, che è risultato l'anno più violento.

Il fenomeno dilagante dell'assassinio di giovani donne e bambine nella città di frontiera ha fatto emergere in modo determinante la necessità, che si pone anche come dovere morale, di circoscrivere il concetto di femminicidio, per il quale l'ordinamento giuridico preveda una sanzione specifica. Ciò è avvenuto grazie alla mobilitazione dei movimenti per i diritti umani, delle organizzazioni femministe e, soprattutto, delle Madres de Juárez, nati in città e diffusi poi oltreconfine, che si battono per il riconoscimento del reato di femminicidio e per rendere giustizia alle vittime. In particolare, il movimento delle *madres* da oltre quindici anni lotta per i diritti umani delle donne, esercita una pressione costante sulle istituzioni, rivolgendo le proprie accuse ai funzionari dei vari livelli di governo che agiscono nella città. In anni più recenti, i movimenti hanno inoltre messo in allerta non solo la popolazione dello Stato federale, ma anche la comunità internazionale, riguardo al rapido dilagare della violenza che si è verificato nel momento in cui è fallito il tentativo di risanamento degli istituti preposti all'applicazione della legge.

Le ricercatrici Kathleen Staudt e Zulma Y. Méndez, basandosi sugli scritti dell'antropologo politico James Scott sulle forme quotidiane di resistenza, definiscono la "resistenza" in termini di azioni coscienti che sfidano, rifiutano, o strategicamente ignorano il discorso ufficiale. Nel loro libro *Courage, Resistance, and Women in Ciudad Juárez: Challenges to Militarization,* analizzano l'attivismo della società civile a Ciudad Juárez nel corso del primo decennio del ventunesimo secolo, enfatizzando il ruolo delle donne[1]. Proprio Juárez, insieme al Messico e al Guatemala, è un importante esempio internazionale in merito alla resistenza che si è sviluppata rispetto a strutture patriarcali. Una resistenza che ha preso corpo nella nascita di associazioni e nel coinvolgimento di ampi gruppi sociali. Oggi, però, in relazione al problema del femminicidio e delle sistematiche violazioni dei diritti fondamentali delle donne della città di frontiera, l'attenzione da parte della comunità internazionale sembra affievolita, pur nel continuo perpetrarsi dei crimini[2].

Ciudad Juárez è divenuta anche il punto di riferimento del Messico rispetto all'attivismo contro la militarizzazione. Gli attivisti si sono impegnati nel contrastare l'ipocrisia dei governi che, a partire da quello di Vincente Fox Quesada, eletto presidente del Messico nel 2000, passando per quello di Felipe Calderón, eletto nel 2006, e arrivando all'attuale di

Frontiera Ciudad Juárez – El Paso, 2015
Foto di Jaime Lasso

Enrique Peña Nieto (in carica dal 2012) si sono dichiarati disponibili a neutralizzare i cartelli della droga. In particolare, l'azione di contrasto messa in campo dall'amministrazione Calderón si è manifestata come una dichiarazione di guerra ai cartelli della droga attraverso la militarizzazione della città, che ha scatenato una reazione violenta e con essa un aumento esponenziale dell'aggressività, generando un esodo di massa[3].

I movimenti delle *madres*, i collettivi femministi e gli attivisti per i diritti umani di Juárez oggi si coordinano con gli attivisti anti-militarizzazione per combattere una battaglia per recuperare lo spazio della società civile, immersa in un'atmosfera di paura e intimidazione. Essi hanno cominciato a diffondere controinformazione attraverso i social network, principalmente Facebook e Twitter (in aggiunta, naturalmente, all'organizzazione tradizionale della resistenza civile attraverso manifestazioni, marce, sit-in) diversi anni prima che i giornalisti coniassero l'espressione "primavera araba", in riferimento al nuovo uso dei social network per organizzare la protesta[4].

Juárez detiene due primati: quello del traffico di droga, che vede transitare attraverso la città l'80% della cocaina proveniente dalla Colombia e destinata al mercato statunitense, e quello relativo al numero di impianti industriali di *maquiladora*, che l'hanno resa la maggiore zona franca industriale del Messico. Le fabbriche di assemblaggio attraggono manodopera a basso costo, soprattutto femminile. Le giovani impiegate sono le vittime più frequenti di femminicidio, vengono rapite, stuprate, seviziate, mutilate e uccise come da un'unica mano, nella più totale indifferenza delle istituzioni e dei media. Rita Laura Segato, docente all'Università di Brasilia specializzata in antropologia della violenza e studi di genere, sostiene che a Ciudad Juárez "si evidenzia la relazione diretta che esiste tra capitale e morte, tra accumulazione e concentrazione sregolate e il sacrificio di donne povere e meticce, divorate dalla perversa unione tra economia monetaria, economia simbolica, controllo di risorse e potere di morte"[5].

Sebbene a partire dal 1998 diverse commissioni d'inchiesta abbiano cercato di far luce sul problema di quella particolare forma di femminicidio, non solo oggi la situazione rimane invariata, ma emerge con un maggiore grado di complessità in quanto interessa altre parti dello Stato federale. Nel corso degli anni sono stati individuati diversi presunti colpevoli, moventi e mandanti, ma l'iter giudiziario non è quasi mai giunto al termine. La condizione più favorevole all'azione degli assassini è proprio l'impunità che caratterizza il fenomeno. I giornalisti, attraverso le loro inchieste, gli attivisti per i diritti umani e le associazioni che operano in città, nonché gli organismi internazionali che vi hanno realizzato report, hanno più volte messo in evidenza le anomalie nelle indagini effettuate da funzionari, procuratori, vice-procuratori, pubblici ministeri speciali, nominati per risolvere il caso, che hanno sempre sminuito le dimensioni del fenomeno.

La scomparsa di prove e gravi omissioni, oltre ad azioni di discredito nei confronti delle vittime e delle loro famiglie da parte di rappresentanti delle istituzioni, sono una costante che caratterizza le indagini. Le istituzioni, le forze dell'ordine, la magistratura hanno perciò gravi responsabilità rispetto al fenomeno del femminicidio. I giornalisti e gli attivisti che hanno tentato di far luce sugli aspetti oscuri del fenomeno, e in particolare sulle relazioni tra funzionari e narcotrafficanti, hanno subito intimidazioni e attentati che, in diversi casi, hanno portato alla morte. A questo proposito,

Ciudad Juárez, 8 febbraio 2011. Attivisti e famigliari di Josefina Reyes Salazar, militante contro il femminicidio uccisa il 3 gennaio 2010, protestano presso la sede del Procuratore generale della Repubblica per il rapimento di tre dei loro famigliari, Magdalena, Elías e Ornela, che saranno poi ritrovati in una fossa clandestina, torturati e privi di vita. A causa del costante impegno nel denunciare i crimini, diversi membri della famiglia Salazar furono uccisi: la prima vittima fu Julio César Reyes, ammazzato nel novembre 2008 per colpire Josefina; subito dopo l'assassinio di Josefina, venne ucciso suo fratello Ruben. Foto di Verónica Castillo Arnal

Sergio Gonzaléz Rodríguez, giornalista e scrittore messicano, che per la sua inchiesta sul fenomeno del femminicidio ha subito intimidazioni e rapimenti, rischiando di perdere la vita a seguito di un pestaggio, dichiara: "In Messico, scavare sui legami tra politica e crimine organizzato è estremamente pericoloso, ma lo è ancor più essere donna e vivere in una società che, giorno dopo giorno, vede la desolazione che si è impadronita di Ciudad Juárez avanzare sempre più sul proprio territorio"[6].

Calle 16 de septiembre, centro storico di Ciudad Juárez, 2015
Foto di Jaime Lasso

Questo capitolo indaga il contesto della città, le caratteristiche sociali, economiche, culturali in relazione all'insorgere e al dilagare del fenomeno del femminicidio. Successivamente analizza lo sviluppo dell'attivismo delle *madres* che chiedono giustizia per le proprie figlie, utilizzando lo spazio pubblico, e l'attivismo per la pace e la giustizia che ha il merito di aver rivelato il discorso occultato dal sistema politico, portandolo all'attenzione internazionale delle organizzazioni che si occupano di diritti umani. Infine, affronta i passaggi chiave della concettualizzazione del termine "femminicidio", da parte di Marcela Lagarde y de los Ríos, antropologa ed ex-deputata femminista messicana, sulla base degli studi della sociologa statunitense Diana Russell, in relazione a ciò che stava accadendo nella città di confine, per definire l'odio misogino che porta all'assassinio di una donna in quanto donna o alla sua riduzione a "living dead".

In Messico sette donne al giorno perdono la vita a causa di violenza estrema. L'Instituto Nacional de las Mujeres (INMUJERES) riporta che per il 95% dei casi tali crimini restano impuniti. I femminicidi sono in crescita, così come i sequestri, la tratta e la schiavitù sessuale delle donne, con tassi che variano da Stato a Stato. Il rapporto "Estudio de la implementación del tipo penal de feminicidio en Mexico: causas y consecuencias 2012-2013" dell'Observatorio Ciudadano Nacional del Feminicidio (OCNF) e la relazione preliminare "Avances y retrocesos en la protección de las mujeres víctimas de la violencia familiar" indicano tra gli stati più pericolosi per le donne, oltre a Chihuahua, in cui si registra un numero di femminicidi ben quindici volte superiore alla media mondiale, Chiapas, Guerrero, Jalisco, Stato del Messico, Nuevo León (NL), Oaxaca, Puebla e Sinaloa[7].

La giurista Barbara Spinelli, autrice di uno studio sul riconoscimento giuridico internazionale del reato di femminicidio, sottolinea come il continente latino-americano sia attualmente l'unico subcontinente a possedere una "mappatura" della strage delle donne, grazie al lavoro portato avanti dai movimenti e alle pressioni internazionali. Il Messico risulta anche essere il primo paese dell'America Latina in ordine al numero di indagini sul femminicidio, e il primo ad aver sviluppato un criterio scientifico di ricerca e di analisi della situazione nei vari territori[8]. Nonostante questo, ancora oggi non è possibile fornire il numero delle donne uccise e di quelle scomparse, non solo nella città di frontiera.

La macabra notorietà a livello internazionale di Ciudad Juárez è dovuta a una particolare tipologia di femminicidio su cui hanno indagato in un primo momento i giornalisti Diana Washington Valdez e Sergio Gonzaléz Rodríguez, e in seguito Victor Ronquillo e Marc Fernandez con Jean-Christophe Rampal, che con le loro inchieste, ricostruendo alcune vicende legate ai femminicidi e individuando possibili moventi e responsabili, hanno portato alla luce dati impressionanti. Diana Washington Valdez in *Cosecha de mujeres. Safari en el desierto mexicano* (2005), e Sergio Gonzaléz Rodríguez in *Huesos en el desierto* (2002) rivelano le reti di potere che collegano grandi imprenditori, narcotrafficanti e politici, attraverso le indagini svolte dall'FBI, le testimonianze di funzionari ed exfunzionari pubblici, le interviste ad agenti di polizia, avvocati e attivisti.

Ognuna delle inchieste dei giornalisti citati evidenzia un *modus operandi* comune a una serie di femminicidi avvenuti a Juárez: le donne vengono rapite, tenute prigioniere anche per giorni, sottoposte a torture che comprendono violenze sessuali, la mutilazione del seno destro e del capezzolo sinistro, strappato a morsi, e poi vengono strangolate e i loro corpi nudi o spesso vestiti con indumenti di altre *desaparecidas* sono scaricati in zone desertiche o in terreni abbandonati o desolati.

È possibile isolare delle costanti di questi crimini, relative sia all'aspetto fisico sia all'estrazione sociale delle giovani donne. I dati di cui siamo in possesso mostrano che nel 73% dei casi si tratta di ragazze di età compresa tra gli undici e i venticinque anni. Hanno tutte capelli lunghi castani, carnagione scura e statura media. Per la maggior parte sono appartenenti alla classe popolare: studentesse di scuole tecniche, lavoratrici precarie, operaie di *maquiladora*. Altri dati che accomunano tali crimini riguardano l'impunità, l'inquinamento delle prove, l'uso di capri espiatori, il rimescolamento o la perdita di piste, minacce indirizzate ad avvocati e giornalisti che si occupano dei casi. Anche le aree in cui i corpi vengono rinvenuti sono spesso le stesse: luoghi desertici o semi-desertici della periferia sud di Juárez, nota come Lote Bravo; Lomas de Poleo e Anapra, a ridosso della frontiera nord; Cerro Bola; Valle di Juárez; la strada che collega Juárez a Casas Grandes.

Solo nel 1995, furono otto i corpi ritrovati a Lote Bravo; l'anno successivo nove a Lomas de Poleo; nel 2011 otto al Campo Algodonero; dal 2002 al 2004 sette nel Cerro del Cristo Negro. La sociologa Julia Monárrez Fragoso, ricercatrice presso il Colegio de la Frontera Norte (COLEF), importante centro di studi sulla frontiera tra Messico e Stati Uniti, ha svolto una ricerca su questa tipologia specifica di crimini, per la quale propone la categoria di "femminicidio sessuale sistemico": si tratta di omicidi di genere commessi contro le donne in quanto donne, che comportano violenze sessuali, e la loro ripetizione nel tempo in un contesto di impunità segnala la probabile connivenza di gruppi di potere politici ed economici con le organizzazioni criminali[9].

L'inizio di questo particolare tipo di femminicidio viene convenzionalmente fatto risalire al gennaio del 1993, l'anno che ha preceduto l'entrata in vigore del North American Free Trade Agreement

Panoramica di Ciudad Juárez, 2015
Foto di Jaime Lasso

(NAFTA o Tratado de Libre Comercio de América del Norte, TLCAN). La femminista Esther Chávez Cano notò un aumento vertiginoso dei crimini contro le donne a partire da quell'anno, e iniziò a raccoglierne i dati e a studiare il problema. Ancora oggi, non è dato sapere se il 1993 abbia realmente coinciso con l'inizio del fenomeno o sia solo il momento in cui è stata raccolta la documentazione. In ogni caso, la sua mappatura non è stata avviata per una disposizione delle autorità, ma grazie al lavoro condotto dall'attivista. La mancanza di dati ufficiali verosimili rispetto al numero delle donne uccise a Ciudad Juárez rivela le omissioni e i difetti che hanno costellato le indagini relative a questi crimini: chi detiene il potere vuole anche il monopolio della verità, e i numeri del fenomeno costituiscono un dato di estrema importanza rispetto alla valutazione delle politiche di governo[10].

Le cifre e le informazioni più accreditate sul femminicidio nella città frontaliera sono dunque fornite da privati, ricercatori e giornalisti, piuttosto che dalle istituzioni. Per farsi un'idea rispetto all'entità del fenomeno, occorre scorrere alcuni dati che pongono in relazione, in primo luogo, la violenza esercitata in città rispetto allo Stato federale, e in secondo luogo, il tasso di femminicidi rispetto ad altre città con gli stessi fattori di rischio. Sergio Gonzaléz Rodríguez riporta che nel 2000 la regione evidenziava un tasso di omicidi 5,8 volte superiore alla media mondiale. Nel 1995, se si considerano gli omicidi in generale, Ciudad Juárez era la seconda città più pericolosa del Messico, dopo il Distrito Federal, che però contava una popolazione dieci volte superiore: 8.236.960 abitanti contro i 797.697 della città di frontiera.

Osservando i dati riferiti alle uccisioni di donne, al di là delle discordanze sulle cifre fornite dai vari istituti, emerge con chiarezza che a Juárez esiste un problema di femminicidio, questione sempre oscurata dalle istituzioni. Continuare a negare la veridicità delle testimonianze, insistere ad occultare i corpi delle vittime nel discorso pubblico, ha portato all'incapacità di saper riconoscere la gravità del fenomeno, quasi che le vittime non fossero da considerarsi vite umane. Judith Butler, in un suo saggio su guerra e violenza, si pone degli interrogativi: "Cosa si intende per umano? Quali vite contano in quanto vite? E, da ultimo, cosa rende una vita degna di lutto?"[11]. Le vittime di femminicidio a Ciudad Juárez per le istituzioni sono persone che non meritano di rientrare nella conta ufficiale né tantomeno sono degne di lutto, sono vite insignificanti: corpi di donne, spesso, senza nemmeno un nome.

Confrontando i dati di Ciudad Juárez con quelli del Messico, si nota che in quest'ultimo, agli inizi del ventunesimo secolo, solo una vittima di omicidio su dieci era donna, mentre nella città di frontiera ben quattro su dieci[12].

Se paragoniamo i dati di Juárez con quelli di Tijuana, il problema del femminicidio appare ancora più chiaro. Lo studio presentato al "Primo incontro congiunto Messico-Usa sui crimini contro le donne" dall'Universidad Autónoma de Ciudad Juárez e quello del Consiglio nazionale per le scienze e le tecnologie (CONACYT) mostrano che nel periodo tra il 1985 e il 1997 a Tijuana furono vittime di omicidio due donne su 100.000, mentre a Ciudad Juárez dieci su 100.000. Pur presentando i medesimi fattori di rischio legati al narcotraffico e alla frontiera, a Juárez la percentuale di donne uccise è cinque volte superiore a quella di Tijuana.

Relazionando i dati all'entrata in vigore del NAFTA, nel 1994, emerge una situazione ancor più allarmante: durante i primi tre anni di applicazione del trattato di libero scambio, la Comisión Interamericana

Colonia di Anapra, Ciudad Juárez, 2015
Foto di Jaime Lasso

de Derechos Humanos (CIDH), in una nota informativa del 2002, sostiene che a Juárez si è verificato un incremento di uccisioni di donne pari al 600%. Secondo Julia Monárrez Fragoso, dal 1993 a metà dicembre del 2011 sono state uccise 1.340 donne, numero che la sociologa ha ottenuto integrando dati ufficiali forniti dalla polizia di Juárez con statistiche elaborate dai giornalisti locali. Kathleen Staudt e Zulma Y. Méndez evidenziano che, a partire dal 2007, l'anno in cui il presidente Calderón ha militarizzato la città annunciando la sua guerra alla droga, sono state uccise ben 840 donne.

Sarebbe un errore identificare le vittime del femminicidio unicamente nei cadaveri che sono stati rinvenuti. Sono centinaia le donne scomparse ogni anno, i cui corpi non saranno mai ritrovati: gli assassini usano metodi per farli sparire, come un liquido corrosivo ("lechada") che scioglie carne e ossa, senza lasciarne traccia. Tra l'inizio del 1993 e la fine del 2005, secondo la Fiscalía Especial para la Atención de Delitos Relacionados con los Homicidios de Mujeres en el Municipio de Juárez (Procuratore speciale per l'attenzione agli omicidi di donne a Ciudad Juárez), le donne scomparse nel solo Municipio di Juárez sono state 4.456.

CHI COMANDA A JUÁREZ: I CARTELLI E LA *MAQUILADORA*

• • • I cartelli e la guerra contro la droga

Ciudad Juárez è un territorio conteso dai cartelli della droga da decine di anni. Il problema del traffico di stupefacenti attraverso il Messico è iniziato con il proibizionismo negli Stati Uniti, periodo in cui la città di frontiera ha assunto, proprio a causa delle politiche proibizioniste, la funzione di luogo di consumazione e di contrabbando di sostanze illecite che la caratterizza tutt'oggi.

A metà degli anni Ottanta, la tratta Ciudad Juárez – El Paso è divenuta la più utilizzata dai trafficanti per introdurre negli Stati Uniti la droga proveniente dalla Colombia, a causa della chiusura del passaggio diretto che avevano i colombiani attraverso il Golfo del Messico e la Florida.

Nel 1993 la città divenne il quartier generale di Armando Carrillo Fuentes, a capo del cartello di Juárez, uno dei gruppi di narcotrafficanti più potenti dell'intera America Latina. Tra il 1993 e il 1995 sparizioni e uccisioni si susseguirono con maggior frequenza e il 1999 fu l'anno peggiore. Fino al 2008 il cartello di Juárez fu l'organizzazione criminale più forte dello stato di Chiuhuahua, in affari con il cartello di Sinaloa. Quando quest'ultimo interruppe la collaborazione con Fuentes, vi fu un aumento esponenziale della violenza, che vide fronteggiarsi la mano armata del cartello di Juárez (gli Aztecas e La Linea) e quella del cartello di Sinaloa (i Mexicles e gli Artistas Assesinos).

La violenza è esplosa ulteriormente con la militarizzazione del confine da parte dei governi del Messico e degli Stati Uniti. Alcuni sostengono che sia legata non tanto alla volontà di combattere il narcotraffico, quanto alla necessità di sostenere una struttura criminale in favore di un'altra[13]. La *guerra contra el narcotráfico* ha generato il caos: in Messico, tra il 2006 e il 2012 sono state assassinate, per mano della criminalità organizzata, dei trafficanti di droga e delle forze dell'ordine, tra le 60.000 e le 120.000 persone. Nel 2008 sono stati inviati nella sola Ciudad Juárez prima 5.000, poi 2.000 soldati; nell'aprile del 2010, 4.500 poliziotti federali hanno sostituito i soldati nell'area urbana di Juárez. L'intento di occupare la città al fine di controllarne la violenza, ha fatto registrare un aumento esponenziale di violazioni tra furti, stupri e omicidi, attribuiti anche ai membri delle forze dell'ordine[14]. La presenza costante di armi e i numerosi posti di blocco in città hanno reso Juárez una zona di guerra, un'area occupata.

Nonostante questo, lo Stato messicano appare incapace di prevalere sui cartelli, infiltrati da tempo nelle sue strutture e in grado di privarle dei loro poteri. La corruzione delle istituzioni, oggi estremamente diffusa, è stata generata in particolare dagli accordi stretti negli anni Ottanta con il narcotraffico, che hanno portato, nel caso della città di frontiera, alla trasformazione di poliziotti in sicari, a fughe di assassini favorite da dirigenti di polizia, alla collaborazione di governatori con il cartello di Juárez. Per tale motivo, è una guerra che non si combatte alla pari[15].

   • • • Le *maquiladoras* tra sfruttamento ed emancipazione della donna

Ciudad Juárez è il volto oscuro della globalizzazione neoliberista, nel quale la catena del valore si dispiega su una dimensione mondiale. In questo schema, il momento della produzione e dell'assemblaggio si separano dalla testa della produzione, cioè la fase dell'ideazione del prodotto, e dalla distribuzione commerciale. In una spietata divisione del lavoro tra paesi, solo ad alcuni è toccato fare il lavoro "sporco" dell'assemblaggio, basato su un'attività priva di contenuto professionale, una moderna catena di montaggio fatta di turni massacranti e senza alcun rispetto per i diritti dei lavoratori[16].

Dopo la rivoluzione del 1910, il Messico è cresciuto rapidamente grazie a un'economia industriale orientata a livello nazionale, concentrata in particolare nelle regioni urbane. All'inizio degli anni Sessanta il governo federale varò il Programma Nazionale per la Frontiera (1961) e quello di Industrializzazione della Frontiera (1965), che hanno aperto la strada all'industria della *maquiladora* (o *maquila*), simbolo della delocalizzazione. Si tratta di fabbriche di proprietà di multinazionali straniere, prevalentemente statunitensi, in subappalto, in cui si producono o si assemblano le varie parti di un prodotto destinato all'esportazione, grazie all'impiego di manodopera a basso costo. Gli stabilimenti sono stati installati nell'Export Processing Zone dove giungono, senza che si debbano pagare imposte, materie prime che si assemblano e si rimandano ai paesi d'origine. Data la persistente richiesta di manodopera, uomini e donne in cerca di lavoro si sono spostati verso città di frontiera come Matamoros, Tijuana e Juárez. A Juárez sono arrivati migranti dal Chapas, Oaxaca, Veracruz, Durango, Zacatecas per lavorare nelle *maquiladoras* installate dal 1966[17].

L'incremento delle *maquiladoras* è avvenuto a partire dal 1994 grazie al North American Free Trade Agreement (NAFTA), accordo di libero scambio tra Messico, Canada e Stati Uniti[18]. Tale processo, parte della globalizzazione, ha fatto di Ciudad Juárez la più grande zona franca industriale del Messico. Approfittando di ciò e dell'impiego di manodopera a costi bassissimi, queste fabbriche sono cresciute rapidamente. Negli anni Novanta, Juárez vantava il più basso indice di disoccupazione di tutto il paese e il maggior numero di occupati nell'industria *maquiladora*, primo datore di lavoro della regione, con 245.000 dipendenti.

Se nel 1980 Ciudad Juárez contava 600.000 abitanti, nel 2005 è arrivata a 1,5 milioni; la crisi economica e l'aumento della violenza hanno portato a una diminuzione: nel 2012 la popolazione è scesa a 1,2 milioni di persone.

All'incremento del numero di parchi industriali e della popolazione non è seguito, però, un piano di opere e servizi pubblici che, come ha evidenziato il giornalista e scrittore Matteo Dean, incidesse anche sulle nuove relazioni sociali che si venivano determinando. Interi quartieri, fino a pochi anni fa, erano privi di infrastrutture e di rete fognaria, non avevano accesso all'acqua potabile né all'elettricità. Inoltre, le fabbriche non sono obbligate a smaltire o a restituire i rifiuti industriali e tossici ai paesi esportatori: nonostante la legge messicana imponga che i materiali di scarto debbano essere rispediti al paese appaltante, in realtà finiscono seppelliti nel grande deserto di Chiuhuahua o gettati nel Rio Bravo, causando problemi di salute, anche molto gravi, agli abitanti.

Le *maquiladoras* prediligono operai non qualificati, che non hanno diritti né garanzie, cui spetta un salario esiguo. Fino a qualche anno fa, la maggior parte del personale era composto da donne (sette su dieci), giovani tra i quindici e i venticinque anni, manodopera preferita dai datori di lavoro perché meno consapevole dei propri diritti, e pertanto più remissiva, più adatta a condurre un lavoro minuzioso e alienante. Le lavoratrici erano (e sono) vittime di diversi soprusi, obbligate a sottoporsi periodicamente a test per verificare eventuali gravidanze, tra le principali cause di licenziamento. La teorica femminista Ivonne

Croci rosa per le vittime di femminicidio nella Colonia di Anapra, Ciudad Juárez 2015. Foto di Arturo del Hierro

Volkart mette in relazione il femminicidio con il capitalismo, sostenendo che l'industria capitalistica, in particolare a Ciudad Juárez, si struttura sulle differenze di genere, perché sfrutta a proprio vantaggio questa situazione di umiliazione che vivono le donne nella propria giornata lavorativa, in quanto manca una tutela sindacale, una sicurezza adeguata e un salario dignitoso[19]. Quasi un quarto delle ragazze assassinate era impiegato in una *maquiladora*. Le più povere sono le prede più facili, soprattutto se migranti, ideali perché appena arrivate in città e dunque ancora prive di legami sociali, e spesso per raggiungere il posto di lavoro devono percorrere le strade delle colonie scarsamente illuminate.

Il lavoro salariato, nonostante sia poco remunerativo, può anche essere uno strumento di emancipazione per le donne. Pierre Bourdieu ne *Il dominio maschile* scrive: "la divisione sessuale è inscritta nella divisione del lavoro di mantenimento del capitale sociale e del

NI UNA MÁS

Volantini che ritraggono donne scomparse vengono affissi sulle porte
della sede del palazzo del Procuratore generale della Repubblica durante
le "Jornadas por justicia", Ciudad Juárez, 6 gennaio 2011
Foto di Verónica Castillo Arnal

capitalismo simbolico che assegna agli uomini il monopolio di tutte le
attività ufficiali, pubbliche, di rappresentazione e in particolare di tutti
gli scambi di onore, di parole (...), di doni, di donne, di sfide e di omicidi
(il cui limite è la guerra)"[20]. Cosicché gli scambi maschili sono pubblici,
mentre quelli femminili privati. Le donne sono escluse da tutti i luoghi
pubblici (assemblea, mercato) in cui si svolgono i giochi normalmente
considerati più seri dell'esistenza umana[21]. Cosa accade nel momento in
cui avviene un cortocircuito nei ruoli? Il lavoro in una *maquiladora* risulta
un impiego pagato e riservato in via prioritaria alle donne, che genera così
il problema definito da Matteo Dean dell'esclusione e della sostituzione:
"l'esclusione dell'uomo, come genere, dal sistema produttivo centrale; la
sostituzione dello stesso da parte di un soggetto, la donna, sino all'altro
ieri mantenuto in stato di inferiorità"[22]. Le donne a Ciudad Juárez
entrano nel mercato del lavoro, assumono un ruolo determinante in uno
spazio tradizionalmente maschile; sono indipendenti in un contesto
caratterizzato da una cultura fondata sul dominio assoluto dell'uomo
sulla donna: proprio questa condizione paradossale, in cui versano le
donne, fomenta sentimenti e azioni misogine.

• • • I femminicidi come atti comunicativi

Sono trascorsi oltre vent'anni dall'inizio del fenomeno del femminicidio di Ciudad Juárez, ma le famiglie delle vittime non hanno ancora ottenuto giustizia, né sono stati riconosciuti i motivi e gli artefici di tali violenze. Nel corso degli anni, si sono ipotizzati moventi diversi. Tra i dati emersi dalle inchieste giornalistiche, dai report delle ONG e dalle commissioni di indagine internazionali, i femminicidi sono perpetrati da più soggetti, e si tratta di un fenomeno di violenza extra-domestica. La Repubblica messicana legittima, dunque, tale crimine contro l'umanità, accettandolo senza impegnarsi a prevenirlo e a punirlo.

Servando Pineda Jaimes, sociologo presso la Universidad Autonóma de Ciudad Juaréz, nota che ancora oggi è diffusa la resistenza a riconoscere il femminicidio come tale, e che si preferisce collocare questi crimini nell'ambito della violenza domestica, in quanto ciò permette di ignorare il modo in cui sono avvenuti[23]. Parlare di violenza domestica o familiare equivale, infatti, a qualificarla esclusivamente come privata[24]. Allo stesso modo, i media usano l'etichetta di violenza domestica o familiare per sottolineare il carattere privato di questi atti violenti, indirizzando dunque l'opinione pubblica verso un'errata valutazione del problema.

L'esempio più eclatante rispetto al discorso istituzionale falsato riguarda l'ex governatore di Chihuahua, Francisco Barrio Terrazas, che nei primi anni Novanta descrisse tali uccisioni come "omicidi passionali" riconducibili all'ambito familiare, cambiando poi versione con l'ipotesi che si trattasse di uno o più serial killer di provenienza straniera, trasferitisi a Ciudad Juárez con lo scopo di uccidere le donne.

Al contrario, molti ricercatori sostengono che parte di questi crimini non abbia nulla a che vedere con la delinquenza comune, né con la "violenza familiare", né con il "difficile contesto della frontiera"; i responsabili, piuttosto, agiscono per segnare il territorio, per esercitare un potere economico legato a doppio filo con il sistema politico, il crimine organizzato, l'economia formale e quella sommersa[25].

Come emerge dalle diverse inchieste, le autorità hanno più volte occultato la verità, tanto che è evidente che i membri delle istituzioni abbiano tutelato i responsabili e mascherato le loro collusioni con la polizia e i gruppi di potere economico, la magistratura, il livello politico. Le ipotesi più accreditate su responsabili e moventi segnalano il coinvolgimento, nei crimini, di personaggi influenti ostili al Trattato di libero scambio, come dichiarò Javier Benavides, ex comandante di polizia di Ciudad Juárez; la partecipazione dei narcotrafficanti e dei loro complici pezzi grossi della città, che riciclerebbero i proventi della droga[26]; il compimento di riti satanici e sacrificio rituale delle vittime; il traffico di organi; la registrazione di *snuff movie*[27].

Qualunque sia il movente, alla base della violenza diffusa contro le donne si pone la questione della virilità, ovvero ciò che Pierre Bourdieu definisce "privilegio maschile", che è anche, sotto certi aspetti, una trappola, avendo come contropartita la tensione e lo scontro permanenti che ogni uomo si vede imporre dal dovere di affermarla come attitudine alla lotta e all'esercizio della violenza[28]. Bourdieu qualifica gli stupri collettivi come "prove di virilità orientate verso il rafforzamento della solidarietà virili (...) e hanno lo scopo di mettere coloro che si sottopongono alla prova nelle condizioni di affermare di fronte agli altri la loro virilità nella sua verità di violenza"[29]. Prove di virilità che possono essere state richieste per l'affiliazione al cartello di Juárez, come sostengono alcune indagini esterne, che gli attribuiscono il rapimento, lo stupro, le violenze fisiche e la morte di oltre un migliaio di giovani donne, vittime per rituali di iniziazione dei nuovi membri, che consistono nel dimostrare la capacità di applicare violenze efferate ad un altro essere umano.

Rita Laura Segato insiste sulla finalità comunicativa dei femminicidi di Ciudad Juárez: secondo l'antropologa, tali crimini sarebbero volti a esibire il potere per intimorire la comunità attraverso vittime sacrificali; non si tratterebbe di comuni crimini di genere, ma di crimini corporativi, da Stato parallelo[30]. Victor Ronquillo nel suo libro-inchiesta fa un elenco dei ritrovamenti di corpi rinvenuti in concomitanza con nuove nomine politiche e di piani di sicurezza per la città, accreditando l'ipotesi della finalità comunicativa di tali crimini[31]. Segato spiega gli atti di violenza come un linguaggio che parla agli adepti, con il quale viene sancito un patto di silenzio, un patto stilato col sangue delle vittime, attraverso la

Volantino che segnala una ragazza scomparsa, Avenida Benito Juárez, Ciudad Juárez, agosto 2009
Foto di Elina Chauvet

complicità condivisa collettivamente nelle esecuzioni, capace di garantire la lealtà di confraternite mafiose. Chi si appropria di un corpo femminile nello spazio pubblico lo fa perché lo può fare: l'autore del crimine ostenta la coesione e il controllo territoriale della rete corporativa che comanda[32].

Per la loro fenomenologia, dunque, i femminicidi di Juárez assomigliano più ai rituali che cementano l'unità di società segrete e regimi totalitari. Per questo motivo, Segato sollecita a cercare nuove categorie per nominare e definire il fenomeno attraverso un discorso multidisciplinare per rendere tali crimini giuridicamente classificabili e punibili.

• • • Il ruolo delle istituzioni

Fin dagli anni Novanta, le autorità locali hanno negato e ignorato il problema del femminicidio, agendo illecitamente per impedire di trovare le particolarità e i collegamenti tra i singoli casi. I rappresentanti istituzionali hanno inoltre operato una costante criminalizzazione delle vittime: spesso sono state indicate come responsabili della violenza subita le stesse donne, incolpate di vestire in maniera provocante, di condurre una vita sregolata, o di passeggiare in strade pericolose.

Nel corso degli anni, sono stati frequenti gli atti di intimidazione da parte della polizia, l'insabbiamento di prove, la resistenza ad avviare le indagini, la negligenza nel raccogliere le informazioni per l'identificazione delle vittime, i ritardi, la corruzione dei funzionari locali. Uomini innocenti sono stati dichiarati colpevoli, con accuse infondate, strappando false confessioni sotto tortura e violando le norme di un giusto processo per gli imputati.

Il governo ha istituito numerosi commissari speciali e gruppi investigativi, come la Unidad Especializada en delitos Sexuales y contra la Familia e la Procuraduría Especial para la Investigación de Homicidios de Mujeres, Desaparecidas y Atención un Víctimas (1996), ma senza alcun risultato. La lista dei fatti che sostengono quanto descritto è lunga, reperibile nelle pagine delle inchieste condotte dai giornalisti investigativi e dalle ONG[33].

Il discredito riversato sulle donne uccise e le bugie delle autorità si ripetono anche in altri casi di omicidi di singoli e nelle stragi. Il 30 gennaio 2010, durante una festa nel quartiere di Villas de Salvárcar furono massacrate diciassette persone. La maggior parte delle vittime, studenti tra i quindici e i vent'anni, risiedeva nel quartiere. Il presidente Calderón dichiarò che il massacro era legato all'attività delle gang, ma al termine di un suo intervento pubblico, la madre di due ragazzi uccisi, Luz María, definì le parole del presidente "bugie", sfidandolo in modo aperto: grazie a quella denuncia l'idea che le migliaia di persone uccise negli ultimi anni fossero tutte legate al business della droga decadde e fu screditato il discorso pubblico ufficiale[34].

Sfidare le autorità politiche e istituzionali come ha fatto Luz María è un atto estremamente pericoloso. Marisela Escobedo Ortiz, madre di Rubí Frayre Escobedo, diciassettenne uccisa nel giugno 2009, venne ammazzata per aver smascherato il comportamento negligente del governatore di Chihuahua, José Reyes Baeza Terrazas, e dei funzionari di polizia dello stato. L'assassino della figlia, membro di una banda criminale, fu assolto per mancanza di prove. Marisela Escobedo cominciò così a protestare facendo dei sit-in quotidiani davanti al palazzo del governatore e delle marce per la giustizia, sostenuta da alcuni attivisti anti-femminicidio, ottenendo la riapertura del caso e la successiva condanna dell'uomo. La donna, che aveva trovato e indicato il covo dell'assassino della figlia, operazione che la polizia stessa dichiarava di non essere stata in grado di portare a termine, affrontò il governatore faccia a faccia, dicendogli, in presenza di altre persone, che avrebbe dovuto vergognarsi in quanto lei, una donna, aveva svolto il lavoro che competeva alle autorità preposte. Aver sfidato l'autorità le costò la vita: una settimana dopo, il 16 dicembre 2010, Marisela Escobedo venne uccisa a colpi di pistola di fronte al palazzo del governatore.

La vicenda di Marisela Escobedo ha fatto emergere il malcostume delle autorità e delle forze di polizia nonché la connivenza dello Stato con i gruppi criminali. Il suo sacrificio non fu vano; grazie alle registrazioni delle videocamere di sorveglianza l'omicidio di Marisela ha fatto il giro del mondo, alimentando lo sdegno internazionale e il movimento di protesta[35].

ALLA RICERCA DI VERITÀ E GIUSTIZIA

*C'è qualcosa da guadagnare dal dolore? Se il nostro senso di perdita permane,
rischiamo solo di sentirci inutili e impotenti, come teme qualcuno? Oppure
questo ci porta a recuperare il senso della vulnerabilità umana, della nostra
responsabilità collettiva per la vita corporea dell'altro? (...) Da dove, se non
dalla preoccupazione per la comune vulnerabilità umana, potrebbe emergere
un principio in base al quale ci impegniamo a proteggere gli altri dalle stesse
sofferenze che noi abbiamo patito?*

• • • L'azione delle associazioni

Judith Butler fornisce un'illuminante analisi del dolore nel saggio
"Violenza, lutto e politica", sulla violenza e la risposta ad essa dopo l'11
settembre[36]. Sebbene non si riferisca al caso della violenza a Ciudad
Juárez, il testo si può accostare all'azione intrapresa dai movimenti
per la pace e la giustizia della città di frontiera. Anche a Juárez vi sono
numerose persone che hanno fatto di un dolore personale, di una perdita
importante, un impegno a proteggere gli altri dalle sofferenze che hanno
patito loro in prima persona, assumendosi una responsabilità collettiva.

Le associazioni di *madres* e gli attivisti per la pace e la giustizia fanno
un appello al "noi", al di là delle differenze storiche e geografiche, perché
"noi tutti" siamo consapevoli di cosa significhi aver perso qualcuno.
Continua Butler: "La perdita ha creato un sottile legame tra tutti 'noi'"[37].

Il dolore dunque, invece di riportare a una dimensione privata, ha
dato vita a un senso complesso di comunità politica. Questa comunità,
auto-investitasi di una responsabilità etica, a Juárez è scesa in campo
con le donne leader, molte delle quali sono le madri delle vittime di
femminicidio o donne della famiglia, che Kathleen Staudt e Zulma Y.
Méndez chiamano "game changer": grazie alle loro azioni, mettendo
le loro vite in pericolo, queste donne contrastano le versioni ufficiali[38].
Oggi possiamo parlare del fenomeno del femminicidio a Ciudad Juárez
perché è stato portato alla luce dal lavoro delle "Madres di Juárez" e di
diverse associazioni di promozione sociale e culturale, che da un lato
hanno creato consapevolezza sulla consistenza reale del fenomeno e

Marcia contro il femminicidio "Ni una más", Città del Messico, 15 gennaio 2011
Foto di Ina Riaskov; Courtesy Producciones y Milagros Agrupación Feminista, Città del Messico

dall'altro si sono opposte alle interpretazioni inverosimili date dalle autorità messicane.

Gli attivisti hanno modificato le versioni dei discorsi pubblici, facendo emergere nuovi discorsi e nuove coalizioni e alleanze sia all'interno sia oltre i confini dello Stato, dando forma a quella che è stata definita la "Resistencia Juarense", una rete che comprende attivismo anti-violenza, anti-femminicidio e anti-militarizzazione. Questo movimento sociale deve buona parte della sua forza alla tecnologia di social-networking, che permette la condivisione di informazioni e obiettivi tra le popolazioni di frontiera e il mondo intero. Le relazioni sviluppate dagli attivisti locali con le organizzazioni transnazionali e internazionali, quali l'ONU,

Manifesto di una ragazza scomparsa, Avenida Francisco Villarreal, Ciudad Juárez 2015
Foto di Jaime Lasso

Amnesty International e Human Rights Watch hanno creato pressione non solo sullo Stato federale, ma anche sugli altri livelli di governo che interessano la città di confine. Per il loro lavoro di denuncia rispetto ai crimini di Ciudad Juárez, i funzionari governativi hanno contrattaccato imputando agli attivisti la responsabilità della creazione di un'immagine negativa della città, con la conseguente diminuzione dei finanziamenti esteri da parte dell'industria *maquiladora*.

Staudt e Mendez individuano due fasi del lavoro in rete portato avanti dagli attivisti contro la violenza sulle donne. In particolare nella prima, iniziata negli anni Novanta e continuata fino al 2004, caratterizzata dall'azione di movimenti femministi e *madres* in cerca di giustizia per le loro figlie, la resistenza divenne un movimento sociale che mobilitò vari gruppi e ispirò modelli organizzativi per lo sviluppo della coalizione anti-militarizzazione. Gli attivisti lavorarono in rete attraverso le frontiere, generando una presenza sia nazionale sia internazionale. Le proteste di piazza raggiunsero l'apice nel 2004, dopo numerose ma inefficaci commissioni governative che non risolsero né limitarono il problema. Successivamente iniziarono i preparativi dell'azione legale contro lo Stato messicano presso la Comisión Interamericana De Derechos Humanos, CIDH (il caso "González et al. v. Mexico", noto come "Campo Algodonero"), segnando l'apice della seconda fase dell'attivismo, tra il 2010 e il 2012[39].

Il lavoro di denuncia portato avanti dalle associazioni è iniziato con la femminista Esther Chávez Cano, responsabile del collettivo Ocho de marzo, che nel 1995 ha fatto emergere pubblicamente il problema del femminicidio. Chávez diffuse la notizia che, dal gennaio 1993, oltre cinquanta corpi di donne erano stati gettati nel deserto. Grazie al suo database, nel quale raccoglieva i casi di femminicidio tratti dalle pagine del giornale "El Diario de Ciudad Juárez", e i tipi di violenze inflitte alle donne prima del loro assassinio, l'attivista fu in grado di sostenere la presenza di un legame evidente tra i delitti, accomunati da una violenza senza precedenti, e risultanti in una media di due al mese: "Contrariamente a tutti i discorsi ufficiali, la situazione non ci è sembrata per nulla normale"[40].

I nomi e il numero delle donne uccise in quel modo generarono un forte sdegno nella popolazione, creando una crepa nel sistema di informazione. Con il collettivo femminista Ocho de Marzo, l'8 marzo 1999 Chavéz organizzò il primo atto di rivolta collettiva rispetto alla situazione del femminicidio: una marcia nelle strade della periferia di Juárez che coinvolse lavoratrici delle *maquiladoras*, studenti e studentesse, professionisti, sindacati, artisti, che bloccarono l'ingresso in città e interruppero una conferenza di personalità del mondo della politica. La folla avanzava nello spazio cittadino scandendo lo slogan "Ni una más, ni una más, ni una más..."[41]. In quell'occasione, si dipinsero di rosa delle croci e si affissero nastri neri.

Nel 1999, Esther Chávez Cano ha aperto il primo centro-antiviolenza della città, Casa Amiga, che quattro anni dopo è divenuta anche la prima casa-rifugio per le vittime di violenza domestica. La costituzione di Casa Amiga è stata possibile grazie alle numerose manifestazioni di solidarietà ricevute sia a livello nazionale sia internazionale; al contrario, il governo locale ne aveva ignorato e screditato le richieste e le azioni. L'associazione ancora oggi fornisce sostegno alle donne vittime di violenza, garantendo supporto psicologico e legale, cercando di dare visibilità al problema del femminicidio sulla stampa internazionale, rivendicando l'attenzione da parte delle istituzioni, realizzando sul territorio azioni di sensibilizzazione e di denuncia.

Da allora, sono diverse le associazioni che, negli anni, si sono costituite a Ciudad Juárez, riunendo madri, parenti e amici delle vittime, attivisti. In America Latina nel corso degli anni Settanta, soprattutto sotto le dittature militari di Cile e Argentina, le donne protestarono nelle strade e nelle piazze pubbliche; donne che, in quanto madri, sembravano godere di protezione. Il movimento delle Madres de Juárez è stato accostato in più occasioni a quello delle argentine Madres de Plaza de Mayo: con il loro lavoro mirano a sensibilizzare la popolazione e a sollecitare le autorità nella risoluzione dei casi. L'attività che esse portano avanti è estremamente utile anche agli studiosi di questioni di genere dell'Universidad Autónoma de Ciudad Juárez (UACJ) e di altri centri di ricerca, come El Colegio de la Frontera Norte. Tra queste associazioni figurano: Voces sin Eco, Mujeres de Negro, Nuestras Hijas de Regreso a Casa, Mujeres por Juárez, Red Mesa de Mujeres.

Fondata nel 1998 e attiva fino al 2001, Voces sin Eco è nata su iniziativa della sorella e della madre di Sagrario González, giovane operaia di *maquiladora* vittima di femminicidio. L'organizzazione riuniva le madri che trovavano conforto e consolazione in un'azione collettiva e che, dal gruppo, traevano la forza per chiedere giustizia. Le croci rosa che identificano il femminicidio in America Latina, Stati Uniti, e in alcuni paesi europei sono attribuite alla sorella e alla madre di Sagrario González. Quest'oggetto è divenuto velocemente simbolo della vittima di femminicidio nella cultura patriarcale: il rosa, oltre al femminile, richiama la cultura messicana; il materiale povero delle croci fa riferimento alla povertà delle vittime; la grafia che compone il nome di ciascuna donna è aggraziata nei suoi tratti.

Come Voces sin Eco, Nuestras Hijas de Regreso a Casa (NHRC) è sorta a seguito dell'uccisione, nel 2001, di una giovane donna: Lilia Alejandra García Andrade, sequestrata, barbaramente torturata, stuprata, assassinata e abbandonata in un angolo di un trafficato incrocio della città. Marilu, sorella di Lilia Alejadra, racconta che sul corpo della ragazza erano presenti prove utili a risalire agli assassini: impronte intorno al collo, sperma, peli pubici maschili, frammenti di pelle sotto le unghie. Le prove, che in un primo momento non furono analizzate per mancanza di una strumentazione idonea, furono successivamente perse, mal conservate e contaminate e, addirittura, nonostante la ragazza avesse

Volantini e manifesti che segnalano la scomparsa di Alejandra Aragon de Maria Sagrario nel 1998, di fronte al ponte fronterizio che collega Juárez con El Paso. Foto di Ina Riaskov; Courtesy Producciones y Milagros Agrupación Feminista, Città del Messico

già portato a termine due gravidanze, le autorità scartarono l'ipotesi di violenza carnale, definendola vergine[42].

A seguito di questa tragedia, la madre della vittima, Norma Andrade, e la sua insegnante, Marisela Ortiz, fondarono l'associazione Nuestras Hijas de Regreso a Casa, chiamando a sé anche familiari e amici di ragazze uccise o scomparse che chiedono verità e giustizia. NHRC ha intrapreso, con profonde riflessioni, un lavoro di verifica, controllo, mappatura dei dati, ha formulato ipotesi, organizzato discussioni collettive. Ha esaminato dettagliatamente i fascicoli, indicando per ogni caso, data, luogo di ritrovamento del corpo, funzionari coinvolti nelle indagini, e da questo incrocio di dati sono emerse importanti analogie tra i delitti: i luoghi in cui venivano abbandonati i corpi delle donne erano sempre gli stessi, così come i nomi dei proprietari di tali possedimenti (tutti personaggi altolocati, appartenenti a famiglie o imprenditori a capo di cartelli della droga), i nomi dei funzionari cui furono assegnate le indagini si ripetevano nei vari fascicoli, e la scuola tecnica da cui sparivano le ragazze era la stessa. In numerosi casi precedenti alle sparizioni, si segnalavano contatti delle ragazze con la polizia. Infine, Norma Andrade e Marisela Ortiz hanno messo a confronto le foto delle ragazze uccise: presentavano forti somiglianze fisiche. In base ai risultati ottenuti dalle loro indagini, le esponenti di NHRC hanno concluso che i femminicidi sono compiuti da un gruppo di persone del crimine organizzato, interpretazione dei fatti sempre negata dalle autorità[43].

Grazie al lavoro costante dei collettivi femminili, spesso definiti con spregio "femministi" dalle istituzioni, tre casi di donne ritrovate il 6 novembre 2001 in un'area chiamata "Campo Algodonero" (campo di cotone situato di fronte al quartier generale dell'Asociación de Maquiladoras de Ciudad Juárez), insieme al rinvenimento di altri cinque cadaveri, furono sottoposti alla Comisión Interamericana de Derechos Humanos. Si trattava di otto donne uccise in momenti diversi, ma secondo le stesse modalità descritte in merito al "femminicidio sessuale sistemico". La scoperta di questi corpi ha generato un'escalation dell'attivismo e della solidarietà anti-femminicidio in Messico e Stati Uniti, arrivando a interessare anche l'Europa[44]. Con la Risoluzione del 3 aprile 2009 è iniziato il processo contro il Messico per i casi di Claudia Ivette Gonzàlez, Esmeralda Herrera Monreal, Laura Berenice Ramos Monárrez, e nel dicembre 2009 è stata emessa la condanna dello Stato messicano per i tre femminicidi. La Corte ha dichiarato lo Stato federale responsabile della violazione dei diritti umani delle donne, per non aver adottato misure preventive, nonostante fosse a conoscenza dell'esistenza di una situazione di violenza grave e sistematica contro le donne. La sentenza del "Campo Algodonero" costituisce, pertanto, un passaggio fondamentale, sia per l'allargamento della condivisione della lotta al femminicidio sia per l'introduzione del livello giuridico, che ha dato un nome a tale fenomeno.

Tornando al ruolo delle associazioni, è doveroso sottolineare l'importante compito di solidarietà e di miglioramento delle condizioni dei bambini, rimasti orfani di madre, che esse hanno assunto. L'associazione NHRC, ad esempio, con il "Proyecto de la Esperanza para las otras victimas del feminicidio en Ciudad Juárez" realizza laboratori di arte-

Croci rosa dipinte vicino al monumento a Benito Juárez, Ciudad Juárez, 2015
Foto di Jaime Lasso

terapia, incentrati sui diritti umani e sull'autostima. Lo Stato messicano non ha politiche pubbliche volte alla cura dei bambini e dei familiari delle vittime; averle significherebbe accettare sia il fatto che a Juárez hanno sequestrato, mutilato, violentato e abbandonato i corpi di centinaia di donne, sia l'esistenza di un fenomeno criminale, e riconoscere la peculiarità drammatica propria di Ciudad Juárez[45].

Infine, le associazioni hanno una funzione fondamentale nella diffusione della conoscenza del problema del femminicidio anche oltreconfine. Marisela Ortiz sostiene che parlare dei femminicidi di Juárez fuori dal Messico sia l'unico modo per generare pressione sui diversi livelli di governo nella città e per giungere ad una risoluzione dei casi impuniti.

Svolgere un ruolo attivo espone, però, a grandi rischi la propria incolumità e quella dei propri cari. Oggi Marisela Ortiz né risiede né lavora a Juárez perché a seguito di gravi e reiterate minacce di morte rivolte a lei e alla sua famiglia, è stata costretta a lasciare il paese e a rifugiarsi negli Stati Uniti. Come Marisela, anche Marilu Garcia Andrade è stata obbligata a lasciare la città[46]; è una misura per evitare quanto successo a tante donne attiviste. Per capire l'entità del fenomeno, basta ricordare Marisela Escobedo, o l'attivista Josefina Reyes, uccise nel 2010, o Susana Chávez, la poetessa trentaseienne fautrice del motto "Ni una muerta más", strangolata il 6 gennaio 2011 e abbandonata per strada. Sulla salma erano visibili i segni di una violenza disumana e di un'aggressione esercitata non solo sul corpo, mutilato della mano sinistra, ma anche sulla donna in quanto tale. Il sacchetto di plastica nero, nel quale era stata avvolta la testa di Susana, è da una parte lo strumento per compiere il misfatto, dall'altra costituisce il simbolo di un soffocamento, appunto quello della parola e della libertà femminile. L'esposizione pubblica del corpo, che rievoca il rito nazifascista dell'intimidazione, serve a sopprimere anche i segni di protesta, in quanto incute paura.

Le autorità locali e statali, continuando a seguire la linea del discredito delle vittime, con l'obiettivo di far ricadere sulle stesse la responsabilità per il loro assassinio, cercarono di mostrare collegamenti improbabili tra gli omicidi di Josefina Reyes e Marisela Escobedo e i cartelli della droga; nel caso di Susana Chávez, si cercò di sostenere che la vittima stesse bevendo con i suoi aggressori. Tutte supposizioni che non furono mai dimostrate.

Un problema emerso tra le associazioni di Ciudad Juárez è la loro difficoltà di porsi come corpo compatto: da una parte vi sono le associazioni delle madri e dei parenti delle vittime e dall'altra le organizzazioni che si occupano dei diritti delle donne. Come nota Chiara Calzolaio, antropologa presso l'Ecole des Hautes Etudes en Sciences Sociales di Parigi, alcune tra queste ultime hanno un giudizio negativo delle organizzazioni dei familiari delle vittime e in particolare delle *madres*: "Le critiche convergevano su due questioni: le madri impegnate dalla fine degli anni Novanta nella richiesta di verità e giustizia tendono a presentarsi pubblicamente solo come delle vittime e utilizzano nelle loro rivendicazioni il loro essere 'madri'. Riproducono così, secondo alcune delle attiviste, spesso assistenti sociali o psicologhe impegnate sul campo, quegli stessi rapporti di genere fondati su ruoli e modi di essere uomini e donne predeterminati e disuguali, fondati cioè sulla disuguaglianza e la discriminazione di genere, che hanno prodotto e producono i femminicidi e più in generale le violenze contro le donne"[47].

La divisione tra gli attivisti deriva anche dalle scelte che hanno orientato la seconda fase dell'attivismo anti-femminicidio, a partire dal 2005, e che non hanno trovato consensi unanimi. Infatti gli attivisti di Juárez hanno preferito dare spazio prevalentemente alla formazione di piattaforme di discussione pubblica, all'attività politica, al lavoro culturale e artistico, a scapito dell'organizzazione di marce e raduni.

Marce che comunque continuano ad aver luogo e a raccogliere un largo consenso. L'organizzazione più nota sorta in questa seconda fase di attivismo è il Movimiento por la Paz con Justicia y Dignidad, diretto dal poeta Javier Sicilia, che ha guidato importanti carovane nel 2011 e 2012. Si tratta di un movimento contro la militarizzazione della guerra al narcotraffico, in cui i femminicidi sono visti come una delle manifestazioni della corruzione delle autorità. Alla base del movimento vi è il Mexico Solidarity Network, con sede a Chicago, che a partire dagli anni Novanta fino al 2004 ha organizzato carovane attraverso gli Stati Uniti, raccolte fondi nelle città e nei campus, e promosso una campagna di sensibilizzazione sul problema del femminicidio e dell'economia di sfruttamento. Le strategie del Mexico Solidarity Network si sono rivelate efficaci, hanno portato a una mobilitazione di massa tra Messico e Stati Uniti e focalizzato l'attenzione pubblica sui diritti della donna, pur non avendo, però, la diffusione che, successivamente, ha ottenuto

"Campo Algodonero" (campo di cotone), Ciudad Juárez, 2015
Foto di Jaime Lasso

il movimento guidato da Sicilia. Le carovane per la pace di Javer Sicilia pongono in discussione le politiche che rispondono alla violenza con altra violenza. Il poeta e saggista dichiara che il Movimiento por la Paz con Justicia y Dignidad e gli zapatisti sono i due grandi movimenti sociali messicani degli ultimi vent'anni, entrambi alimentati da contributi di poeti, scrittori e artisti[48].

Infine, Kathleen Staudt e Zulma Y. Méndez sottolineano l'apporto prezioso che l'impiego della tecnologia digitale e delle piattaforme di social networking (in particolare e-mail, Facebook e Twitter) ha dato alla lotta. L'utilizzo dei social network abbassa il costo del coordinamento sociale tra gli utenti, favorisce gli scambi interpersonali, la cooperazione e i processi auto-coordinati, rinforzandoli e moltiplicandoli, costituendo un modo più efficace, perché immediato, per denunciare le violazioni dei diritti umani; migliora l'organizzazione di raduni e marce, nonché la

diffusione delle informazioni. Alcune organizzazioni con base a Juárez
indirizzano i propri messaggi a una platea transnazionale. I contributi di
web designer, artisti, grafici e musicisti hanno favorito la circolazione di
informazione anche tra un nuovo pubblico, in particolare tra coloro che,
pur non identificandosi con l'attivismo politico, hanno preso coscienza
e consapevolezza del problema. C'è però il rovescio della medaglia:
se da una parte la tecnologia semplifica la modalità di diffusione dei
contenuti nell'opinione pubblica, allo stesso tempo espone gli attivisti
a un alto rischio di controllo da parte del governo e di agenti collusi.

• • • Le pressioni internazionali

Come abbiamo visto, la mobilitazione delle *madres*, sostenute
dalle organizzazioni della società civile, ha disvelato la questione del
femminicidio oltre i confini del Messico, spingendo le organizzazioni
internazionali per i diritti umani a studiare il fenomeno da vicino. Queste
ultime hanno documentato la situazione della città e dello Stato di
Chihuahua attraverso visite sul posto che sono state alla base della
stesura di numerosi rapporti e raccomandazioni.

Le decine di atti emessi dalle agenzie nei confronti del sistema
giudiziario messicano riguardano temi giuridici per il corretto
accertamento dei reati e la punizione dei responsabili, così come il
trattamento discriminatorio delle vittime da parte degli avvocati, che
hanno negato il problema e hanno giustificato la violenza contro le donne
attraverso argomenti basati su stereotipi e ragionamenti misogini[49].

Se i femminicidi sono iniziati nel 1993, solo cinque anni dopo, il 15
maggio 1998, la Comisión Nacional de Derechos Humanos ha emesso la
prima raccomandazione e fino ad oggi non si è ancora proceduto contro
i funzionari accusati in quel rapporto. Per ragioni diverse, nessuna delle
raccomandazioni è stata portata a compimento.

L'attenzione internazionale sul caso Juárez è stata richiamata
dall'inchiesta di Amnesty International che, nel 2003, contrapponeva alle
esigue cifre riconosciute dalla Procura di Chihuahua, valori allarmanti,
370 omicidi e 400 sparizioni, e denunciava le nefande prassi di detenzioni
arbitrarie, le torture subite dai sospettati, le intimidazioni a giornalisti
e avvocati. Il 12 agosto dello stesso anno, una delegazione di Amnesty

International incontrò il presidente Vicente Fox, che dichiarò infondato il rapporto stilato dalla ONG[50].

La legislazione messicana è avanzata rispetto a quella di molti altri paesi in termini di contrasto alla violenza di genere, anche grazie al lavoro condotto dai movimenti contro i femminicidi, ma è resa vana dalla piaga dell'impunità. Per questo motivo, le iniziative internazionali che mettono a fuoco il problema e che continuano a tenerlo vivo sono accolte dagli attivisti con entusiasmo. Tra queste, è di particolare rilievo la Sessione del Tribunale Permanente dei Popoli (PPT) tenutasi in Messico tra il 2011 e il 2014, organo indipendente e non governativo che difende i diritti dei popoli e che nasce come diretta prosecuzione dell'esperienza del Tribunale Russell sulle dittature in America Latina[51].

Tale Sessione ha costituito un nuovo tentativo di ricerca di giustizia e verità, trattando la relazione tra libero commercio, violenza, impunità e diritti dei popoli. I temi discussi, oltre a femminicidio e violenza di genere, hanno compreso la mancanza di accesso alla giustizia, migrazione, violenza contro i lavoratori, sovranità alimentare, devastazione ambientale e negazione dei diritti delle persone, disinformazione, censura e violenza contro i giornalisti. La sentenza del Tribunale Permanente dei Popoli evidenzia come il libero commercio abbia cancellato i diritti del popolo e indica come necessario rifondare il Paese a partire da nuovi parametri che includano il riconoscimento pieno ed efficace dei diritti umani, dell'identità e dei territori dei popoli indigeni, nonché il riconoscimento del ruolo delle donne in questo processo. Il grosso problema alla base della crisi umanitaria, politica, sociale e istituzionale che vive il Paese viene individuato nel disarmo dello Stato di fronte all'aggressione delle multinazionali indotta dal NAFTA: "di fatto è scomparso lo spazio del diritto pubblico, lo Stato si è convertito in un promotore e certificatore delle operazioni private degli investitori". Lo Stato messicano è stato riconosciuto dal Tribunale il principale responsabile della violazione dei diritti delle vittime e dei loro familiari che non hanno ottenuto giustizia in quanto i colpevoli sono rimasti impuniti. A questo si aggiunge la scandalosa mancanza di rispetto nei confronti delle famiglie, per la ri-vittimizzazione che assai spesso subiscono quando chiedono conto della violazione del loro diritto alla verità, alla giustizia, alla

Ponte internazionale che collega Ciudad Juárez a El Paso. Foto di Jaime Lasso

riparazione. Tale sentenza, pur priva di valenza giuridica, ha costituito una vittoria morale per gli attivisti.

Le azioni intraprese dai forum globali suggeriscono che il femminicidio vada trattato come una questione transnazionale, che non può essere risolta all'interno del contesto locale. Alicia Schmidt Camacho (docente di American Studies and Ethnicity, Race, and Migration alla Yale University) sostiene che osservare le convenzioni sui diritti umani non è semplicemente una misura con la quale si intende solo rifondare lo Stato, ma soprattutto affrontare i processi globali che rendono le donne messicane bersagli convenienti per la discriminazione, lo sfruttamento e l'aggressione. Se le cause e le conseguenze della violenza sono transnazionali, allora anche la prospettiva di una possibile soluzione deve essere il risultato di uno sforzo transnazionale congiunto[52].

Femminicidio, un termine necessario

Il femminicidio è un concetto molto sensibile nella mia città. Sebbene una parola può assumere un valore universale, ha un significato particolare in relazione a un contesto specifico. Qui a Ciudad Juárez indica varie cose: un periodo di tempo, un problema attuale, un reclamo, uno slogan, una moda, un concetto accademico, una ricerca, un numero statistico, un'amica, una sorella, una madre, una figlia...
Brenda Ceniceros, Ciudad Juárez[53]

• • • Nominare la violenza contro le donne in quanto donne

Il termine *feminicidio* è stato definito in relazione a quanto stava accadendo a Ciudad Juárez dal 1993. L'uso del termine denota sia un aggiornamento della lingua sia una presa di coscienza culturale rispetto a un fenomeno specifico e alla volontà di affrontarlo, anche giuridicamente, per eliminarlo radicalmente. Questo neologismo nasce infatti con una valenza politica: dare un nome alle uccisioni e alle violenze nei confronti delle donne "in quanto donne".

Alla fine degli anni Sessanta il movimento femminista internazionale ha denunciato la violenza e gli abusi contro le donne, facendo emergere nuove categorie di analisi come il concetto di "genere", volto a evidenziare il peso delle costruzioni sociali nella disuguaglianza dei sessi. La violenza di genere origina dalla convinzione di un'inferiorità biologica della donna, e affonda le sue radici nell'organizzazione sessista della società. Come espressione del dominio maschile, rappresenta lo strumento per la subordinazione nelle relazioni inique tra i sessi, radicata sia nella sfera privata sia in quella pubblica. Il ritardo di una regolamentazione internazionale in tema di violenza di genere, come sottolinea Chiara Dara, autrice di un saggio sulla violazione dei diritti delle donne in Messico, è imputabile alla *forma mentis* delle società patriarcali, nelle quali la violenza contro le donne è percepita come fenomeno quasi fisiologico e quindi tollerata e giustificata a scopo "educativo"[54].

La giurista Barbara Spinelli, autrice di una ricerca sulla nascita e l'evoluzione del concetto di femminicidio, indica che in Europa è solo a partire dal 2008 che si è iniziato a parlare pubblicamente di femmicidio (dall'inglese *femicide*) e di femminicidio (dallo spagnolo *feminicidio*), non sempre con la consapevolezza della storia che appartiene a questi due termini[55].

Il neologismo *femicide*, inteso non come semplice traduzione di omicidi di donne ma nella sua valenza politica, è dibattuto in ambito accademico e all'interno del movimento femminista a partire dalla pubblicazione, nel 1992, di *Femicide: The Politics of Woman Killing*, di Jill Radford e Diana Russell[56]. Il termine era già stato usato da Diana Russell nel 1976, quando testimoniò davanti al Tribunale Internazionale sui crimini contro le donne a Bruxelles: qui la sociologa e criminologa statunitense con *femicide* nominò per la prima volta l'omicidio di donna per cause misogine, indicando la specificità dei crimini basati sul genere, ed evidenziando dunque violenze di stampo misogino e sessista. La criminologa sottolinea che da quell'anno ha cominciato a usare il termine nelle sue lezioni e conferenze pubbliche, ma fino agli anni Novanta, il significato di *femicide* è stato ignorato[57]. Nel 1990 la criminologa definisce il *femicide* come: "murders of women by men motivated by hatred, contempt, pleasure, or a sense of ownership of women. Femicide includes mutilation, murder, rape murder, battery that escalates into murder"[58].

Due anni dopo, Diana Russell con Jane Caputi riprende tale definizione, partendo dallo stupro, descrivendo quest'ultimo come una diretta espressione di politica sessuale, un atto di conformità alle norme sessuali maschiliste, e una forma di terrorismo che serve a preservare lo status quo di genere: "Come lo stupro, la maggior parte delle uccisioni di donne da parte di mariti, amanti, padri, conoscenti e sconosciuti non sono i prodotti di alcuna devianza inspiegabile. Sono *femicide*, la forma più estrema di terrorismo sessista, motivati da odio, disprezzo, piacere, o un senso di proprietà delle donne. Chiamare le uccisioni misogine femmicidio toglie il velo di oscuramento dei termini non di genere come omicidio e assassinio"[59].

Le studiose proseguono sostenendo che la misoginia, in quanto atteggiamento di avversione o repulsione per la donna, fomenta sia l'odio che si manifesta con la violenza contro le donne, sia la ripulsione anche attraverso una mistificazione della realtà da parte della stampa: "*Femicide*, stupro e aggressione sono variamente ignorati dai media o trattati con sensazionalismo, dipendendo dalla razza della vittima, la classe e la sua attrattività"[60]. Concludono affermando che il femmicidio è solo la punta estrema di un continuum di antifemminile (stupro, violenza verbale, tortura, prostituzione, abuso fisico e emotivo, ecc.), e che quando queste "forme di terrorismo" provocano la morte, diventano femmicidi.

Il grande contributo di Diana Russell e Jane Caputi, come sostiene l'Observatorio Ciudadano Nacional del Feminicidio (OCNF), è stato quello di aver esplicitato che i motivi che storicamente hanno condotto a persecuzioni razziali legate alla nazionalità, alla religione, all'origine etnica o all'orientamento sessuale, sono gli stessi che orientano le azioni di chi uccide le donne e quindi il fenomeno viene inquadrato come un crimine di odio[61]. Negli anni successivi, Diana Russell estende la definizione di *femicide*, includendovi le uccisioni sessiste, che comprendono non solo quelle generate dall'odio, ma anche da un senso di superiorità sulle donne[62].

Il termine *feminicidio* è stato introdotto dall'antropologa femminista e politica messicana Marcela Lagarde y de los Ríos, incaricata del Governo per la direzione della Comision Especial de Feminicidios presso la Camera. Partendo dall'espressione *femicide* utilizzato da Diana Russell e ampliandone il concetto, Marcela Lagarde, nel 1997, utilizza *feminicidio* proprio per definire quanto stava accadendo a Ciudad Juárez. Lagarde crea una nuova categoria di analisi, il feminicidio, idonea a inquadrare la situazione di violenza su larga scala, impunita e radicata nel patriarcato, che esiste a Juárez in particolare e in Messico in generale. Il femminicidio non solo comprende gli assassini di donne, ma abbraccia l'insieme dei fatti violenti. L'indagine del femminicidio di Juárez ha fatto emergere in modo evidente che negli omicidi di uomini non si registravano la componente sessualizzata e le brutalità che si riscontravano negli omicidi di donne. *Feminicidio* si riferisce a quel comportamento che provoca l'annientamento fisico o psicologico della personalità femminile (ciò che si intende per la riduzione della donna a *living dead*): non è dunque necessario che si realizzi la morte della donna; anche l'annientamento psicologico è suscettibile di ingenerare gli estremi del femminicidio. Scrive Marcela Lagarde: "Il femminicidio è un genocidio nei confronti delle donne e avviene quando le condizioni storiche generano pratiche sociali che permettono attacchi contro l'integrità, la salute, la libertà e la vita delle donne. (...) Contribuisce all'insorgere del femminicidio la concomitanza criminale di silenzio, omissione, negligenza e collusione delle autorità competenti per prevenire e sradicare questi crimini. C'è femminicidio quando lo Stato non dà garanzie alle donne e non crea le condizioni di sicurezza per la loro vita nella comunità, a casa, o negli spazi di lavoro, di transito o del tempo libero. Inoltre, quando le autorità non

Marcia di protesta "Caravana por la Paz", con Javier Sicilia e Marisela Ortiz, El Paso, Texas, giugno 2011. Foto di Rawi Leal. Courtesy Nuestras Hijas de Regreso Casa, Ciudad Juárez

svolgono le loro funzioni in modo efficiente. Per questo il femminicidio è un crimine di Stato. Il femminicidio si nutre del contesto ideologico e sociale del maschilismo e della misoginia, della violenza contro le donne standardizzata, e delle mancanze legali e di politiche governative che creano condizioni di vita sicure per le donne in pericolo di vita e promuovono una serie di crimini che esigiamo chiarire e rimuovere"[63].

Sia Marcela Lagarde sia Julia Monárrez, analizzando il fenomeno del femminicidio in Messico, individuano nell'impunità dello Stato il motivo principale del permanere e del radicarsi del delitto: se lo Stato non punisce, rende legittimo il reato, che continuerà a manifestarsi, assumendo forme estreme. Entrambe le studiose sottolineano dunque che la violenza è esercitata primariamente dalle istituzioni nel momento in cui non si attivano nel garantire la vita delle donne come bene prioritario; quando sussiste un gravissimo problema di sicurezza per la vita delle donne. Ciudad Juárez è divenuta il simbolo del femminicidio come una delle forme più gravi di violenza contro le donne, in un contesto di discriminazione e impunità portato agli estremi dalla persistente inattività dello Stato.

Marisela Ortiz presso il "Campo Algodonero", Ciudad Juárez, 2005
Foto di Mannon Schick; Courtesy Nuestras Hijas de Regreso Casa, Ciudad Juárez

María Socorro Tabuenca Córdoba, direttrice del Centro per gli Studi Inter-americani e di frontiera e ricercatrice presso El Colegio de la Frontera Norte, nel corso di un'intervista rilasciata nel 2010 ha affermato l'importanza *operativa* dell'uso di termini appropriati per definire il fenomeno: "In Messico, se tutto viene classificato come omicidio, allora sarà molto difficile scoprire quante donne sono state uccise e quali sono le cause della morte"[64]. Riferendosi al caso di Juárez, Julia Monarrez specifica ulteriormente il termine femminicidio: con "femminicidio sessuale e sistemico" la criminologa nomina un delitto che presenta le caratteristiche di omicidio di genere, la tortura e la violenza sessuale, il protrarsi nel tempo in un contesto di impunità reiterata[65].

L'introduzione dei termini *femicide* e *feminicidio* è di grande importanza: essi hanno consentito di interpretare un fenomeno che si manifesta a livello internazionale, attraverso un'analisi sociale, economica, politica e culturale delle cause dei crimini contro le donne. In questo modo, il problema è stato riconosciuto come un problema sociale e culturale. Sebbene il concetto di femminicidio nasca in riferimento al contesto di Juárez, esso può riferirsi a tutti gli ambiti in cui una donna subisce violenza fisica, psicologica, economica, normativa, sociale, religiosa, tanto nella sfera familiare quanto in quella pubblica. Nominare il problema significa renderlo visibile: portarlo dal contesto privato a quello politico.

La violenza contro le donne è stata presa in considerazione nell'ambito del diritto umanitario internazionale e condannata dalla Convenzione sull'eliminazione di tutte le forme di discriminazione contro le donne (CEDAW), adottata dall'ONU nel 1979 (ratificata in Italia nel 1985). Ne consegue la storica sentenza del "Campo Algodonero" della Corte Interamericana de Derechos Humanos (CIDH). Nel 2011, a partire da tale sentenza, che includeva tra i punti da soddisfare immediatamente la definizione da un punto di vista giuridico di un reato per punire adeguatamente i femminicidi, il Messico ha avviato un processo di criminalizzazione degli stessi: le organizzazioni della società civile hanno manifestato la necessità di riconoscere il delitto di *feminicidio* come elemento essenziale per le indagini con prospettiva di genere[66]. Dunque, la sentenza del "Campo Algodonero" è storica perché per la prima volta riconosce un'identità giuridica propria al concetto di femminicidio quale omicidio di una donna per motivi di genere e quale violazione dei diritti umani, ed implica che i femminicidi, ovunque abbiano luogo, siano da considerarsi crimini di Stato nei casi in cui non vengano applicate le misure atte a contrastare e eliminare ogni forma di violenza maschilista contro le donne[67].

Alla base della considerazione del femminicidio come crimine di Stato vi è il lavoro condotto da Marcela Lagarde, in qualità di deputata eletta nel 2003 e responsabile dell'evoluzione della commissione d'inchiesta su "omicidi e sparizioni di donne a Ciudad Juárez", nell'ambito della Commissione parlamentare d'inchiesta sui femminicidi in Messico. Tale azione è considerata un'"esperienza pilota", che ha rielaborato, in un arco di tempo di dieci anni, le informazioni reperite presso varie istituzioni (procure generali, ONG, istituzioni di donne, Corte Suprema, organizzazioni civili, giornali, INM, INEGI)[68].

Lagarde ha fatto istituire a livello federale una Procura Speciale per indagare sul femminicidio e nel 2004 è stata presentata la prima iniziativa per introdurre nel Codice Penale federale questo delitto. La Commissione ha avuto un ruolo centrale nella discussione e approvazione, nel 2006, della prima legge federale sulla violenza contro le donne, la "Ley general de acceso de las mujeres a una vida libre de

Il memoriale di croci rosa nel quartiere Valle de Juárez, realizzato nel 2015 dalle *madres* e dai famigliari delle vittime per ricordare diciannove donne tra i 13 e i 26 anni trovate morte ad Arroyo del Navajo, vicino a Ciudad Juárez, ottobre 2015. Foto di Ina Riaskov. Courtesy Producciones y Milagros Agrupación Feminista

violencia", adottata dal Congresso degli Stati Uniti Messicani il 1°
febbraio 2007[69]. La legge riprende le questioni centrali in materia di diritti
delle donne poste dalla CEDAW e dalla Convenzione interamericana
per la prevenzione, la repressione e l'eliminazione della violenza contro
le donne o Convenzione di Belém do Pará[70], introducendo il concetto di
"violenza femminicida", definendola "la forma più estrema di violenza
di genere contro le donne, prodotto della violazione sistematica dei loro
diritti umani, nell'ambito pubblico come nel privato, che comprende
l'insieme di condotte misogine che possono implicare impunità sociale
o dello Stato e che possono culminare nell'omicidio o in altre forme di
morte violenta delle donne (art. 21)"[71].

Questa legge rappresenta un'importante presa di coscienza in
Messico della situazione di discriminazione e violenza in cui versano
le donne ed esprime la volontà di affrontare il fenomeno, almeno da un
punto di vista legale, a partire dalla promozione di modelli culturali non
più fondati sulla subordinazione della donna.

L'importanza di trasformare le categorie di analisi in nuove
categorie giuridiche rappresenta, secondo Chiara Dara, un passo avanti
fondamentale nella tutela dei diritti umani delle donne: "Criminalizzare,
attraverso la creazione di una categoria avente dignità autonoma, le
condotte violente nei confronti delle donne in quanto tali, significherebbe,
infatti, innanzitutto, riconoscere la gravità di questo fenomeno ancora
ampiamente diffuso e definire chiaramente le condotte criminose e le
pene da imporre agli autori delle stesse. Ciò non solo avrebbe un valore
deterrente, a beneficio dell'intero genere femminile, ma faciliterebbe
anche il compito delle autorità giudiziarie quando esse sono chiamate a
inquadrare in fattispecie criminose tali tipi di condotte"[72].

Da qui, l'importanza dell'uso del termine femminicidio, da considerare
non come una moda giornalistica o un virtuosismo femminista, ma uno
strumento imprescindibile per riconoscere un male culturale e sociale e
contrastarlo attraverso strumenti culturali e giuridici appropriati.

1. Staudt Kathleen – Méndez Zulma Y., *Courage, Resistance, and Women in Ciudad Juárez: Challenges to Militarization*, The University of Texas Press, El Paso 2015. Kathleen Staudt è docente di Scienze Politiche e di Western Hemispheric Trade Policy Studies all'University of Texas, El Paso; Zulma Y. Méndez e docente e ricercatrice a El Colegio de Chihuahua a Ciudad Juárez e condirettrice del National Endowment for the Humanities project on Border Security and the Humanities al Center for Inter-American and Border Studies alla University of Texas a El Paso.

2. Dara Chiara, *Gross violations dei diritti delle donne in Messico. La risposta del diritto internazionale*, Firenze University Press, Firenze 2014.

3. Tra il 2006 e il 2011, quarantacinquemila persone sono morte in Messico a causa della violenza legata al narcotraffico. La violenza della guerra alla droga ha portato ad un aumento esponenziale dei tassi di omicidio, che sono passati da oltre 400 nel 2007 a circa 1.600 nel 2008, 2.600 nel 2009, 3.100 nel 2010 e hanno determinato inoltre un abbandono massiccio della città, che ha visto un decremento della popolazione da 2 a 1,3 milioni di persone.

4. Staudt Kathleen – Méndez Zulma Y., *Courage, resistance...* cit.

5. Segato Rita Laura, "Territorio, sovranità e crimini da secondo Stato: la scrittura sul corpo delle donne assassinate", in Giletti Benso S.– Silvestrini L. (a cura di), *Ciudad Juárez. La violenza sulle donne in America Latina, l'impunità, la resistenza delle Madri*, FrancoAngeli, Milano 2010, p. 30.

6. Il caso di Sergio González Rodríguez è emblematico. Il giornalista racconta diversi episodi di intimidazione di cui è stato vittima. Il 15 giugno 1999 fu aggredito all'interno di un taxi a Città del Messico. L'8 dicembre 1999 intervistò al telefono Francisco Minjárez, capo della squadra antisequestri della Polizia giudiziaria di Chihuahua, e solo sei ore dopo fu vittima di una nuova aggressione a bordo di un taxi. Il 25 marzo 2004 un funzionario della sicurezza federale messicana gli confidò che qualcuno stava preparando un'operazione per rapirlo e ucciderlo su mandato di un ministro locale e per accontentate un imprenditore di spicco di Ciudad Juárez. Per proteggersi, il giornalista incontrò a Città del Messico il coordinatore della squadra investigativa sul Messico della Segreteria di Amnesty International, chiedendoli di rendere pubbliche informazioni e nomi che gli stava fornendo nel caso in cui fosse stato ucciso. González Rodríguez Sergio, *Huesos en el desierto*, Anagrama, Barcelona 2002 (trad. it.: *Ossa nel deserto*, Adelphi, Milano 2006).

7. Zamora Márquez Anaiz, *Reportage – Mapa del feminicidio in Messico*, in "Cimacnoticias.com.mx", 18 gennaio 2015.

8. Spinelli Barbara, *Femminicidio. Dalla denuncia sociale al riconoscimento giuridico internazionale*, FrancoAngeli, Milano 2008, pp. 94-95.

9. Monárrez Fragoso Julia, *Feminicidio sexual sistémico: víctimas y familiares, Ciudad Juárez, 1993-2004*, Tesi di Dottorato in Scienze Sociali, specialità Genere, UAM-X, México, D.F., 2005 (cit. in: Calzolaio Chiara, "'Rispetta Juárez la CEDAW?'. I femminicidi di Ciudad Juárez alla luce del riconoscimento internazionale di discriminazione e violenza di genere", in Corti I. (a cura di), *Universo femminile. La CEDAW tra diritto e politiche*, Edizioni dell'Università degli Studi di Macerata EUM, Macerata 2013.

10. Ronquillo Victor, *Las muertas de Juárez. Crónica de una larga pesadilla*, Temas De Hoy, Madrid 2004 (trad. it.: *L'inferno di Ciudad Juárez. La strage di centinaia di donne al confine Messico-Usa*, Baldini Castoldi Dalai, Milano 2006, p. 12).

11. Butler Judith, "Violenza, lutto, politica", in Id., *Precarious Life: the Powers of Mournig and Violence*, Verso, London-New York 2004 (trad. it: *Vite precarie. I poteri del lutto e della violenza*, Postmedia Books, Milano 2013, p. 45).

12. Il criminologo Rafael Ruiz Harrell sottolinea che tra il 1995 e il 2000 su

un totale di 594 omicidi volontari 259 furono commessi contro le donne, 230 delle quali non identificate o di incerta identificazione; significa che è di sesso femminile il 43,8% delle vittime, a fronte di un 10% registrato nel resto del paese. González Rodríguez Sergio, *Ossa nel deserto... cit.*, pp. 25-26 e 273-275.

13. Lorusso Fabrizio, *Narcoguerra. Cronache dal Messico dei cartelli della droga*, Odoya, Bologna 2015.

14. Il caso dei quarantatré studenti della scuola rurale normale di Ayotzinapa, sequestrati il 26 settembre 2014 dalla polizia municipale di Iguala, nello Stato di Guerrero, e mai ritrovati, evidenzia la brutalità della connivenza tra potere politico e cartelli della droga. Il procuratore della Repubblica Jesus Murillo Karam dichiarò che fu il sindaco di Iguala, Luis Abarca, a commissionare alla polizia municipale il rapimento dei ragazzi e la consegna ai sicari del cartello Guerrero Unidos per disfarsene. La comunità internazionale reagì con profondo sdegno. Il caso, però, è rimasto irrisolto e, anzi, le barbarie perpetrate da politici corrotti, polizia e cartelli continuano senza sosta. Gibler John, *The Disappeared. The story of September 26, 2014, the day 43 Mexican students went missing — and how it might be a turning point for the country*, The California Sunday Magazine, dicembre 2014 (trad. it.: *Non rispondono all'appello*, "Internazionale", n. 1089, anno 22, 13/19 febbraio 2015, pp. 34-42).

15. Giletti Benso Silvia, "I vortici della violenza", in Giletti Benso S. – Silvestri L. (a cura di), *Ciudad Juárez... cit.*

Secondo l'avvocato Sergio Dante, nei femminicidi vi sono coinvolte le più alte sfere politiche: "L'ex governatore, Patricio Martínez, ha venduto la piazza di Juárez al boss del cartello Vincente Carrillo Fuentes. Le donne uccise in questo posto costituiscono una sorta di prezzo da pagare ai tirapiedi, una ricompensa per un passaggio di droga andato a buon fine o per l'esecuzione di un rivale. Le donne vengono prelevate direttamente dai poliziotti municipali. (...) Gli assassini sono stati anche identificati dalla polizia giudiziaria di Stato: molti di loro sono spacciatori. Ma siccome sono legati al cartello di Juárez i poliziotti locali hanno immediatamente bloccato le indagini". Intervista a Sergio Dante di Marc Fernandez e Jean-Christophe Rampal, Città del Messico, novembre 2004 e aprile 2005, in Fernandez Marc – Rampal Jean-Christophe, *La ville qui tue les femmes*, Hachette Littératures, Paris 2005 (trad. it.: *La città che uccide le donne. Inchiesta a Ciudad Juárez*, Fandango Libri, Roma 2007, p. 114).

16. Di particolare interesse rispetto alle problematiche relative all'industria *maquiladora*, si veda il documentario di Isabella Sandri e Giuseppe M. Gaudino, *Maquilas* (2004), presentato al 22° Torino Film Festival, vincitore del Premio speciale della giuria come Miglior documentario sul mondo del lavoro.

17. Ronquillo Victor, *L'inferno di Ciudad Juárez... cit.*

18. Il NAFTA è modellato sul precedente accordo di libero commercio tra Canada e Stati Uniti (FTA), a sua volta ispirato al modello dell'Unione Europea.

19. Volkart Ivonne, *War Zone: Bodies, Identities and Femininity in the Global High-Tech Industry*, in "n.paradoxa", Londra, luglio 1999.

20. Bourdieu Pierre, *La domination masculine*, Éditions du Seuil, 1998 (trad. it.: *Il dominio maschile*, Feltrinelli, Milano 1998-2014, pp. 58-59).

21. Ivi, p. 60.

22. Dean Matteo, "Assemblando donne", in Giletti Benso S. – Silvestri L. (a cura di), *Ciudad Juárez... cit.*, pp. 149-151.

23. Servando Pineda Jaimes, "Ciudad Juárez: dal femminicidio..." cit.

24. In ogni caso, se anche così fosse, riferendoci allo slogan femminista "il personale è politico", consideriamo la responsabilità di tali atti come una responsabilità pubblica, e non privata.

25. González Rodríguez Sergio, *Ossa nel deserto... cit.*, p. 415.

26. A detta di alcuni testimoni, in lussuose ville sarebbero state organizzate orge e feste frequentate

da personalità di spicco della città e durante queste serate alcune ragazze sarebbero state violentate e uccise per divertimento. Fernandez Marc – Rampal Jean-Christophe, *La città che uccide...* cit., pp.54-55.

27. Quando, presso le colline del Cristo Nero, altri tre corpi di donne furono ritrovati mutilati e, alcuni di essi, privati degli organi, si indagò su una rete che utilizzasse carne fresca per ritualità di gruppi, soprattutto di narcotrafficanti, che avrebbero realizzato cerimonie iniziatiche soli o in presenza di autorità di vario tipo e registi di *snuff movie*. Dean Matteo, "Assemblando donne..." cit., p. 148.

Gli "snuff movie" sono video amatoriali in cui vengono riprese le torture realmente inflitte a una persona durante la realizzazione del film, culminanti con la morte della vittima.

28. Bourdieu Pierre, *Il dominio maschile...* cit., p. 62.

29. Ivi, p. 64.

30. Segato Rita Laura, *Guía para el conversatorio sobre el feminicidio. Feminicidios y violencias de género en la encrucijada de la cultura, el mercado y la justicia,* Tercer Foro Social Américas, Ciudad de Guatemala, 7-12 ottobre 2008 (appunti non pubblicati).

31. Il 4 ottobre 1998, poche ore dopo il ritrovamento di un corpo di donna nei pressi della vecchia discarica municipale, il nuovo governatore dello Stato di Chiuhuahua entrava in carica. Da candidato, in campagna elettorale aveva promesso di far luce sui femminicidi. Il 23 luglio 2003, primo giorno in cui entrò in vigore il nuovo piano di sicurezza per Ciudad Juárez, furono ritrovati a Los Arenales i cadaveri di tre donne. Nell'ottobre del 2003, pochi giorni dopo la nomina di Guadalupe Morfín quale commissaria federale per prevenire e sradicare la violenza a Ciudad Juárez, furono rinvenute spoglie ossee nel deserto di Samalayuca, a sessanta chilometri a sud della città. Victor Ronquillo, *L'inferno di Ciudad Juárez...* cit.

32. Anche lo stupro funge come enunciato, in cui chi lo commette esprime i suoi messaggi lungo due assi di interlocuzione: nell'asse verticale egli parla alla vittima e il suo discorso acquista valenza punitiva; nell'asse orizzontale si dirige ai suoi pari, li sollecita a entrare nella sua società e da questa prospettiva la donna è come una vittima sacrificale immolata in un rituale iniziatico, egli compete con loro mostrando di meritare di occupare un luogo nella società virile. Rita Laura Segato, "Territorio, sovranità e crimini..." cit.

33. Sono alcuni esempi: le resistenze da parte dei funzionari dello Stato di Chihuahua nei confronti delle squadre di esperti inviate in loro supporto dalla Procura generale di Giustizia del Distrito Federal; regolamenti di conti, come quello che, il 3 febbraio 1999, ha visto l'uccisione del comandante José Francisco Sánchez Naves, che lavorava contemporaneamente per la Procura generale della Repubblica e per il cartello di Juárez; i pagamenti da parte del cartello di Juárez verso politici, come quelli ricevuti dall'ex governatore di Chihuahua Francisco Barrio Terrazas, di cui Diana Washington Valdes su "El Paso Times" ha dato testimonianza il 15 ottobre 2000; tentativi di corruzione per garantirsi testimoni; denunce nei confronti della polizia giudiziaria da parte di ragazze rapite, narcotizzate e stuprate per giorni; perdita e distruzione di prove; identificazione erronea di parecchie vittime. E ancora, il 5 febbraio 2002, l'uccisione da parte di agenti della polizia giudiziaria dell'avvocato ventinovenne Mario César Escobedo Anaya, difensore dei falsi colpevoli dei femminicidi, che una settimana prima rilasciò un'intervista alla rete statunitense ABC sugli omicidi di donne a Ciudad Juárez. Infine, Victor Valenzuela Rivera, informatore della polizia di Stato, nel 1999 rivelò l'esistenza di un'organizzazione criminale composta da agenti della polizia e delinquenti comuni, coinvolta nel narcotraffico e nei sequestri di persona, nonché responsabile di numerosi omicidi;

Valenzuela fece i nomi degli assassini e dei protettori, una gerarchia che arrivava fino a Città del Messico, ma tali informazioni non portarono a nessuna indagine. González Rodríguez Sergio, *Ossa nel deserto...* cit.

34. Staudt Kathleen – Méndez Zulma.Y., *Courage, resistance...* cit.

35. Ib.

36. Butler Judith, "Violenza, lutto..." cit., pp. 53-55.

37. Ivi, p. 46.

38. Staudt Kathleen – Méndez Zulma.Y., *Courage, resistance...* cit.

39. Ib.

40. Fernandez Marc – Rampal Jean-Christophe, *La città che uccide...* cit., p. 154.

41. Ronquillo Victor, *L'inferno di Ciudad Juárez...* cit., p. 257.

42. Lilia Alejandra García Andrade fu sequestrata il 14 febbraio e l'autopsia stabilì che il decesso avvenne sei giorni dopo. Alcune macabre coincidenze fecero supporre che la ragazza costituisse un regalo di San Valentino: rapita il 14 febbraio, il corpo fu rinvenuto davanti al Centro Commerciale Saint Valentine, in calle San Valentín. (Matteo Dean, "Assemblando donne..." cit.). La madre racconta che dieci giorni prima del rapimento della figlia, un'auto della polizia tentò di portarla via mentre si trovava con lei in un supermercato, adducendo il motivo che la ragazza avesse partecipato a una rissa tra bande. Il sequestro di Lilia Alejandra avvenne all'uscita della *maquiladora* in cui lavorava. Un testimone sostenne di averla vista il giorno prima della morte correre seminuda gridando aiuto, ma subito ripresa da sei uomini (Ortiz Riviera Marisela, *Asesinatos de mujeres en Ciudad Juárez*, Seminario "Un vento caldo vi accarezzerà. I Femminicidi di Ciudad Juárez", Aula Magna Facoltà di Economia, Università degli Studi di Torino, 28 maggio 2007). L'autopsia stabilì che la ragazza era stata stuprata, torturata, mutilata dei seni e strangolata. Presentava dunque le stesse lesioni rilevate su alcuni dei corpi rinvenuti al Campo Algodonero.

43. Ortiz Rivera Marisela, *Asesinatos de mujeres...* cit.

44. Staudt Kathleen – Méndez Zulma.Y., *Courage, resistance...* cit.

45. Servando Pineda Jaimes, "Ciudad Juárez..." cit.

Marisela Ortiz e Norma Andrade il 20 giugno 2013, a Berlino, sono state insignite del Premio Alice Salomon 2013, assegnato da Alice Salomon Hochschule per il loro contribuito rispetto alla lotta al femminicidio di Juárez e per l'impegno sociale della loro associazione nei confronti dei bambini delle donne assassinate.

46. García Martínez Anayeli, *Se refugia Marisela Ortiz en EU*, in "Cimacnoticias.com.mx", 14 marzo 2011.

47. Calzolaio Chiara, "Femminicidi, movimenti sociali e soggettività politiche a Ciudad Juárez, Messico", in Rossi A. – Koensler A. (a cura di), *Comprendere il dissenso. Etnografia e antropologia dei movimenti sociali*, Perugia, Morlacchi Editore, Perugia 2012.

48. Il Movimiento por la Paz con Justicia y Dignidad guidato da Javier Sicilia ha ottenuto un'ampia visibilità mediatica in Messico e negli Stati Uniti. Il poeta ha fondato il movimento a seguito all'assassinio di suo figlio Juan Francisco. Poeta e saggista, Sicilia era molto noto negli ambienti culturali, accademici e politici messicani. Il suo contributo editoriale settimanale alla rivista "Proceso" gli ha fornito notorietà a livello nazionale anche grazie ai suoi contributi sul femminicidio di Juárez. Sicilia è tra le "Persons of the year" della rivista "Time" nel numero speciale del 2011, focalizzato sulle figure di attivisti per la democrazia, la giustizia sociale e la libertà. Staudt Kathleen – Méndez Zulma.Y., *Courage, resistance...* cit.

49. L'elenco delle raccomandazioni emesse comprende: Informe de la Misión de la Relatora Especial de las Naciones Unidas sobre las Ejecuciones Extrajudiciales, Sumarias o Arbitrarias, 1999; Informe de la Misión del Relator Especial de las

Naciones Unidas sobre la Independencia de Magistrados y Abogados, 2002; Comisión Interamericana de los Derechos Humanos, Situación de los derechos de la mujer en Ciudad Juárez, México: el derecho a no ser objeto de violencia y discriminación, 2003; Amnistía Internacional México, Muertes intolerables, diez años de desapariciones y asesinatos de mujeres en Ciudad Juárez y Chihuahua, 2003; Informe de la Comisión de Expertos Internacionales de la Organización de las Naciones Unidas, Ocina de las Naciones Unidas contra la Droga y el Delito, sobre la Misión en Ciudad Juárez, Chihuahua, México, 2003; Informe de México producido por el CEDAW bajo el artículo 8 del Protocolo Facultativo de la Convención y respuesta del gobierno de México, 2005; Informe de la Relatora Especial de las Naciones Unidas sobre la Violencia contra la Mujer, sus Causas y Consecuencias, Yakin Ertürk, Integración de los derechos humanos de la mujer y la perspectiva de género: la violencia contra la mujer, Misión a México, 2006; Comisiòn Interamericana De Derechos Humanos (CIDH), 2009 "Caso González y otras (Campo Algodonero) Vs. México.

50. Amnesty International, *México, muertes intolerables, 10 anos de desapareciones y asesinatos de mujeres en Ciudad Juárez y Chiuhauha*, EDDI, Londra/Madrid, agosto 2003.

51. IlTribunale permanente dei popoli è un tribunale d'opinione, caratterizzato dal pluralismo ideologico dei membri della giuria. Ha concentrato la sua attività di giudizio sulla violazione di diritti di singoli popoli. IlTribunale nasce a Roma nel 1973, per emanazione diretta per statuto della Fondazione internazionale Lelio Basso per il diritto e la liberazione dei popoli, uno dei più prestigiosi centri internazionali di documentazione e ricerca, di formazione e promozione culturale sulla società contemporanea.

52. Schmidt Camacho Alicia R., *Ciudadana X: Gender Violence and the Denationalization of Women's Rights in Juárez, Mexico*, in "The Centennial Review", 5 (1), Spring, p. 277.

53. Ceniceros Ortiz Brenda Isela, Ph.D student in Architettura, Universidad Autónoma de Ciudad Juárez. Testo pubblicato nell'ambito delle attività del corso *Combatividad y resistencia. Arte y feminismo en América Latina*, organizzato dalla piattaforma on-line "Feminicidio. net", coordinato da Irene Ballester Beigues, Madrid, marzo-giugno 2015.

54. Dara Chiara, *Gross violations...* cit.

55. È presente un problema di concettualizzazione, legato alla traduzione del termine *femicide*. Nei paesi anglofoni vi è quest'unico termine che definisce sia il concetto di femmicidio sia di femminicidio, termini che hanno assunto nel tempo connotazioni diverse. Inoltre negli anni Novanta alcuni accademici utilizzarono il termine femmicidio per indicare gli omicidi di donne, eliminando però la dicitura "in quanto donne" e dunque conseguentemente la rilevanza politica del termine. Spinelli Barbara, *Femminicidio...* cit.

56. Radford J. – Russell D.E.H. (a cura di), *Femicide: The Politics of Woman Killing,* Open University Press, Buckingham 1992.

57. Ivi, XIV e Spinelli Barbara, *Femminicidio...* cit., pp. 35, 42.

58. Caputi Jane - Russell Diana E.H., *Femicide: Speaking the Unspeakable*, Research Library Core, Ms. 1990, p. 34.

59. Caputi Jane, Russell Diana E.H., "Femicide: SexistTerrorism against Women", in Radford J. – Russell D.E.H. (a cura di), *Femicide...* cit., pp. 14-15.

60. Ib.

61. Russell Diana E.H. - Harnes A.R., *Femicide in a global perspectives*, Athena Series, NewYork 2001, p. 14.

62. Observatorio Ciudadano Nacional del Feminicidio (OCNF), *Estudio de la implementación del tipo penal de feminicidio en Mexico: causas y consecuencias 2012-2013*, Messico, novembre 2014.

63. Lagarde y de los Ríos Marcela, "Por la vida y la libertad de las mujeres: Fin al feminicidio/ DíaV, Juárez", in

Apuntes para la Agenda legislativa del PRD 2004. Mesa Directiva del GPPRD. Grupo Parlamentario del PRD. Cámara de Diputados, Congreso de la Unión LIX Legislatura. México, febbraio 2004, pp. 9-10.

64. Driver Alice, *More or less dead. Feminicide, Haunting, and the Ethics of Representation in Mexico*, The University of Arizona Press, 2015.

65. Monarrez Julia, *Feminicidio sexual sistémico...* cit.

66. Observatorio Ciudadano Nacional del Feminicidio (OCNF), *Estudio de la implementación...* cit. p. 57.

67. Arena Alba, *La barbarie silenziosa. La violenza contro le donne e la crisi del patriarcato*, Edizioni Clandestine, Massa (MS) 2014, p. 64.

La CEDAW è uno strumento giuridicamente vincolante, sul divieto di discriminazione sulla base del sesso. Adottata nel 1979 dall'Assemblea generale delle Nazioni Unite, è spesso descritta come una carta internazionale dei diritti per le donne. Essa definisce ciò che costituisce una discriminazione contro le donne, istituendo un programma delle attività a livello nazionale per porre fine a tale discriminazione. La Convenzione definisce la discriminazione contro le donne come "(...) ogni distinzione, esclusione o limitazione effettuata sulla base del sesso e che ha l'effetto o lo scopo di compromettere o annullare il riconoscimento, il godimento o l'esercizio da parte delle donne, indipendentemente dal loro stato civile, sulla base della parità dell'uomo e della donna, dei diritti umani e delle libertà fondamentali nel settore politico, economico, sociale, culturale, civile, o in ogni altro settore." Accettando la Convenzione, gli Stati si impegnano ad avviare una serie di misure per porre fine alla discriminazione contro le donne in tutte le forme.

68. La Commissione ha portato alla luce che l'85% dei femminicidi messicani avviene in casa per mano di parenti. Scrive Barbara Spinelli: "Per ogni Stato si è tenuto in considerazione non solo il dato risultante dall'indagine empirica e dalle analisi fornite dalle fonti ufficiali, ma anche la situazione legislativa, le misure adottate per il contrasto alla violenza di genere, la presenza sul territorio di progetti indirizzati alle donne o di centri antiviolenza. Tale comparazione ha consentito di verificare che il 60% delle vittime di femminicidio aveva già denunciato episodi di violenza o di maltrattamento. Gli esiti delle indagini sul femmicidio e sul femminicidio, condotte sull'esempio del Messico in numerosi altri stati latinoamericani, hanno reso quindi possibile evidenziare la natura strutturale della discriminazione e della violenza di genere, e di conseguenza la responsabilità istituzionale per la mancata rimozione dei fattori culturali, sociali ed economici che la rendono possibile." (Spinelli Barbara, *Perché si chiama femminicidio, Femminicidio Feminicide Feminicidio*, in "Corriere della Sera.it", "La27ora", 1 maggio 2012).

69. La "Ley general de acceso de las mujeres a una vida libre de violencia" è una legge federale che fornisce i principi fondamentali che devono essere resi operativi dagli Stati federati, disponendo l'attuazione di "buone prassi".

70. Nel 1994 i paesi membri dell'Organizzazione degli Stati Americani hanno adottato la Convezione Inter-Americana per la prevenzione, la punizione e l'eliminazione della violenza contro la donna (Convenzione Belém do Parà), che rappresenta l'unico strumento di natura vincolante in vigore specificamente dedicato alla violenza contro le donne. Dara Chiara, *Gross violations...* cit.

71. Camara de Diputados del H. Congreso de la Union, *Ley General de acceso de las mujeres a una vida libre de violencia*, Nueva Ley Publicada en el Diario Oficial de la Federacion el 1° de Febrero de 2007 (cit. in Calzolaio Chiara, "'Rispetta Juárez la CEDAW?... cit.).

72. Dara Chiara, *Gross violations...* cit.

Ni una más, grafica digitale, 2011
La grafica è stata creata da Ina Riaskov per la Marcia contro il femminicidio "Ni una
más", Città del Messico, 15 gennaio 2011. Courtesy Producciones y Milagros Agrupación
Feminista, Città del Messico

Arte contro il femminicidio

Il ruolo dei media

Il ruolo di informazione e di sensibilizzazione svolto dai media riguardo ai crimini contro le donne di Juárez è di estrema importanza per inquadrare il fenomeno del femminicidio. La comunicazione delle violazioni indirizzata alla comunità internazionale è l'arma più efficace per chiedere il rispetto di tali diritti. Se, però, i mass media non godono di un'autonomia propria, quale realtà viene trasmessa all'interno e all'esterno della Repubblica messicana?

L'informazione non passa solo attraverso gli articoli e i servizi giornalistici, i crimini contro le donne vengono documentati anche con immagini simboliche come le croci rosa negli spazi pubblici, gli spettacoli teatrali, l'arte declinata nelle sue diverse forme, la narrativa, le poesie, le canzoni. L'apparato simbolico che le forme estetiche delineano svolge un'azione di sensibilizzazione che corre parallela all'informazione giornalistica, che in Messico è pilotata. Il Center for International Media Assistance (CIMA), organismo internazionale con sede a Washington che studia i media nel mondo e ne valuta l'indipendenza, avverte sul pericolo circa le modalità subdole con le quali nell'America Latina viene limitata la libertà di stampa.

In Messico i media broadcast sono dominati da un duopolio di società che controlla oltre il 90% del mercato. Alcuni grandi media, non più dipendenti dal governo per pubblicità e sovvenzioni, hanno cominciato a denunciare la corruzione ufficiale, anche se il giornalismo investigativo non è molto diffuso, soprattutto a livello locale. Gli operatori della comunicazione sono allo stesso tempo i destinatari di minacce o ricompense: alcuni si distinguono per il coraggio nel denunciare le falle del potere, altri per la complicità con il governo o con la criminalità organizzata. È quanto emerge dai rapporti di Reporters sans frontiéres, che annovera il Messico tra i paesi più pericolosi al mondo rispetto ai rischi cui sono esposti gli operatori dell'informazione. Giornalisti, fotografi e blogger subiscono pesanti intimidazioni dalla criminalità organizzata e da funzionari corrotti: sono decine le vittime ogni anno, in un clima di totale impunità.

Così, come l'attivismo per i diritti umani, anche l'impegno nel giornalismo è considerato ad alto rischio, tanto che l'ONU, nel 2010, ha emesso una serie di raccomandazioni per l'istituzione di politiche e protocolli al fine di tutelare chi svolge queste professioni. Anche l'UNESCO, nel 2012, ha esortato il Messico ad approvare una legislazione che adottasse determinati procedimenti per proteggere sia i giornalisti sia gli attivisti.

Nell'inchiesta sulla libertà di stampa che Freedom House pubblica annualmente in occasione della Giornata Mondiale per la Libertà di Stampa dell'ONU, il Messico nel 2011 subiva un declassamento dalla categoria "Partially Free" alla "Not Free". Nel rapporto relativo all'anno 2014, si afferma che se per certi aspetti le garanzie giuridiche e costituzionali della libertà di parola sono gradualmente migliorate, al contrario, la sicurezza dei giornalisti è peggiorata notevolmente a partire dal 2006, anno in cui in Messico si è registrata un'impennata di violenza, in seguito alla dichiarazione di guerra ai cartelli del narcotraffico da parte del presidente Felipe Calderón.

I giornalisti che affrontano questioni legate alla polizia, al traffico di droga, e alla corruzione di funzionari delle istituzioni rischiano di subire aggressioni, soprattutto fisiche. Chi commette soprusi, ingiustizie allo scopo di intimorire o costringere al silenzio, o nel peggiore dei casi arriva ad uccidere, sa di poter operare in un sistema che permette di eliminare le "voci" scomode, senza incorrere in alcuna sanzione.

Le minacce e gli attacchi armati contro gli operatori dei media si verificano soprattutto nel nord del Paese e nei confronti di chi si occupa, oltre che di smascherare i nomi legati al traffico di droga, di denunciare i femminicidi, crimini che, come abbiamo visto, sono spesso collegati

Graffiti di protesta in Avenida Vicente Guerrero e calle Constitucion, centro storico di Cd. Juàrez, 2014
Foto di Jaime Lasso

ai *narcos* e alla corruzione di polizia e funzionari istituzionali. Le cifre parlano chiaro: la Commissione nazionale per i diritti umani ha contato ottantadue giornalisti uccisi tra il 2005 e il 2012. Il clima di intimidazione e paura è la causa che ha portato all'aumento dell'auto-censura, minando dunque la libertà d'informazione.

Destinatari di atti intimidatori sono anche gli accademici, come Rita Laura Segato, docente all'Universidade de Brasìlia, ricercatrice in antropologia della violenza e studi di genere. La studiosa denuncia che al Forum sui femminicidi di Ciudad Juárez a cui prese parte nel luglio 2004, vari episodi costrinsero ad un'interruzione continua delle attività e che durante l'incontro del sesto giorno, un'anomala caduta del segnale televisivo in tutta la città sospese la divulgazione del suo intervento sull'interpretazione dei crimini. Decise dunque di lasciare la città il giorno seguente, sia per non correre rischi, sia in segno di protesta contro la censura che le era stata imposta. Proprio al termine del suo primo intervento al Forum, si verificò una strana coincidenza: fu rinvenuto a Lomas de Poleo il cadavere di un'operaia di una *maquiladora*, Alma Brisa Molina Baca, figlia della donna che la ricercatrice aveva intervistato il giorno precedente[1].

Gli organi di informazione sono stati anche posti al centro della campagna avviata dalle istituzioni, iniziata nel 2006, per cancellare l'immagine del femminicidio da Ciudad Juárez; lo spazio nella stampa locale dedicato a questo tema è stato drasticamente ridotto[2]. Lo scopo dei funzionari istituzionali era di ridefinire l'immagine della città, falsandone l'aspetto, relegando il problema del femminicidio a un evento passato. Quest'azione ha spinto gli attivisti che si occupano di diritti umani ad incrementare l'attività di denuncia, informando sulla realtà delle cose dentro e fuori i confini di Juárez. In questo modo, la rete di solidarietà intessuta per chiedere giustizia e per mantenere vivo il ricordo delle vittime è cresciuta e si è estesa al di fuori del Messico. Attivisti, associazioni, giornalisti, avvocati, investigatori, scrittori, docenti, artisti, musicisti, registi, attori si sono schierati in prima linea, facendo risuonare il messaggio delle famiglie delle vittime attraverso arte, poesia, canzoni, documentari, storie personali, campagne di corrispondenza postale, pagine Web, fotografie, fori di discussione, azioni di volontariato, danze, petizioni, proteste, conferenze, discorsi pubblici, proposte di legge, iniziative e congressi[3].

L'informazione passa dunque non solo con il giornalismo investigativo, ma anche attraverso le arti, che l'amplifica ulteriormente, con linguaggi diversi, per sensibilizzare la società, e spesso riescono a raggiungere quei luoghi preclusi alla comunicazione giornalistica. Al tempo stesso chi se ne occupa si sottopone ai rischi che corrono gli operatori della comunicazione e gli attivisti[4].

Lo stato in cui versa l'informazione in Messico spiega dunque due temi fondamentali per la lettura di questo saggio. Il primo è relativo alla censura e all'auto-censura subita dai media, che hanno portato al proliferare di circuiti alternativi per la diffusione dell'informazione. Negli ultimi anni, infatti, è incrementato l'uso di internet e dei social media ad un ritmo superiore rispetto a quello di qualsiasi altro paese dell'America Latina. Il secondo tema è relativo al rischio a cui si espone chi si occupa del fenomeno del femminicidio di Juárez, non solo in veste di giornalista o attivista, ma anche come artista.

• • • Lorena Wolffer e la violenza sulle donne

La mostra *Mexico Inside Out: Themes in Art Since 1990,* curata da Andrea Karnes al Modern Art Museum di Fort Worth, in Texas, tra settembre 2013 e gennaio 2014, ha messo in luce la produzione artistica contemporanea di ventitré artisti messicani nati dopo il 1960, che esprimono una forte carica socio-politica. Artisti come Francis Alÿs, Melanie Smith, Miguel Monroy, Minerva Cuevas, Gustavo Artigas, Yoshua Okón, Teresa Margolles, Damián Ortega, Gabriel Orozco si concentrano su temi locali che si collegano a questioni globali: i problemi regionali e nazionali dei confini, il disordine sociale, la violenza in genere e quella specifica contro le donne, la modernità, la rivoluzione, la disgregazione urbana, la corruzione, l'economia. Andrea Karnes fa risalire l'interesse verso tali argomenti al 1985, l'anno in cui un violento terremoto con epicentro sulla costa messicana dell'Oceano Pacifico causò oltre 10.000 vittime; un fenomeno naturale al quale corrispose il crollo del sistema di governo, che determinò un risveglio a livello politico[5]. Tra gli anni Ottanta e Novanta fiorirono gruppi di attivisti e artisti performativi come Polvo de Gallina Negra, SEMEFO e il Sindacato del Terror, che fecero ricorso ad azioni con corpi prostrati, avvolti, insaccati, ammanettati di fronte a istituzioni giudiziarie per denunciare la violenza di Stato. Il 1994 segnò un passaggio importante per la Repubblica messicana: fu l'anno in cui si svolsero le elezioni presidenziali e fu firmato il NAFTA, in un clima di grande tensione politica inasprita da una lunga scia di attentati.

In questo contesto sorse il primo collettivo femminista del Paese, Polvo de Gallina Negra (1983-1993), costituito da Maria Bustamante e Monica Mayer. Con Herminia del Dosal, il gruppo realizzò la sua prima performance, *El respeto al derecho al cuerpo ajeno,* durante la marcia contro la violenza sulle donne del 7 ottobre 1983. L'azione interessò un'area centrale di Città del Messico, quella dove si erge il monumento dedicato a Benito Juárez, luogo d'incontro per marce e raduni. La performance consiste nella distribuzione al pubblico di un liquido per procurare dolore agli occhi agli stupratori. Un'azione di protesta, dunque, contro la passività della politica patriarcale e della polizia, condotta attraverso la riappropriazione dello spazio pubblico per denunciare lo stupro, così come Suzanne Lacy e Leslie Labowitz fecero sei anni prima a Los Angeles con la performance *In Mourning and in Rage*[6].

Lorena Wolffer (Città del Messico, 1971 – vive a Parigi) è l'artista affermatasi negli anni Novanta, che ha maggiormente approfondito il tema della violenza di genere e del femminicidio. Nei suoi lavori, Wolffer predilige la performance come dispositivo di identificazione, facendo anche ricorso, nelle produzioni più recenti, a dinamiche partecipative e azioni urbane che coinvolgono la comunità nel processo artistico, sovvertendo lo spazio pubblico patriarcale. Da oltre vent'anni, l'artista lega la sua arte, intrisa di pensiero e pratica femminista, all'attivismo, intendendola come strumento di emancipazione. Le donne che partecipano alle sue azioni sono invitate a prendere consapevolezza della violenza subita e a denunciarla; al tempo stesso, l'artista mette in discussione il pubblico in quanto parte di una violenza collettiva nella vita quotidiana che viene esercitata in primo luogo dallo Stato e dalla criminalità organizzata. Nell'azione *Encuesta de violencia a mujeres* (2008), Lorena Wolffer conduce negli spazi cittadini un'indagine sulla violenza alle donne attraverso la somministrazione di un questionario al quale più di duemila passanti rispondono, in forma anonima; in questo modo, affrontando pubblicamente la questione della violenza, con un sondaggio, l'artista porta il vissuto personale nel contesto pubblico.

L'azione di denuncia condotta per mezzo di singole cittadine intercettate nello spazio urbano è ancora più incisiva nell'azione collettiva *Muros de réplica* (2008), realizzata nella Plaza de la Constitución (Zócalo) di Città del Messico. Qui l'artista si appella al "diritto di replica" previsto dalla legislazione messicana. Prodotta per l'inaugurazione dei "16 Días de Activismo que Inmujeres", in occasione della Giornata internazionale per l'eliminazione della violenza contro le donne, l'azione forniva alle cittadine la possibilità di scrivere ciò che avrebbero voluto dire agli uomini da cui avevano subito violenza. Per quattro ore, decine di donne scrissero parole e frasi, tra centinaia di astanti. Diverse di loro si firmarono, e tra queste alcune nominarono anche il loro aggressore. *Muros de réplica* fu montato in piazza con la frase "Soy mujer y he sido víctima de violencia por parte de un hombre. Éste es mi nombre y esto es lo que tengo que decirle a mi agresor" (sono

Lorena Wolffer, *Muros de réplica / Expuestas: registros públicos*, Giornata internazionale per l'eliminazione della violenza contro le donne, Zócalo, Città del Messico, 2008

donna e sono stata oggetto di violenza da parte di un uomo. Questo è il mio nome, e quanto ho da dire al mio aggressore).

Un'altra strategia adottata da Lorena Wolffer per denunciare lo stato "machista" consiste nella distribuzione di particolari materiali ai cittadini. In particolare, nell'intervento *Tu país está en guerra con sus mujeres* (2013), l'artista applicò strisce adesive, con la frase che dà il titolo al lavoro, su varie superfici (cabine telefoniche, muri, fermate della metropolitana, ecc.) del Distretto federale di Città del Messico, per fissare attraverso questo promemoria le condizioni di vita delle donne messicane in relazione alle pratiche di governo e all'accesso alla giustizia, ma anche per rimarcare pubblicamente la subalternità della donna rispetto all'uomo nella cultura dominante.

Come Lorena Wollfer, anche Ema Villanueva (Città del Messico, 1975) realizza un lavoro attivista, azioni che irrompono nello spazio dell'arte così come nel contesto cittadino. L'artista si relaziona con la politica e la sessualità, critica il modo in cui il corpo femminile viene subordinato dal pensiero maschile e dalla politica. Villanueva è autrice di numerose performance nello spazio pubblico, spesso realizzate in collaborazione con Eduardo Flores, con il quale tra il 2000 e il 2003 si è firmata con il nome collettivo EDEMA, realizzando oltre ottanta performance in vari paesi. Riproducendo l'immagine della donna passiva, stereotipo nella cultura patriarcale, l'artista "crea un rumore assordante attraverso il silenzio"[7]. Villanueva nel 2000 denunciò lo stupro con la performance *Have you raped?*, un lavoro particolarmente perturbante nelle richieste

Lorena Wolffer, *Tu país está en guerra con sus mujeres*, collaborazione con MRP, vari spazi pubblici, Città del Messico, Distretto Federale, 2013

esplicite che poneva al pubblico. In scena presso la galleria indipendente Caja Dos, nella capitale messicana, la performance, durata quasi tre ore, riecheggia i lavori di Ana Mendieta per lo shock provocato al pubblico e di Yoko Ono e Marina Abramović per la possibilità data di intervenire sul suo corpo[8]. L'artista si trova, infatti, nell'attesa di essere stuprata: immobilizzata a un enorme blocco, nuda, con la testa rasata, imbavagliata, con gli occhi bendati e con le gambe aperte. Il pubblico maschile è invitato a osservare questa scena di sequestro che precede la violenza. Ogni uomo può sostare cinque minuti accanto all'artista e può decidere di raccontare una propria esperienza di abuso sessuale, subita o inflitta; limitarsi ad osservare; o, infine, abusare di lei[9]. Attraverso questa performance, Villanueva affronta una questione stringente: denuncia lo stupro che la maggior parte delle vittime, in Messico, non porta a conoscenza delle autorità per paura dei propri carnefici o per timore di essere discriminate.

• • • Il contesto della città di frontiera: Teresa Margolles, Francis Alÿs e la nuova generazione di artisti di Ciudad Juárez

Negli ultimi anni, il contesto di Juárez ha destato l'attenzione di alcuni artisti che risiedono in altre città del Messico. Indagare la città di frontiera significa interrogarsi sulla violenza che la caratterizza e sugli effetti che questa ha prodotto sul tessuto cittadino, materiale e immateriale.

Performance di EDEMA (Eduardo Flores Castillo e Ema Villanueva) / Colaboratorio de Arte Público

Teresa Margolles (Culiacan, 1963 – vive a Città del Messico) è l'artista che più ha indagato il contesto di Ciudad Juárez. Margolles aveva lavorato a lungo nel collettivo SEMEFO (Servicio Médico Forense), fondato nel 1990 a Città del Messico e rimasto attivo per un decennio, che denunciava la violenza sistematica nella società contemporanea attraverso azioni e installazioni che si servivano di resti di cadaveri umani, animali, fluidi corporei, oggetti e abiti insanguinati. Attraverso il collettivo prima, e come firma singola poi, è tra gli artisti messicani che più hanno trattato il tema della brutalità della guerra tra narcotrafficanti e forze dell'ordine nella Repubblica federale, realizzando opere dalle quali emerge una ferma condanna alla violenza e alle conseguenze che ha sulle famiglie delle vittime, sulle comunità e sulle città[9]. Generalmente l'artista porta nel contesto espositivo oggetti direttamente legati alla violenza, attraverso i quali crea uno spazio di intimità con il pubblico, servendosi sia degli stessi elementi utilizzati dal collettivo SEMEFO, sia di testi (rapporti di polizia, referti autoptici, notizie di cronaca) relativi a casi di omicidio. In questo modo trasferisce nell'ambito dell'arte lo spazio della morte, da sempre relegato a obitori e cimiteri, dove la salma è considerata sacra e, al tempo stesso, ignorata se appartenente a individui di popolazioni emarginate[10].

Negli ultimi anni, Teresa Margolles ha trascorso diversi periodi a Juárez, studiandone a fondo le dinamiche scaturite dalla violenza e le conseguenze che la paura ha prodotto sulla società. Le opere qui realizzate trattano soggetti quali l'informazione giornalistica, le testimonianze architettoniche della città, i luoghi urbani in cui sono state trovate le donne assassinate. L'opera più evocativa è un ready-made del 2010: *Muro Baleado* (*Ciudad Juárez*), muro che Margolles ha smontato dal contesto originario e che ricostruisce in altri luoghi (musei e spazi espositivi in varie parti del mondo), che evoca il dolore provocato dal crimine organizzato nella società messicana e in particolare si riferisce agli assassinii e alle sparizioni avvenute a Juárez. Il muro è qui diretto testimone di morte, segnato dai fori lasciati dalle pallottole sparate per le esecuzioni di quattro giovani tra i 15 e i 25 anni nel 2009. L'opera ricalca il concetto di *Muro Baleado* (*Culiacán*), realizzato l'anno precedente ed esposto a Kassel nel 2010, che presenta i fori dei proiettili con cui bande legate al traffico di droga uccisero due poliziotti. Culiacán era stata

Teresa Margolles, *Muro Baleado (Ciudad Juárez)*, 2009
Foto di Nils Klinger. Courtesy l'artista e Galerie Peter Kilchmann, Zurigo

scelta dall'artista in quanto nota come "città dei narcos" e luogo natale dei *narcocorridos*. A Culiacán e Juárez questo genere di sparatorie sono all'ordine del giorno. L'esposizione del muro come oggetto d'arte, e al tempo stesso come testimonianza materiale assunta come prova dall'artista, narra in silenzio la portata della violenza.

Quando nel 2012 fu invitata alla 7° Biennale di Berlino, *Forget Fear*, Teresa Margolles intraprese un lavoro con diversi musicisti che suonavano nei bar di Juárez prima che la paura di frequentare ambienti pubblici inibisse le attività ricreative. L'artista realizzò un cd audio contenente dieci versioni della canzone popolare di Abundio Martínez degli anni Venti, *La barca de oro*, che dà anche il titolo al lavoro. Margolles modificò una riga del testo della canzone originale, "addio a una donna", in "addio a una città", per indicare un luogo che non esiste più. La critica dell'artista è indirizzata alla militarizzazione come frutto della guerra al narcotraffico che ha devastato Juárez; lo Stato messicano ne ha distrutto il tessuto urbano e architettonico, cancellando il centro storico, i suoi bar, i bordelli, i teatri, le mense, i piccoli spazi commerciali e gli alberghi. In un simile contesto, il comune approccio artistico di porre domande non è più sufficiente, come afferma il curatore della Biennale di Berlino, Artur Żmijewski. Per questo motivo, Żmijewski portò nella mostra quelle pratiche artistiche a cui riconosce una "capacità trasformativa", ovvero le attività concrete che portano a effetti visibili: "eravamo interessati a situazioni in cui le soluzioni implementano la responsabilità, (...) a un'arte che non produce pseudo-critica, ma che è genuinamente trasformativa e formativa"[11]. È chiaro il tono polemico con il quale Artur Żmijewski si riferisce ai numerosi artisti che "producono utopie", e a quell'arte che né gli autori né gli spettatori sono disposti a tradurre in una pratica politica che abbia un valore sociale tangibile. Żmijewski fa emergere anche un paradosso dell'arte critica: se da una parte artisti, curatori e pensatori sono capaci di favorire una lettura critica del reale come stimolo a mettere in discussione lo status quo, dall'altra spesso le loro riflessioni e proposte non si trasformano in valide alternative alle politiche[12].

Juárez devastata dalla guerra al narcotraffico è al centro di altri lavori di Teresa Margolles, oltre a *La barca de oro*. L'artista affronta il tema dell'abbandono della città da parte degli abitanti impauriti dalla violenza: nel 2011 più di 115.000 case rimaste disabitate; ammontano a 220.000 gli abitanti scappati altrove. Le vite spezzate e le costruzioni distrutte sono il prodotto di forze che sono diffuse su scala globale: esse parlano della situazione locale, ma visualizzano lo stato di una città che è l'effetto delle politiche della globalizzazione. Come scrive Eyal Weizman, docente di Spatial and Visual Cultures al Goldsmiths di Londra, le case distrutte o abbandonate "costituiscono sensori ricettivi nei quali sono registrati eventi"; sono ambienti costruiti, sviluppati all'interno di uno stato di guerra, che interagiscono con lo spazio circostante, divenendo il punto di partenza da cui ricostruire processi su larga scala, eventi e relazioni sociali, congiunzioni di attori e pratiche[13]. Margolles visualizza tali problematiche in una serie di lavori di cui fa parte *La Promesa* (2012), un'installazione composta da ventidue tonnellate di macerie, i resti di una casa demolita a Ciudad Juárez. Il titolo riprende l'idea di Juárez come la città in cui ci si poteva costruire un futuro migliore, grazie al lavoro che

Teresa Margolles, *La Promesa*, 2012
Courtesy l'artista e Galería LABOR, Città del Messico

essa offriva. Ma la promessa è fallita, portando con sé il sogno di tanti. L'opera ha avuto inizio con l'acquisto di una casa ubicata nella strada di Puerto de Palos, Tierra Nueva, nel sud-est di Juárez. Questa zona di insediamenti abitativi, situati nel deserto e circondati da *maquiladoras*, è costituita da centinaia di case abbandonate. Nel corso di undici giorni la casa fu demolita e i frammenti ottenuti macinati. Questi resti furono trasportati da Juárez a Città del Messico, attraversando il Paese in direzione opposta rispetto ai flussi migratori, e attualmente sono installati al museo MUAC, spostati più volte da volontari nel corso del giorno. L'opera è accompagnata da un archivio che comprende quotidiani di Ciudad Juárez ("El Norte", "El Diario", "El Mexicano" e "PM"), pubblicati mentre il progetto era in fase di realizzazione, e articoli relativi al tema della migrazione. L'archivio si compone anche di testimonianze di abitanti di diversa estrazione sociale, intervistati dall'artista, che

Francis Alys, *Paradox of Praxis #5*, Ciudad Juárez 2013

raccontano le loro storie insistendo sul valore che la casa ha per ognuno e sul dolore che si prova nel perderla. Portare i frammenti materiali di un edificio attraverso le frontiere, per rimontarli in altri luoghi, con altre forme, è un invito a leggere in queste macerie il contesto locale tanto quanto quello globale[14].

Il duro colpo inferto al tessuto architettonico e sociale della città è al centro anche dei lavori di Francis Alÿs (Antwerp, 1959 – vive a Città del Messico), realizzati a Ciudad Juárez tra il 2013 e il 2014. Alÿs mette in pratica le strategie di resistenza che ha precedentemente sviluppato in altri contesti, genera "poetic politics" in situazioni di conflitto sociale estremo. Insieme ad un gruppo di collaboratori (Alejandro Morales, Felix Blume, Julien Devaux e Rafael Ortega), l'artista ha prodotto tre lavori: *Paradox of Praxis #5* , *Children's Game #15 | Espejos* e *Hotel Juárez*. Nel primo video, l'artista mette in atto un'azione paradossale e apparentemente priva di senso: prende a calci una palla di fuoco, su uno sfondo da cui emerge la distruzione urbana e sociale di Juárez. Avvolta dalla notte, la palla rotolandosi nella sua fiamma, disegna una mappa della città, tra piccole epifanie quotidiane (lo scintillio delle luci lampeggianti di auto delle forze dell'ordine, ombre di cani che appaiono su sfondi architettonici, gambe di donne ferme sul ciglio della strada). La camera indugia sulle caratteristiche di un'architettura distrutta, illuminata dalle

Francis Alys, *Children's Game #15 / Espejos*, 2013, Ciudad Juárez 2013
Foto di Alejandro Morales

fiamme della palla, che in chiusura del video lascia il posto al deserto.

In *Children's Game #15 | Espejos*, Alÿs presenta un gruppo di bambini armati di frammenti di specchi che si inseguono l'un l'altro in una struttura labirintica di case abbandonate, in uno dei tanti complessi di alloggi sociali di Juárez. I bambini, unica presenza umana nel contesto, corrono tra le mura delle case, catturano i raggi del sole con i frammenti di specchio che hanno in mano e li puntano verso i compagni, in un gioco che rievoca un'azione militare. Mimano il rumore di colpi d'arma da fuoco, cadono al suolo dopo essere stati colpiti dai raggi del sole: il loro gioco cortocircuita il clima di violenza, evocando strategie di guerra. Come emerge negli altri lavori della serie *Children's Game*, lo spazio immaginario dell'infanzia può trasformarsi in un meccanismo di sopravvivenza e di fuga[15].

L'ultimo dei tre lavori realizzati a Juárez consiste in un ready-made. L'artista porta nella Sala de Arte Público Siqueiros a Città del Messico, dove ha esposto i lavori realizzati nella città di frontiera, l'insegna luminosa di "Hotel Juárez", oggetto che rappresenta uno degli innumerevoli hotel abbandonati, tra i pochi edifici storici rimasti in piedi dopo la devastazione della città. Nello spazio espositivo Alÿs, accostando all'insegna la scritta "for sale", associata all'hotel messo in vendita poco tempo prima, muove una critica al disordine istituzionale in cui versano i musei in Messico.

Un altro tema sul quale gli artisti lavorano è la modalità con la quale viene fatta informazione a Ciudad Juárez. Il quotidiano più utilizzato come materiale di intervento è "PM", leader nella diffusione di "nota roja" ("noticias de sucesos"), che fa seguire a testi e titoli sensazionalistici fotografie macabre di cadaveri che appaiono quotidianamente nelle strade della città.

Teresa Margolles lavora anche su questo aspetto dedicandovi *PM 2010* (2012), un'installazione di trecentotredici copertine di "PM" del 2010, che giustappongono due immagini: quelle dei cadaveri su di esse riportati, e quelle di pin-up. "PM" tratta l'informazione relativa ai femminicidi banalizzandola, producendo, interpretando e vendendo una rappresentazione della città fondata sui ciò che Óscar Gardea Duarte definisce come "i due assi relativi al corpo che condensano i prodotti essenziali del problema che hanno afflitto il confine USA – Messico nella seconda metà del secolo precedente: le imprese del sesso e della morte"[16]. L'artista sceglie le copertine del 2010 in quanto è considerato un anno tra i più violenti, nel quale sono stati commessi più di 3.700 omicidi.

Il tema dell'informazione sensazionalistica, la cruda esibizione dei corpi morti, la pornografia della violenza spettacolarizzata è al centro della ricerca di una nuova generazione di artisti juarensi. Alejandro Luperca Morales (Ciudad Juárez, 1990) in molti dei suoi lavori (*Polvo eres, Memoria indelebile, Los desastres de la narcoguerra, Relicarios,*

Teresa Margolles, *PM 2010*, 2012
Courtesy l'artista e Galerie Peter Kilchmann, Zurigo

Alejandro Luperca Morales, *Que fue por marrano*, serie *Polvo eres*, 2012-2013

Pó, Archivio PM) interviene con un'operazione opposta a quella di Teresa Margolles: cancella le immagini dei corpi mostrate dai quotidiani locali. L'artista elimina manualmente le immagini dei corpi riversi per strada, esanimi, che appaiono quotidianamente sulle pagine di "PM". Da oltre due anni Alejandro Luperca Morales raccoglie i giornali al fine di evidenziare come i media trattano lo spettacolo brutale della morte violenta, si interroga su ciò che l'immagine deve mostrare e sui criteri su cui si basa l'esposizione o la censura dell'orrore, in una città anestetizzata da un bombardamento visivo dell'osceno. Ad esempio, *Polvo eres* (2012-2013) è composto da un libro d'artista con settantotto immagini tratte da "PM" da cui sono stati cancellati cento corpi non identificati, e un cubo di vetro contenente quattordici grammi di rifiuti di gomma che derivano dalla cancellatura dei corpi. L'accumulo dei rifiuti ottenuti con questo lento processo manuale crea un rimando alla cenere, che fornisce un'opportunità di lutto, un'ultima immagine di un corpo, un modo più dignitoso di rappresentare la morte: "I morti si inscrivono nel paesaggio. (...) Juárez è una gomma da cancellare. Un'iniezione di anestetico a coloro i quali la attraversano e che fa sì che naturalizziamo la morte come una esperienza quotidiana"[17].

Olga Guerra, *Concatenaciones del cuerpo*, 2012

Anche Olga Guerra (Ciudad Juárez, 1990) interviene sul tema dell'informazione attraverso un'operazione di oscuramento. *Concatenaciones del cuerpo* (2012) è prodotto dall'incenerimento di "PM": i corpi deturpati dalla riproduzione dello spettacolo della morte si concatenano l'un l'altro mediante il fuoco divenendo cenere. Con questa azione simbolica, l'artista mette in atto una strategia di resistenza rispetto all'uso spettacolare e brutale che i mezzi di comunicazione di massa fanno dei corpi che appaiono quotidianamente nello spazio pubblico: "solo nella dissoluzione della materia si recupera la dignità dei corpi". La cenere viene presentata dall'artista in teche di vetro, ricoperta da elementi vegetali e floreali essiccati, come a costituire un ultimo addio a quei corpi.

La riflessione sul contesto violento di Juárez viene condotta dagli artisti juarensi anche attraverso dispositivi basati sull'ironia e il sarcasmo. *Bottles of sand from dead bodies from mournful Juárez* (2014) di Marcia Santos (Ciudad Juárez, 1990) ne costituisce un brillante esempio. Con questo lavoro, l'artista condanna chi ha fatto dei problemi di Juárez un mezzo per trarre profitto. *Bottles of sand from dead bodies from mournful Juárez* consiste in un souvenir composto da un barattolo in vetro che contiene sabbia del deserto di Chiuhuahua,

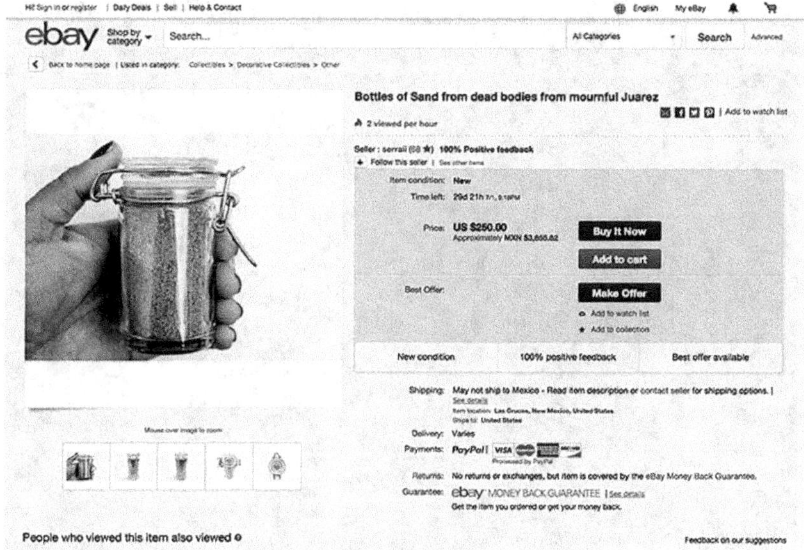

Marcia Santos, *Bottles of Sand from dead bodies from mournful Juárez*, 2014

luogo privilegiato per l'abbandono dei corpi delle vittime di femminicidio e della guerra tra bande. La forma del contenitore è modellata sulle caratteristiche con le quali i mass media identificano la città: morbosa, perversa e oscena. L'oggetto è pensato per essere venduto attraverso la piattaforma di e-commerce "Ebay". L'offerta recita: "Lovely Souvenir from the considered most dangerous city of the world. It contains sand in a beautiful resistant clear container glass. New, unopened. No refunds are permitted". La sabbia è l'elemento più comune in una città circondata dal deserto; la polvere di frane e di corpi in decomposizione viene inalata quotidianamente dai suoi abitanti. Vendere sabbia, quindi, risulta un gesto intrinsecamente contraddittorio. Il progetto è nato come critica alla "commercializzazione della morte" in relazione alle ragazze scomparse a Juárez, ma diversi giornali della Repubblica federale sostenevano che la vendita di sabbia era la prova che "lo scoppio di violenza che Juárez ha vissuto qualche anno fa come conseguenza del crimine organizzato è ancora utilizzato da alcune persone per trarne profitto finanziario", cercando così di ribaltare il senso del lavoro.

Mujeres de Arena, spettacolo teatrale di Humberto Robles in scena al Teatro Rigoberta Menchú, Leganés (Madrid), ottobre-novembre 2013

• • • La produzione culturale

In America Latina, a partire dagli anni Novanta, si sono affermate diverse strategie creative per contrastare il femminicidio. Nello specifico, si tratta di pratiche che combinano attivismo e arte (come *Mujeres creando* in Bolivia, *Bordamos feminicidios* in Messico), di video come affermazione della verità dei fatti (ad esempio, *Performing the Border* di Ursula Biemann e *Señorita extraviada* di Lourdes Portillo in Messico), di performance come critica alla violenza fisica e simbolica (Regina José Galindo in Guatemala, Beth Moyses in Brasile, Lorena Wollfer in Messico), di installazioni e fotografie che esplorano la femminilità e denunciano i discorsi sessisti[18].

Rispetto al problema del femminicidio di Ciudad Juárez, le arti hanno favorito la consapevolezza e la sensibilizzazione non solo della comunità locale, ma anche di quella internazionale, sollecitando il pubblico a prendere una posizione in merito al problema. La produzione culturale è ritenuta una componente fondamentale per contrastare il fenomeno, tanto che l'Archivio del Femminicidio del Centro Ricerche Interdisciplinari in Scienze Umane dell'Universidad Nacional Autónoma de Mexico, oltre alle indagini e alle statistiche fornite dalle Procure e dai Tribunali, conserva opere artistiche e letterarie sul tema. Dagli anni Novanta sono state realizzate decine di opere, di cui probabilmente la più nota a livello internazionale è il romanzo postumo *2666* dello scrittore cileno Roberto Bolano, pubblicato nel 2004.

I simboli, gli slogan, i testimonial internazionali, le canzoni, la produzione artistica e letteraria, i documentari possono essere considerati l'orizzonte simbolico entro cui riconoscere una lotta. "Ni una más" è divenuto il grido di battaglia delle marce di protesta, le croci rosa sono la rappresentazione silenziosa dell'impunità, i murales che raffigurano i volti delle vittime affermano una memoria viva, i testi delle canzoni rap sostengono l'emancipazione della donna, e così via. È inoltre di fondamentale importanza la descrizione che viene fatta delle vittime del femminicidio e il ricordo delle stesse nel discorso pubblico: la qualità e la diffusione della produzione culturale influenzano profondamente questa memoria.

Molti sono anche i reportage fotografici sulla città, che presentano il deserto che la circonda, le croci rosa dipinte nello spazio urbano, quelle di legno conficcate nel terreno, le immagini che raccontano il dolore delle *madres*, i luoghi dei ritrovamenti, le manifestazioni per ottenere giustizia. Le fotografie di Jérôme Sessini, impegnato dal 2008 nel progetto sui cartelli della droga messicani *So far from God, too close from the US*, offrono un esempio di questa realtà: le strade, gli ambienti, i muri della città di confine fanno da sfondo a vicende di droga, prostituzione, morti assassinati[19].

Anche in ambito teatrale non sono mancati autori interessati alle questioni fin qui trattate. In questo campo lo spettacolo più noto è *I monologhi della vagina* (1996) di Eve Ensler. L'autrice nel 2003 ha aggiunto un brano su Juárez, impegnandosi a far crescere la consapevolezza circa il femminicidio. Eva Ensler, per manifestare la propria vicinanza alla comunità, ha effettuato diversi viaggi nella città di frontiera e preso parte a un evento di beneficenza in onore di Esther Chávez Cano, che proclamava l'attivista come uno dei ventun leader internazionali del XXI secolo. La pièce viene messa in atto ogni anno alla frontiera e raduna attivisti anti-violenza, permettendo la raccolta di fondi per le ONG che si occupano dei problemi delle donne che vivono a Juárez e a El Paso. Il carattere itinerante dello spettacolo ha favorito la divulgazione del dramma a tal punto che nel 2004 ha accolto, nella sola El Paso, più di un migliaio di partecipanti, tanto che è possibile definire *I monologhi della vagina* come l'evento più condiviso tra marce e iniziative di solidarietà transfrontaliera di quell'anno[20].

In varie città del mondo è stato rapprensentato anche lo spettacolo *Mujeres de Arena*, scritto da Humberto Robles nel 2002, alla cui stesura hanno partecipato alcuni parenti delle vittime. Tradotto in italiano da Monica Livoni con il titolo *Donne di sabbia*, lo spettacolo è stato portato in scena dall'omonimo gruppo di Torino con la collaborazione di diverse associazioni che lottano contro la violenza alle donne. In dieci anni di attività (2006-2016), la compagnia ha realizzato settantasei repliche in quarantuno città italiane, facendo conoscere le singole storie delle vittime a oltre cinquemila spettatori. Di produzione tutta nostrana è invece *Ferite a morte*, scritto e diretto da Serena Dandini nel 2013, che ha inserito nella rappresentazione un brano sulla poetessa Susana Chavez.

Scena dal film *Bordertown* diretto da Gregory Nava (USA 2006)

Lo spettacolo si compone di un'antologia di monologhi costruita con la collaborazione di Maura Misiti, ricercatrice del CNR, sulla base delle informazioni attinte dalla cronaca e dalle indagini giornalistiche, per dare voce alle vittime di femminicidio nel mondo[21].

In campo cinematografico, il film che più ha contribuito alla diffusione a livello internazionale della conoscenza delle violenze di Ciudad Juárez, nonché alla divulgazione del termine femminicidio, è *Bordertown*, presentato al Festival del Cinema di Berlino del 2007. Scritto e diretto da Gregory Nava nel 2006, il film è interpretato da Jennifer Lopez, Antonio Banderas e Martin Sheen e realizzato con il supporto di Amnesty International; un cast popolare con il quale si auspicava un'ampia diffusione. La trama si sviluppa attorno alle vicende che caratterizzano la storia di una giornalista statunitense, interpretata da Jennifer Lopez, che arriva a Juárez per indagare sui femminicidi con l'aiuto di un vecchio amico, un giornalista locale. La sorte del giornalista, nel film, è nella realtà quella di molti operatori della comunicazione che hanno denunciato attraverso il loro lavoro il femminicidio e le relazioni tra narcotrafficanti e polizia. Il film fa emergere lo stato di insicurezza e di violenza costante cui è sottoposta una donna, partendo da una vicenda realmente accaduta: una lavoratrice di *maquiladora* stuprata e fortunatamente sopravvissuta al tentativo di strangolamento da parte dell'autista dell'autobus su cui viaggiava.

Tra i numerosi documentari, *Performing the Border* (1999) dell'artista svizzera Ursula Biemann è stato il primo a trattare il tema della violenza sulle donne. Il video focalizza l'attenzione sulle donne lavoratrici, tra cui le operaie delle *maquiladoras* e dell'industria del sesso. L'artista esplora il collegamento che esiste tra la violenza contro le donne e lo spazio degli insediamenti abitativi delle baraccopoli, del deserto, delle *maquiladoras* costruite a ridosso della frontiera, e dimostra che la posizione geografica è fattore condizionante nello sviluppo delle relazioni tra i generi. Ursula Biemann mette in luce le due facce della stessa medaglia relative ai problemi della "sessualizzazione delle regioni di confine": l'indipendenza economica delle donne da una parte; la prostituzione e la violenza contro le stesse nella sfera pubblica, dall'altra. Lo storico dell'arte Juan Vicente Aliaga afferma che una delle virtù dell'artista è "di aver messo sullo stesso orizzonte visivo diversi aspetti della stessa realtà: l'emancipazione delle donne, che le rende pericolose agli occhi del *machismo* dominante, che restituisce con la morte il legittimo desiderio di libertà e uguaglianza". Questo lavoro, inserito nei circuiti artistici (è stato presentato alla Biennale d'arte contemporanea itinerante "Manifesta" del 2000, tenutasi a Ljubljana), non ha avuto, però, lo stesso impatto che avrà *Señorita extraviada* due anni dopo[22].

Scena dal documentario di Ursula Biemann *Performing the Border*, 1999

Scena dal documentario *Señorita extraviada* di Lourdes Portillo, 2001

Realizzato da Lourdes Portillo nel 2001, *Señorita extraviada* documenta, come farà anche *La Batalla de Las Cruces* quattro anni più tardi, le lotte delle madri e degli attivisti. La regista descrive come i memoriali e i graffiti realizzati dalle famiglie delle vittime abbiano avuto un impatto al di fuori della comunità locale, suscitando l'interesse di organizzazioni oltreconfine[23]. *Señorita extraviada* ha avuto una grande eco mediatica, offrendo alla comunità internazionale una narrazione dei fatti realistica, in opposizione al sensazionalismo tipico dei media. L'impegno trentennale di Lourdes Portillo nel documentare attraverso il video le violazioni dei diritti umani ha portato il MoMA, nel giugno 2012, a dedicarle una retrospettiva, dal titolo *La Cineasta Inquisitiva*, in occasione del quarantesimo anniversario dell'associazione femminista newyorkese Women Make Movies. I film di Lourdes Portillo esplorano le problematiche sociali, oltre che del Messico, dell'americana latina, attraverso uno stile ibrido che mette insieme l'artista visiva, la giornalista investigativa e l'attivista (celebre il suo documentario *Las Madres: Le Madri di Plaza de Mayo* del 1985, candidato all'Oscar).

In merito alle produzioni italiane, il tema del femminicidio è stato trattato lateralmente nel documentario di Isabella Sandri e Giuseppe M. Gaudino, *Maquilas* (2004), che, presentato al 22° Torino Film Festival, ha vinto il Premio come Miglior documentario sul mondo del lavoro.

Anche la musica ha dato il proprio contributo: Tory Amos nel 1999 scrisse il brano *Juárez*, presente nell'album *To Venus and Back*. Nella musica popolare messicana il compito di raccontare la vicenda delle ragazze uccise nella città di frontiera è stato assunto da gruppi di musica *nortena* (ovvero del nord del Messico) e da *corridos*, canzoni popolari nate all'inizio del XX secolo che narrano le avventure degli eroi della Rivoluzione, trattano temi sociali o, al contrario, esaltano le gesta criminali dei narcotrafficanti. Tra i *corridos* che compiono operazioni di denuncia, la canzone *Las mujeres de Juárez* dei Los Tigres del Norte, composta nel 2004, descrive il contesto di violenza della città frontaliera.

Juárez ha suscitato anche l'interesse di uno dei più noti studi di architettura al mondo, lo studio Herzog & de Meuron con sede a Basilea. La zona di frontiera, la cultura binazionale e i problemi sociali hanno spinto gli architetti a partecipare all'ideazione di un centro comunitario per Juárez, chiamato "El Punto". Il progetto, presentato nel 2013, consiste in uno spazio di sessantaduemila metri quadrati di superficie, che comprende attività religiose, culturali, musicali, artistiche, laboratori e strutture di ricezione turistica. Il sindaco dichiara che il centro "rivitalizzerà la città, aprendo uno spazio in cui tutti i juarensi si identificheranno attraverso un edificio che catturerà l'identità della città e rifletterà le idee e i sogni dei suoi abitanti, e allo stesso tempo risponderà ad alcune esigenze sociali"[24]. Un progetto estremamente ambizioso e atteso dalla cittadinanza, che, però, a distanza di oltre due anni dalla sua approvazione, non ne ha ancora visto l'inizio dei lavori.

Vi sono infine alcune interessanti esperienze condotte nello spazio urbano dagli stessi abitanti, organizzati in collettivi, che hanno realizzato bazar culturali, performance, iniziative artistiche, laboratori. È soprattutto attraverso tali attività che entra in gioco il concetto di "interstizi", che il critico d'arte francese Nicolas Bourriaud riprende da Karl Marx, affermando che l'arte genera possibilità di scambio tra individui e

Paula Flores, madre di Sagrario González Flores, lavoratrice di una maquiladora uccisa a diciassette anni, intervistata da Lourdes Portillo nel documentario *Señorita extraviada*, 2001

comunità producendo un cortocircuito nell'omologazione dei rapporti interpersonali, che caratterizza il mondo contemporaneo, generando possibilità di vita alternative ed empatia: "(...) l'opera d'arte rappresenta un interstizio sociale. (...) L'interstizio è uno spazio di relazioni umane che, pur inserendosi più o meno armoniosamente e apertamente nel sistema globale, suggerisce altre possibilità di scambio rispetto a quelle in vigore nel sistema stesso"[25]. Come sottolineano Gabriela Durán Barraza, della Universidad Autónoma de Ciudad Juárez e Kerry Doyle, ricercatrice presso la University of Texas e direttrice di The Gerald Rubin Center for the Visual Arts dell'Università del Texas a El Paso, il concetto di arte come interstizio in Bourriaud si riflette nella ricerca sul potenziale dell'arte di sviluppare capitale sociale in una comunità. L'espressione "capitale sociale" è usata da Bourriaud per descrivere il potere che deriva dalle relazioni personali e dalle reti di influenza e supporto: connessioni tra individui e norme di reciprocità sviluppano il capitale sociale, che è sempre più considerato come elemento fondamentale delle democrazie sane[26].

Non tutte le produzioni sui femminicidi di Ciudad Juárez sono culturalmente rilevanti. Alcune trattano il problema dei crimini contro le donne in chiave melodrammatica o ne danno una rappresentazione sensazionalistica che crea una sorta di cuscinetto tra la realtà e la sua rappresentazione. La produzione più contestata è la telenovela *Ciudad Juárez: Tan Infinito Como El Desierto*, andata in onda nell'estate del 2004 sulla messicana Tv Azteca. Nei confronti della serie televisiva è stata intrapresa un'azione legale dal Chihuahua Institute of Women perché sono stati utilizzati i nomi reali e le fotografie delle donne uccise, senza il permesso delle famiglie. Dunque si è fatto un uso dell'identità delle vittime a scopo di intrattenimento, privilegiando, nelle ricostruzioni dei fatti, la tesi degli snuff movie e del narcosatanismo, ipotesi mai confermate dalle indagini. In questo modo, le vittime e le loro famiglie sono state rappresentate erroneamente ed è stata prodotta una narrazione in cui la loro identità è stata distorta[27].

Il contesto di Ciudad Juárez ha interessato anche alcuni marchi commerciali, che si sono serviti dell'immaginario di morte che avvolge la città per pubblicizzare i propri prodotti, scatenando reazioni di sdegno da parte di femministe, attivisti e cittadinanza. Nel 2010 il marchio di abbigliamento Rodarte di New York ha sviluppato con il produttore di cosmetici Estee Lauder e la linea MAC prodotti ispirati al femminicidio e alle lavoratrici delle *maquiladoras*, utilizzando per il proprio marketing modelle pallide e spettrali. La linea di rossetti MAC ha associato a particolari tonalità nomi come "Ghost Town". Blogger di moda e attivisti di frontiera hanno accusato gli stilisti di sfruttare a scopo commerciale le donne povere e le vittime di femminicidio e della guerra alla droga[28]. Staudt e Mendez raccontano inoltre che il produttore si avvicinò agli attivisti sulla frontiera in territorio statunitense per donare una parte dei profitti alle associazioni di donne, ma i responsabili di queste organizzazioni rifiutarono il denaro, in quanto proveniente dalla "commercializzazione della morte". Nel frattempo, grazie alla

Attivisti scrivono i nomi delle vittime di femminicidio durante le "Jornadas por justicia", Ciudad Juárez, Ponte internazionale (lato Messico), 8 gennaio 2011.
Foto di Verónica Castillo Arnal

CAROLINA
OLMOS
ROSARIO C
SANCH
CLAUDIA IVONNE
GOMEZ VEGA
CHICO
HERNANDEZ PERE
ANA G
NEVA

mobilitazione on-line attraverso un sito femminista (jezebel.com), che mostrava l'uso macabro fatto a fini commerciali, lo stesso produttore fu costretto a ritirare la campagna promozionale[29].

• • • La risposta istituzionale: il monumento

Come abbiamo visto, le croci rosa sono il segno distintivo della capitale mondiale del femminicidio; ogni croce è simbolo di denuncia e di memoria delle donne scomparse o uccise, e proprio per il valore profondo che essa rappresenta è stata censurata. La campagna istituzionale contro la "visualizzazione" dei femminicidi si è svolta, oltre che attraverso i media, nello spazio pubblico: nel 2007 il sindaco di Ciudad Juárez ha emesso un'ordinanza che vieta sia di deporre croci nei luoghi dei ritrovamenti dei cadaveri, sia di dipingerle sui pali della luce, accusando inoltre l'associazione Nuestras Hijas de Regreso a Casa di aver contribuito a infangare l'immagine della città, rompendo il "patto di silenzio" sulle morti delle ragazze[30]. Nonostante l'ordinanza emanata, le croci rosa continuano ad essere dipinte.

Oltre a questo simbolo, nello spazio pubblico urbano rendono testimonianza del clima di insicurezza le decine di volantini affissi sui lampioni, sui pali del telefono, nei supermercati, fuori dalle chiese, negli uffici di polizia, sugli autobus, all'aeroporto, sui muri esterni di negozi e ristoranti. Ogni volantino, che reca l'immagine in bianco e nero del volto di una giovane donna scomparsa, è l'invito dei familiari a riunirsi in una manifestazione di protesta e di solidarietà per ritrovare le loro figlie.

A queste rappresentazioni introdotte nello spazio urbano dai cittadini, fa da contraltare il monumento realizzato dalle istituzioni. Dal 2012, le otto croci rosa al "Campo Algodonero", che le famiglie delle vittime avevano

Memoriale per le vittime di femminicidio, Ciudad Juárez 2011. Courtesy Nuestras Hijas de Regreso Casa, Ciudad Juárez

Evento della Red Mesa de Mujeres presso il monumento di Veronica Leiton, *Flor de Arena*, in occasione della Giornata internazionale per l'eliminazione della violenza contro le donne. Courtesy Red Mesa de Mujeres, Ciudad Juárez

piantato nelle settimane successive al ritrovamento degli otto cadaveri di giovani donne, sono state sostituite da uno spazio simbolico istituzionale in occasione del decimo anniversario dal ritrovamento dei corpi.

L'area in cui è ubicato il monumento non è più il campo desolato di dieci-quindici anni fa: oggi in questa zona, interessata da una forte espansione economica e urbanistica, sorgono grandi alberghi, gli edifici della Asociación de Maquiladoras e il consolato degli Stati Uniti. L'opera consiste in uno spazio architettonico e in una scultura. Tre pareti ondulate in arenaria ne segnano il perimetro; all'interno, corsi d'acqua, aree verdi e una passerella portano ad alcune panchine destinate alla sosta dei visitatori. A destra dell'ingresso, una targa dedica il monumento alla memoria delle vittime della violenza di genere a Ciudad Juárez. Sul pannello incassato alla parete sono incisi i nomi delle ragazze trovate morte al "Campo Aldonero": Claudia Yvette Gonzalez,

Laura Berenice Ramos Monarrez, Esmeralda Herrera Monreal, Maria de los Angeles Acosta Ramirez, Mayra Juliana Reyes Solis, Veronica Martinez Hernandez, Merlin Elizabeth Rodriguez Saenz, Maria Rocina Galizia. Sulla parete adiacente, è possibile leggere anche i nomi di altre donne uccise in città. Seguendo il percorso si giunge ad un santuario in cui è collocata una grande croce, dipinta dello stesso rosa delle croci delle *madres*, per valorizzarne la lotta. Infine, sul lato opposto, si trova la scultura *Flor de Arena*, disegnata dall'artista cilena e juarense di adozione Veronica Leiton, vincitrice del concorso indetto dalla città. La scultura bronzea, alta quattro metri, è la parte centrale del monumento nazionale. Essa presenta un piedistallo a forma di rosa del deserto che, come in un atto alchemico, si trasforma in una figura femminile, che reca nella veste quindici rose, ognuna delle quali simboleggia cento donne. Il cuore della donna diventa una fontana da cui l'acqua sgorga verso le quindici rose, simboleggiando "la trasmutazione del pianto delle donne in un'elegia commemorativa per le vittime della nostra città"[31].

L'apertura del sito risale ai due anni successivi alla sentenza della Comisión Interamericana de Derechos Humanos (CIDH) sul caso "Campo Algodonero", datata 16 novembre 2009, che approvò tredici risoluzioni che il governo messicano era invitato a rispettare nell'immediato. Tra queste: effettuare il pagamento alle famiglie delle vittime di una somma pari a 383mila dollari; compiere un atto di riconoscimento pubblico di colpa con il quale il governo ammettesse la veridicità dell'esistenza del femminicidio; costruire un monumento per onorare la memoria delle vittime. Delle tredici risoluzioni della Corte, il governo messicano ne rispettò pienamente solo una, quella della costruzione del monumento. Diverse famiglie delle vittime scelsero perciò di non partecipare alla cerimonia commemorativa, in segno di protesta contro le autorità: *Flor de Arena* per queste famiglie fu l'ennesima prova che l'interesse mostrato dalle istituzioni non era che una simulazione[32]. All'inaugurazione del monumento il sottosegretario per i diritti umani della Repubblica messicana, Felipe de Jesús Zamora Castro, si limitò a porgere le sue scuse.

Brenda Isela Ceniceros Ortiz, dottoranda in Architettura presso l'Universidad Authonoma de Ciudad Juárez, si interroga sul valore simbolico del monumento per la cui realizzazione le croci rosa sono state soppiantate: "La croce rosa è diventata una rappresentazione di molte cose: l'abbandono, l'ingiustizia, la domanda, la disperazione, l'assenza, ma è anche un simbolo che rende visibili le azioni ottuse dello Stato messicano. La giustizia non è arrivata a quelle donne, né a noi che siamo ancora qui. (...) [Al posto di quelle croci rosa, c'è] un memoriale delle vittime, una piazza pubblica che invade il campo di cotone attraverso un pavimento di cemento in mezzo al deserto, decorato con una scultura pubblica (...): ciò cancella le vestigia, e cancella anche quel tumulo improvvisato con le croci rosa... di quel colore rimangono solo il muro e delle croci, posizionate come strumenti storici di un incidente precedente, ma non dimenticato o finito, che può essere letto come un'aggressione alla memoria collettiva della città"[33].

• • • Collettivi, arte urbana, community-based art

Lo stato di violenza che imperversa a Ciudad Juárez dagli anni Novanta ha generato l'esplosione di una variegata produzione artistica e la nascita di numerosi collettivi, che inseguono principalmente quattro obiettivi: rappresentare, aggregare, resistere, agire[34]. Le forme d'arte contro il femminicidio possono definirsi politiche, intendendo la politica come pratica di cambiamento e di trasformazione dello status quo, come strumento per riparare alle ingiustizie. Artisti e operatori culturali hanno opposto resistenza alla violenza, alla disgregazione sociale, alla povertà e all'oppressione. Attraverso l'estetica del dissenso, riscontrabile in molte delle proprie pratiche di intervento, invitano la comunità a sviluppare le capacità di immaginazione e di riflessione sulla situazione della città e sul loro ruolo di cittadine e cittadini, affinché possano, in primo luogo, riappropriarsi dello spazio urbano da cui sono stati estromessi.

Tali pratiche si scontrano con ciò che la città "istituzionalmente" mostra di sé: una sorta di amnesia spaziale, uno spazio pubblico da cui le tracce delle vite delle vittime sembrano essere state cancellate, sia dal discorso politico sia dalla memoria istituzionale. Governatori e alti funzionari pubblici hanno sostenuto, in riferimento ai crimini perpetrati contro le donne, la colpevolezza delle stesse, favorendo la rimozione dei memoriali sul femminicidio eretti dai cittadini.

A questa azione di cancellazione, si contrappone l'affermazione di una memoria visiva informale, sviluppatasi dal basso. Varie forme di intervento simbolico, realizzate dalle famiglie delle vittime e dai membri della comunità, spesso coadiuvati da artisti locali, creano un "paesaggio della memoria" della città, dando testimonianza di quella che è la vera realtà del territorio, che mostra sulla sua superficie ciò che Alice Driver chiama "ecotestimonios": graffiti, poster, manifesti, croci e memoriali dipinti[35]. Insieme a questi, performance, musica, cinema, video, teatro sono tracce di una contro-geografia dell'azione simbolica in continua evoluzione, che fornisce il racconto degli eventi dal punto di vista della comunità. Sono diversi, ad esempio, i progetti ai quali collaborano associazioni, *madres*, attivisti e artisti per la realizzazione di opere di street art sulle donne scomparse o assassinate a Juárez, con lo scopo di tenerne vivo il ricordo[36]. Tra questi vi è *Los rostros del feminicidio*, avviato all'inizio del 2015, coordinato dall'attivista Rayito Rocha e dallo street artist Maclovio, che coinvolge artisti quali Seck, Index, Murz, Boruz. Maclovio ritrae i volti delle vittime di femminicidio dal 2010, anno in cui in Zatecas dipinse quello di Sara Salazar; a Juárez la sua attività ha avuto iniziò nel 2013, con un omaggio a Marisela Escobedo. Nell'ambito de *Los rostros del feminicidio*, finora sono stati realizzati tredici murales, raffiguranti i volti di sedici ragazze, primo fra tutti quello di Maria Sagrario González Flores, scomparsa a 17 anni nell'aprile del 1998 e ritrovata senza vita. Il suo volto, dipinto sul muro della sua abitazione, è l'immagine viva della sua memoria. Anche il ritratto di Lilia Alejandra García Andrade, scomparsa il 14 febbraio del 2001, è visibile nello spazio urbano: il suo viso è stato dipinto in occasione del quindicesimo anniversario dal ritrovamento del suo corpo, il 21 febbraio 2016. Sono 185 i volti che il gruppo auspica di dipingere in diversi luoghi della città, su commissione e con la collaborazione dei genitori e dei parenti delle vittime. Non tutti i dipinti vengono realizzati sui muri delle abitazioni delle ragazze uccise, non tutte hanno un muro idoneo. Numerosi sono quelli che altre persone mettono a disposizione, dimostrando la loro solidarietà nella lotta al femminicidio[37].

L'ultima ondata di violenza che ha investito Ciudad Juárez tra il 2008 e il 2012 ha spinto la popolazione a rifugiarsi nelle proprie case, al riparo dallo spazio pubblico ritenuto troppo pericoloso[38]. Diversi artisti e collettivi hanno cercato di imporre un'inversione di tendenza, individuando nell'arte lo strumento per riappropriarsi della città. Nel suo

Murale dipinto dallo street artist Maclovio Macias presso la casa della madre di María
Sagrario Gónzalez Flores, colonia di Anapra, Ciudad Juárez, 2015
Foto di Ina Riaskov; Courtesy Producciones y Milagros Agrupación Feminista, Città del Messico

studio sull'arte urbana a Ciudad Juárez, Carolina Rosas Heimpel prende
in esame alcune pratiche artistiche che creano nuovi spazi comunitari
sia fisici sia simbolici, considerando la città come un palcoscenico sul
quale rappresentare il contesto socio-culturale. Tra questi vi sono il
Bazar Cultural del Monumento e il Colectivo Rezizte, che insistono
sull'importanza delle attività artistiche nello spazio pubblico intese come
strategie di significazione[39]. Il Bazar Cultural del Monumento (o Bazar
del Monu) fa parte di quei luoghi autonomi che si riappropriano di un'area
pubblica per renderle la dignità di ambiente sociale e culturale. Fin dalla
sua costruzione, a partire dal XIX secolo, il parco del monumento è stato
uno dei luoghi più importanti della città e, per il suo significato storico e la
sua ubicazione, il punto di incontro di diversi attori sociali. Il monumento
all'eroe nazionale Benito Juárez (da cui la città ha preso il nome nel 1888)
è il più noto di tutto il Messico settentrionale[40]. Il progetto del Bazar del
Monu è nato nel 1998 per salvare lo spazio del parco che, pur situato in
pieno centro cittadino, versava in condizioni di degrado ed era identificato

come un luogo pericoloso perché vi erano state rapite diverse donne. Attraverso questo progetto, ogni domenica il parco diviene un punto di incontro per la comunità in cerca di cultura e convivialità, che si riunisce per scambiare arte, musica, libri, oggetti d'antiquariato e curiosità e per partecipare gratuitamente a laboratori artistici, mostre d'arte e di fotografia, spettacoli, letture di poesie, concerti. L'idea del Bazar viene da un gruppo di amici, artisti e organizzatori culturali che volevano realizzare un mercato culturale di strada come quelli presenti in diverse città del Messico. La sua presenza ha modificato nell'immaginario collettivo il valore assegnato allo spazio del parco dalla comunità. Le relazioni che vi si instaurano hanno anche favorito nuovi progetti artistici. Ad esempio i Performance Juárez, uno dei gruppi che si radunano qui la domenica, utilizzano lo spazio pubblico per affrontare, attraverso performance, la questione della violenza contro le donne.

Tra i collettivi artistici il più noto è Rezizte, fondato nel 2003 da due giovani per manifestare la propria preoccupazione e indignazione contro il femminicidio. Il suo primo intervento è stato dipingere la parola "mujercidio" sui segnali di stop, allo scopo di alterare la segnaletica stradale per convertirla in strumento di protesta politica[41]. Il collettivo cerca di promuovere la vera identità di confine attraverso l'impiego di vari media come graffiti, stencil e murales. Con il progetto *Puro Borde*, Rezizte mira inoltre a creare una rete di artisti e operatori culturali tra le città di El Paso e Juárez, per descrivere la regione attraverso interventi artistici. Spesso le azioni dei collettivi di street art e graffiti writing si situano in luoghi abbandonati: il recupero delle aree o degli edifici degradati è, per loro, un presupposto fondamentale. In particolare, è massiccia la loro attività a El Mariscal, l'ex quartiere a luci rosse, in cui operano anche gruppi femministi del movimento anti-femminicidio. Il quartiere, a seguito del tentativo di eliminare la prostituzione e la tossicodipendenza dal centro città, è stato raso al suolo, e oggi si presenta come un'area piena di edifici fatiscenti o abbandonati e bar chiusi.

I collettivi juarensi sono principalmente maschili, ma negli ultimi anni ne sono nati anche di femminili, e si costituiscono come una base da cui le donne possono articolare e condividere le loro esperienze come donne e cercare di dare un senso e una risposta alla realtà violenta in cui vivono. I gruppi femminili utilizzano diversi tipi di pratiche culturali,

Toque Feminino, evento tenuto in occasione della Festa della donna presso il Bazar del Monu, Parco del Monumento a Benito Juárez, Ciudad Juárez. Foto di Carolina Rosas Heimpel

che spaziano dai murales, graffiti, hip hop, alla poesia, letteratura, arteterapia, community-based art education e performance. La partecipazione a questi collettivi sviluppa sia l'identità individuale sia di gruppo: instaura un processo di definizione di decisioni comuni in risposta all'ambiente violento e crea capitale sociale in alcuni dei sobborghi più emarginati di Juárez[42]. L'attività artistica si fa pratica che riscatta sia individualmente sia socialmente le donne che vi prendono parte, mette al centro il femminile lasciato ai margini della società. L'arte viene scelta, dunque, anche come strumento di lotta politica, proprio come accadde durante il movimento femminista internazionale a partire dagli anni Sessanta, con gruppi quali l'Art Workers Coalition (1968), le Woman Artists in Revolution (1969), e successivamente con le Guerrilla Girls (1985).

Il collettivo femminile più noto è Kolectiva Fronteriza, fondato nel 2009, che, attraverso l'impiego di graffiti e street art, chiede giustizia per le vittime di femminicidio. Kolectiva Fronteriza protesta contro l'occupazione militare della città, il capitalismo, il maltrattamento delle donne impiegate nell'industria *maquiladora* e delle lavoratrici domestiche, il femminicidio[43]. In uno scenario intriso di cultura misogina, il gruppo ha sviluppato un attivismo che porta alla visualizzazione dello stato di esclusione e della minaccia che le donne vivono nella città di confine. Successivamente il collettivo ha creato al proprio interno una sezione hip-hop che ha prevalso sulla sezione artistica, e ha preso il nome di Batallones Femeninos. Attraverso la musica, si inserisce in un campo tradizionalmente maschile, celebrando temi come il diritto di decisione sessuale, il rispetto delle donne, i problemi dei giovani e la discriminazione degli indigeni. Contro la politica e la cultura dominante, il gruppo pone al centro del dibattito il concetto di disobbedienza e ridefinizione creativa[44].

Tra gli altri collettivi femminili presenti in città, Kerry Doyle e Gabriela Durrán Barraza segnalano Morada, Pata de Perro e Palabras de Arena, che operano attraverso laboratori artistici di diverso tipo, spesso indirizzati alle comunità più disagiate. Morada inizialmente non produceva arte con messaggi di lotta politica, ma ha cambiato orientamento a causa della crescente ondata di violenza e del sequestro (e il successivo rilascio) di una dei suoi membri. Il collettivo si esprime attraverso street art, graffiti, laboratori per donne e adolescenti con attività che impiegano la pittura, l'artigianato contemporaneo, le danze africane, la partecipazione a marce di protesta contro la violenza. Pata de Perro lavora invece con bambini e adolescenti in condizioni disagiate, utilizzando le tecniche artistiche per sviluppare fiducia e abilità sociali e per ridurre lo stress e la tensione tra questi ragazzi che ogni giorno si confrontano con gli effetti della violenza. Le situazioni marginali e le comunità particolarmente vulnerabili sono al centro del lavoro di Palabras de Arena, collettivo femminista che si occupa

Toque Feminino, Parco del Monumento a Benito Juárez, Ciudad Juárez, 2014
Foto di Carolina Rosas Heimpel
L'evento "Toque Femenino" si tiene ogni 8 marzo in occasione della Giornata internazionale delle donne. Migliaia di donne si incontrano al parco per cantare, ballare, meditare, esporre, dipingere, fare lezioni di vario tipo, rafforzando la rete di solidarietà che permette di resistere alla violenza di genere

Grafiche di Kolectiva Fronteriza / Batallones Femeninos, Ciudad Juárez 2010
Foto di Carolina Rosas Heimpel

di progetti per la diffusione della lettura, in particolare per l'infanzia, attraverso laboratori, circoli di lettura e creazione letteraria che hanno luogo anche in spazi aperti[45].

Esiste anche un collettivo all'interno della Universidad Autónoma de Ciudad Juárez, il Comité de Resistencia Visual, un'organizzazione studentesca guidata da Kerry Doyle che lavora con i gruppi artistici indipendenti per organizzare la resistenza visiva nelle marce locali per la giustizia e i diritti delle donne. L'Universidad Autónoma de Ciudad Juárez collabora inoltre con il Gerald Rubin Center for the Visual Arts dell'Università del Texas, a El Paso. Aperto nel 2004 da Kate Bonansinga e diretto dal 2012 da Kerry Doyle, il centro promuove l'arte che indaga la zona della frontiera, riflettendo sulle dinamiche sociali del confine[46]. Gli artisti invitati dal Centro, facendo ricerca sul contesto, inevitabilmente si confrontano con il tema della violenza che comprende il femminicidio, i tentativi di vivere in un'economia distorta, le ingiustizie sociali che caratterizzano l'esistenza comune in entrambe le zone divise dal confine, l'identità di frontiera, il potere politico[47].

Azioni di Kolectiva Fronteriza / Batallones Femeninos, Ciudad Juárez, 2010
Foto di Carolina Rosas Heimpel

L'importanza dei collettivi artistici a Ciudad Juárez va ben oltre il campo specifico dell'arte, interessando i legami interpersonali, le esperienze di organizzazione di attività culturali fornisce alle persone le competenze per gestire compiti che emergono in altre situazioni difficili, di tipo civico: trovare spazi comunitari, individuare attori chiave, cercare risorse economiche, costituire gruppi attraverso l'uso della pubblicità o il passaparola[48]. Inoltre, come sottolinea Nato Thompson, l'arte è un contesto in cui si formano competenze preziose nel panorama della produzione politica, che riguardano le tecniche della performatività, della rappresentazione, delle estetiche e della creazione di influenza[49].

Una questione particolarmente annosa riguarda il finanziamento pubblico ai collettivi per lo sviluppo delle loro attività artistiche e sociali. Alcuni gruppi sono stati supportati economicamente dai governi federale e statale, che nell'ultimo decennio hanno elargito fondi attraverso piani di finanziamento, a partire dal programma "Todos Somos Juárez". Una parte dei collettivi, però, rifiuta di avvalersi di tali fondi, poiché ritiene che i governi stessi siano i maggiori responsabili dello stato di violenza della città. Come nota Pablo Hernández Batista, professore di giornalismo presso l'Universidad Autónoma de Ciudad Juárez ed ex giornalista, "a Ciudad Juárez non è stato dato seguito a questo programma, e diverse iniziative analoghe sono rimaste a metà perché il governo federale ha tagliato le risorse. Inoltre, il programma non è riuscito a dar forza ai cittadini di Juárez come si pensava avrebbe dovuto fare. La maggior parte di questi piani è rimasta solo nei discorsi ufficiali e sulla carta"[50].

• • • Azioni e opere sul femminicidio di Juárez

Il fenomeno del femminicidio di Ciudad Juárez è stato indagato da artisti sia locali sia residenti in altre città e Stati, non solo del Messico. Alcuni hanno cercato di rappresentare l'orrore, l'inenarrabile; altri hanno toccato le sfere del sommerso, riportandolo alla luce; alcuni hanno affrontato la marginalità interiore e sociale; altri si sono concentrati su questioni particolari del contesto che ha generato questo fenomeno. La maggioranza degli artisti locali si è dedicata a quest'ultimo punto, privilegiando l'analisi del luogo. In questo paragrafo trattiamo, invece, le produzioni di artiste locali e dello Stato federale che hanno indagato la questione del femminicidio di Juárez, dandone una rappresentazione diretta.

Una questione non secondaria di cui tener conto rispetto all'analisi delle pratiche artistiche contro violenza e femminicidio a Juárez riguarda il pericolo a cui sono esposti gli artisti che lavorano negli spazi pubblici cittadini. Come sottolinea Ila Nichole Sheren, docente di storia dell'arte contemporanea presso la Washington University di St. Louis: "Una performance artistica sul lato di Juárez potrebbe stimolare il dialogo e attuare il cambiamento, ma più probabilmente potrebbe creare un nuovo obiettivo per la violenza (...)"[51].

Ciò che accomuna le artiste e le opere qui presentate è la capacità di aver preso una posizione netta di fronte al fenomeno del femminicidio e di aver saputo dare un contributo artistico e politico, senza cadere nella sfera del sensazionalismo, costituendo un immaginario di opposizione al femminile. Installazioni, video, fotografia, performance sottolineano una straordinaria varietà di dettagli semantici e formali. Le opere descritte sono tutte di artiste, non per una scelta di genere, ma perché non ne sono emerse di artisti di sesso maschile. D'altronde sono state perlopiù le artiste che, a partire dai tardi anni Sessanta, si sono confrontate con il dolore e la sua rappresentazione, la paura, le ferite fisiche e psicologiche; hanno dato forma a ciò che non si può raccontare, a ciò che è stato censurato dalle istituzioni. Le opere sul caso Juárez ritraggono la donna resa oggetto dalla cultura maschilista, legano la questione femminile ai concetti di invisibilità, di povertà, di ingiustizia, visualizzano gli stereotipi, indagano la marginalità come questione femminile e sociale. Una ricerca che per una parte di loro coincide con l'attivismo.

Tra le artiste performative che per prime hanno lavorato sulla questione del femminicidio di Juárez vi è Lorena Wolffer. Nel 2002 l'artista realizzò *Mientras dormíamos* (*el Caso Juárez*) per il Chasama – Centro de performance en construcción, performance con la quale denunciò la violenza e l'impunità, e dunque la negligenza delle autorità che caratterizza questo crimine. Usando le informazioni contenute nei rapporti forensi, l'artista documenta la violenza subita in quell'anno da una cinquantina di vittime di femminicidio. L'ambiente nel quale si svolge la performance è paragonabile ad un obitorio, è asettico, freddo. L'artista è seduta su una lastra, in penombra. I suoi capelli sono raccolti in una rete e indossa un'uniforme che ricorda quelle delle lavoratrici delle *maquiladoras*; la camicia e la giacca sono lacere, come se fossero state strappate violentemente, e il reggiseno è spostato all'altezza delle spalle[52]. Indossando dei guanti in lattice, a mo' di chirurgo pronto a praticare un intervento, Wolffer, munita di un pennarello, con estrema precisione, segna sul suo corpo ognuna delle mutilazioni, dei tagli e dei colpi d'arma da fuoco inflitti alle vittime. Contemporaneamente, una voce maschile fuori campo descrive, caso per caso, le particolarità rinvenute sui corpi (l'abbigliamento, i segni di violenza, l'età), e il luogo del ritrovamento, nominando le donne una ad una. Il pubblico si

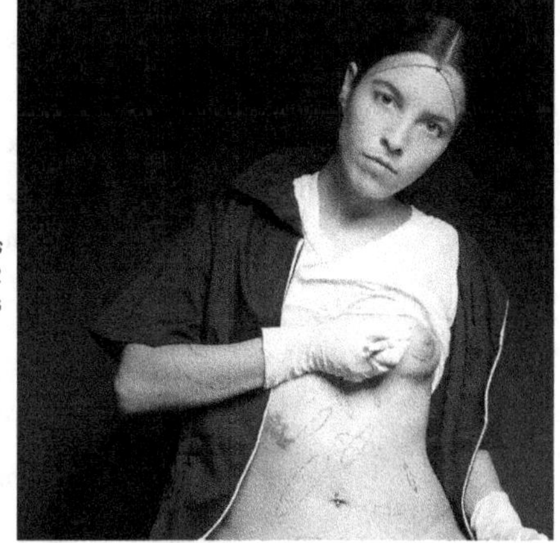

Lorena Wolffer, *Mientras dormíamos*
(el caso Juárez), 2002
Foto di Martín L. Vargas

trova direttamente investito di un senso di responsabilità, osserva passivamente l'azione dell'artista, partecipando solo con lo sguardo: "Nel processo di marcatura il mio corpo diviene una mappa, cercando di trasformare atti 'privati' di violenza in manifestazioni pubbliche: durante la registrazione sul mio corpo dei colpi e dei tagli che ognuna di queste donne ha sofferto, guardo accuratamente il pubblico per trasformarlo in testimone". Al termine della performance, il corpo dell'artista è immobile, avvolto da una coperta, per denunciare l'istituzionalizzazione di questi crimini e la passività della giustizia e del popolo messicano: "Sebbene pensi che la mia opera sia appena una denuncia tra molte altre, continuerò a presentarla. Penso che la conseguenza più drammatica di questi crimini, dopo i reati stessi, naturalmente, è stata l'apparente istituzionalizzazione della violenza contro le donne a Ciudad Juárez. L'impunità che caratterizza questi atti funesti sembra indicare che esiste un nuovo contratto sociale nel quale si consentono e si tollerano gli omicidi di donne. E penso che tutto ciò non cambierà fino a quando ogni caso non sarà risolto"[53].

A differenza del contesto messicano, dove *Mientras dormíamos (el Caso Juárez)* intende far affiorare il ricordo delle vittime, negli altri stati in cui l'azione viene realizzata ricopre la funzione di informare il pubblico su una realtà ancora sconosciuta ai più[54].

Alcune artiste, nate e cresciute nella città di frontiera e poi trasferitesi in altre città, tornando a Juárez hanno avvertito la necessità di prendere una personale posizione su quanto stava avvenendo. Mayra Martell (Ciudad Juárez, 1979 – vive a Città del Messico) ha vissuto direttamente la trasformazione economica e sociale di Juárez negli anni Novanta. L'artista lasciò la città natale, non appena maggiorenne, per andare a studiare a Città del Messico, facendovi ritorno sei anni dopo. Al suo rientro, impressionata dalla quantità di volantini e messaggi di richiesta di aiuto per ritrovare ragazze scomparse, decise di scegliere uno dei numeri di telefono indicati su quei fogli, e di comporlo. In questo modo si mise in contatto con la famiglia di una ragazza scomparsa, Yesenia: "La mia intenzione era di scoprire più cose possibile su Yesenia, arrivare a conoscere i suoi spazi privati". Nel marzo 2005 l'artista ha iniziato il progetto fotografico, *Ensajo de la identidad. Desaparicion de mujeres en Ciudad Juárez*, a cui si sta ancora dedicando, pur avendo ricevuto

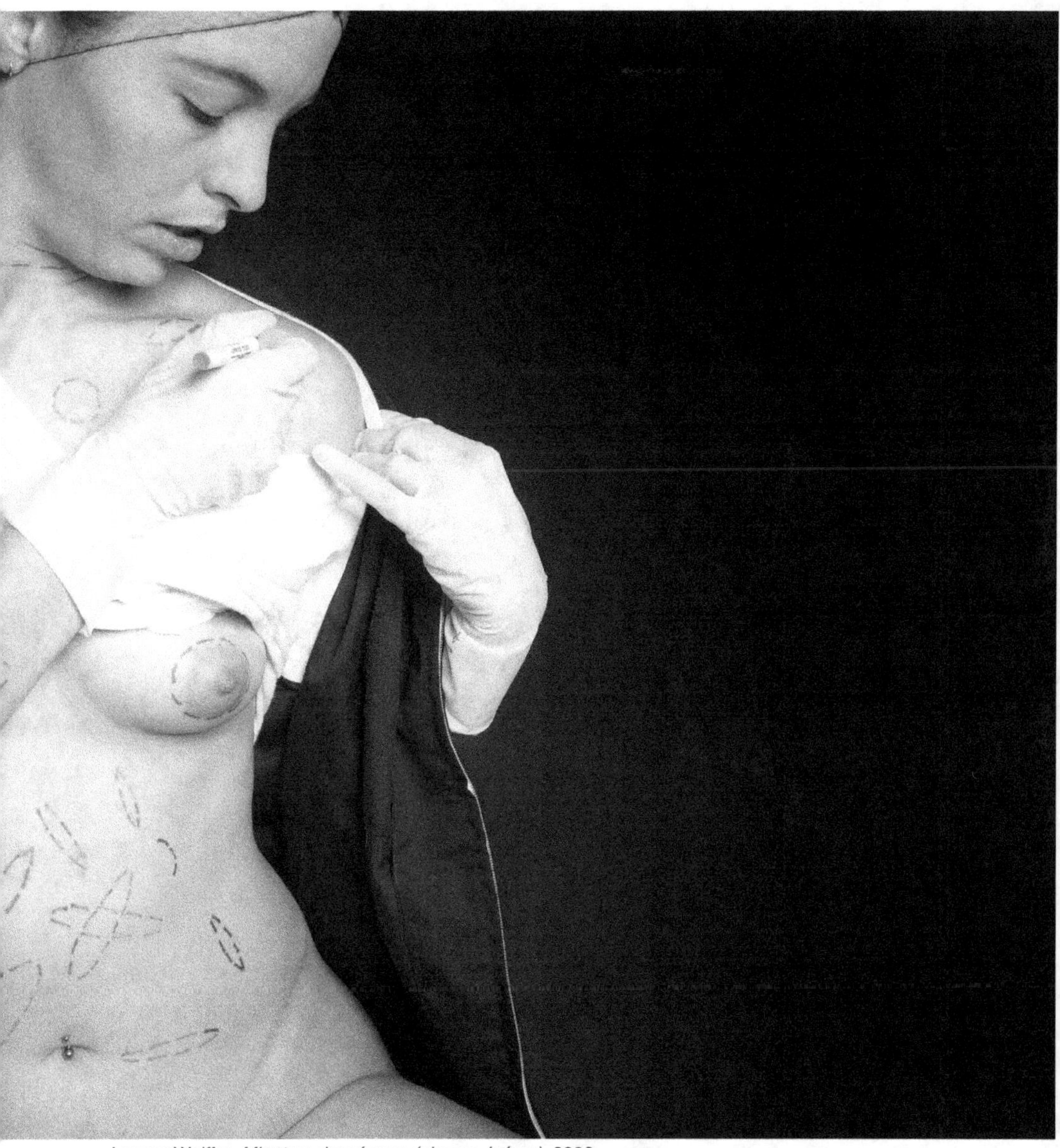

Lorena Wolffer, *Mientras dormíamos (el caso Juárez)*, 2002
Foto di Martín L. Vargas

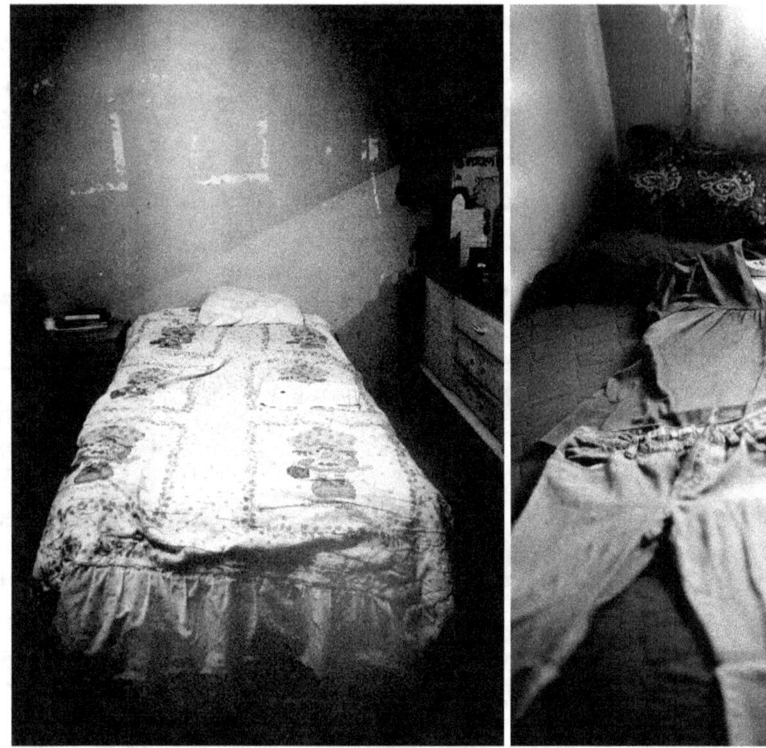

Mayra Martell, *Ensajo de la identidad. Desaparicion de mujeres en Ciudad Juárez*, 2005 – in corso. A sinistra: la camera di Elena Gudian Simental, scomparsa il 22 marzo 1997 all'età di 19 anni mentre stava andando al lavoro. La famiglia ne ritrovò solo gli abiti sui binari della ferrovia vicino a casa. A destra: la camera di Erika Carrillo, scomparsa l'11 dicembre 2000 all'età di 19 anni

minacce per il tipo di denuncia che conduce. Ad oggi, l'artista ha fatto visita a settantotto famiglie di donne scomparse e a ventisette di vittime di femminicidio; si sente particolarmente legata a queste donne, avendo frequentato le stesse scuole e percorso le stesse strade[55]. Martell ritrae gli spazi che le vittime occupavano nella loro casa e nella vita quotidiana. Il suo lavoro introduce il tema della *desaparecida*: di molte delle ragazze scomparse non sono mai stati ritrovati i corpi. Dalle fotografie si evidenzia come la maggioranza delle famiglie conservi intatte le camere delle proprie figlie: il ricordo è l'unica cosa che resta. L'artista ritrae gli interni di casa, si sofferma sugli oggetti personali, le fotografie affisse alle pareti, gli appunti scritti a penna, gli abiti disposti sul letto. La povertà è una condizione che emerge prepotentemente dalla maggior parte di questi ambienti. L'esempio più chiaro, in questo senso, è la fotografia *Retrato hablado de Neyra Cervantes*, in cui Mayra Martell presenta un ritratto segnaletico fatto dalla polizia seguendo le indicazioni fornite dalla madre di Neyra, che non possedeva nemmeno una foto di sua figlia con cui segnalarne la scomparsa. Nelle immagini, in bianco e nero, l'assenza diventa presenza, il privato diventa pubblico. La descrizione delle ragazze attraverso i loro ambienti e oggetti quotidiani traccia l'identità di ciascuna di esse e diviene inoltre documento importante per la ricostruzione del quadro familiare. Scrive l'artista: "Le madri mi mostravano le foto, i vestiti e in alcuni casi ho potuto sentire l'odore di quelle donne nei loro indumenti. Non ho mai visto tanto dolore come in quelle donne: è come se la scomparsa delle figlie avesse trasformato il presente in passato, rendendo quello l'unico modo di conservare intatto il loro amore. Con il passare del tempo, la memoria si rivela l'unica soluzione per il dolore dell'assenza"[56]. Al trattamento riservato alle vittime, come se fossero solo dei numeri, l'artista contrappone dunque dei ritratti di singole donne, dei loro gusti, della loro intimità, dei ricordi, degli obiettivi e dei sogni che avevano per il loro futuro. La sospensione del tempo, il congelamento al giorno della scomparsa, rende palpabile il clima di angoscia e dolore. Come nota il critico Alfonso Morales

Mayra Martell, *Ensajo de la identidad.*
Desaparicion de mujeres en Ciudad Juárez,
2005 - in corso
Retrato hablado de Neyra Cervantes è la fotografia
del ritratto segnaletico di Neyra Cervantes,
scomparsa il 13 maggio 2003 all'età di vent'anni

Carrillo, queste "rovine domestiche" e le tracce di persone scomparse non si limitano a confermare la nostra impotenza di fronte alle forze che determinano il corso della storia, ma attestano anche la nostra capacità di resistere e rimanere[57].

Come Mayra Martell, anche Maya Goded (Città del Messico, 1967) ricostruisce in *Justicia para Nuestras Hijas* scene del vissuto delle ragazze scomparse, attraverso una serie di fotografie scattate tra la fine del 2004 e l'inizio del 2005 negli spazi frequentati o nei quali sono state ritrovate le donne assassinate a Juárez e Zacatecas, entrambe città dello stato di Chihuahua. L'interazione con le famiglie e i loro spazi è parte integrante del processo artistico. Con la fotografia, Goded voleva fare un ritratto delle donne attraverso le loro madri, le loro famiglie, le camere, i luoghi in cui erano stati rinvenuti i corpi. Non si limita, dunque, all'ambito privato delle case e delle stanze delle vittime, ma attraversa anche gli spazi della città legati alla scomparsa o al ritrovamento dei corpi. Alcune fotografie della serie ritraggono luoghi come Lomas de Poleo e il deserto, tutti siti in cui sono stati trovati dei cadaveri. Maya Goded però non mostra questi corpi, come al contrario fanno i mass media, lasciando parlare, al loro posto, le aree geografiche.

Fa riferimento al deserto anche *Úsese y tírese* (2005) del Colectivo Malaleche, gruppo composto da Laura Ugalde (Città del Messico, 1963) e Piedad Martinez (Guanajuato, 1980). Qui il luogo geografico assume un carattere simbolico: il collettivo, citando il deserto come pattumiera dei corpi, denuncia la città come una discarica immateriale, quella dell'impunità. L'installazione è composta da trecentosettanta bare di gesso e cemento trasformate in piccole scatole di fazzoletti Kleenex, un numero che corrisponde al totale delle vittime di femminicidio a Ciudad Juárez nel 2005. Da ogni bara di cemento sporge un fazzoletto, metafora del corpo femminile, pronto per essere utilizzato e poi gettato via come rifiuto, allo stesso modo in cui i corpi delle donne assassinate, mutilate e abusate sessualmente sono stati successivamente gettati nel deserto[58].

I resti dei corpi delle donne, i loro indumenti, gli effetti personali, sono al centro di *¡Visite Ciudad Juárez!* (2003-2011) di Ambra Polidori (Città del Messico, 1954). L'installazione richiama il tema legato all'immagine negativa che la città ha assunto in seguito al propagarsi dell'informazione sul femminicidio, disincentivando l'arrivo di possibili investitori esteri e lo sviluppo del turismo, ma alimentando al tempo stesso una particolare forma di turismo, quello macabro. In *¡Visite Ciudad Juárez!*, l'artista mette in evidenza come il sistema capitalistico sia riuscito a trasformare in evento qualsiasi luogo, circostanza o oggetto di consumo. Polidori rende esplicito l'uso strumentale che è stato fatto della città come capitale dell'orrore e contemporaneamente denuncia gli amministratori e i politici locali che descrivono Juárez come sicura e raccontano la piaga del femminicidio come una esagerazione e una trovata pubblicitaria in cui i crimini diventano l'attrazione del luogo. Nell'installazione, l'artista impiega un espositore di cartoline, che assolve alla sua classica funzione di esibire le migliori immagini che ritraggono le specificità di una località. In questo caso, però, sulle quarantacinque cartoline postali sono riprodotte le immagini dei rapporti forensi, che mostrano i corpi delle donne scomparse o ciò che che rimane di essi. La frase "Recuerdo de Ciudad Juárez" o "¡Visite Ciudad Juárez!" è sovrimpressa su ogni fotografia. Il lavoro di Polidori invita ad attivare la comunità come soggetto politico affinché possa esercitare il diritto di petizione come previsto dall'Articolo 8 della Costituzione della Repubblica messicana. Il lavoro si completa, infatti, attraverso la partecipazione del pubblico, chiamato a scegliere una delle cartoline esposte e a spedirla all'indirizzo

Ambra Polidori, *¡Visite Ciudad Juárez!*,
2003-2011

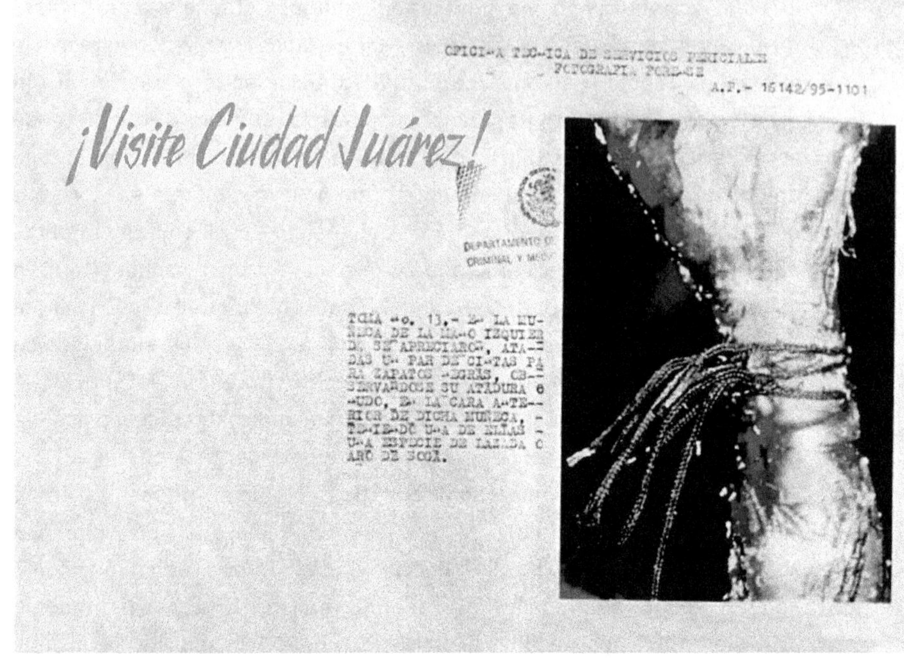

Ambra Polidori, *¡Visite Ciudad Juárez!*, 2003-2011

precompilato, sul retro, dall'artista; al destinatario viene chiesto di intervenire per mettere fine ai femminicidi e fare giustizia. Il pubblico è inoltre invitato a indicare il mittente e a formulare una richiesta rispettosa. Il progetto ha avuto diverse edizioni che hanno coinvolto come destinatari sia l'Alto Commissariato delle Nazioni Unite per i diritti umani, con sede a Ginevra, sia il Presidente del Messico. L'indagine della retorica dell'orrore si costituisce quale gesto di resistenza alla mancanza di azione da parte delle autorità, contro l'impunità esistente nel Paese e rivela le contraddizioni dei discorsi politici dominanti. Il critico spagnolo Sergio Rodríguez Blanco scrive in occasione della mostra *Espectrografías: Memorias e Historia*, in cui l'opera è stata esposta nel 2010-2011: "Polidori trasfigura la fotografia d'archivio (che deve sempre rimanere nascosta) in un'opera multiriprodotta di arte pubblica che, con la forma della cartolina postale, chiunque può portare via. Spostando il documento dalla sua condizione originale (come alle donne è stata tolta loro la vita) e sublimandolo come arte, provoca sull'immagine un'inversione della sua natura segreta"[59]. Con *¡Visite Ciudad Juárez!* le donne invisibili della città di frontiera divengono, così, voci collettive che invocano giustizia attraverso ogni singolo mittente.

La crudezza delle immagini del lavoro di Polidori è per certi versi accostabile a quella della video-performance di Teresa Serrano (Città del Messico, 1936), *La Piñata* (2003). In entrambi i lavori, si collocano al centro corpi inerti, lacerati. "La prima volta che ho sentito parlare degli omicidi era il 1998. I giornali hanno cominciato a parlarne solo a partire dal 2000", dice l'artista. Così nel 2002 Serrano decise di recarsi a Ciudad Juárez per avere informazioni dirette sulle sparizioni e uccisioni di donne. Visitò l'area allora in costruzione, nel deserto, che accoglieva le persone che giungevano in città per lavorare nelle *maquiladoras*. Le abitazioni erano delle baracche costruite con le cassette di legno per frutta e verdura, sacchetti di plastica e cartone. Diverse lavoratrici delle *maquiladoras* erano scomparse da quel quartiere nel corso dell'anno e poi erano state ritrovate prive di vita, mutilate e semi-sepolte. L'artista riferisce che solo tre persone furono disposte a dialogare con lei e durante la conversazione esternarono la loro costante paura a rimanere in quel luogo, ma nello stesso tempo la necessità di non abbandonarlo perché per una donna c'era garanzia di lavoro. Il giorno seguente, Teresa Serrano decise di realizzare il video *La Piñata*, con il quale avrebbe denunciato la condizione di barbarie delle donne di Juárez, "quelle donne che ammazzavano senza pietà, non importava quante ne morissero, perché ce n'erano sempre in cerca di lavoro. Erano facilmente sostituibili"[60]. Il video mette in scena una cruda rappresentazione della violenza misogina. Dal soffitto pende il manichino di una donna, fissato come le piñata (bambole) delle feste. La bambola rappresenta una giovane donna di carnagione scura, con una parrucca di capelli scuri veri, vestita con stivaletti bianchi e una minigonna blu. Un uomo le gira attorno, la scruta come per stimarne il valore in relazione ai suoi obiettivi. La accarezza con la sbarra di metallo che tiene in mano. Comincia a colpirla più volte, con una forza sempre più brutale, fino a ridurla in mille pezzi. In Messico, il solo riferimento ai corpi di donna straziati riporta immediatamente ai fatti di Juárez. Nel lavoro di Teresa Serrano il manichino, la figura femminile di cartapesta, ha la pelle del colore delle donne indigene, le più colpite dalla violenza, e indossa una minigonna perché le autorità, per giustificare i massacri, hanno fatto ricadere la responsabilità sulle ragazze, accusandole di vestire in modo provocante.

Viaggia su un registro simbolico estremamente diverso il lavoro di Gina Arizpe (Città del Messico, 1972), *Fibras* (2014), presentato nella mostra collettiva *INDEX: Archiving the Edges of Violence*, curata da Alejandro Luperca Morales presso The Stanlee and Gerald Rubin Center for the Visual Arts di El Paso. L'installazione non mostra corpi, non inscena la violenza, non fa riferimenti espliciti a donne scomparse, ma si concentra su un materiale: il cotone. Due bobine di legno tengono tesi, sospesi nell'aria, 1.441 metri di filo di cotone, cifra pari al numero non ufficiale dei casi di femminicidio. Il filato che Gina Arizpe ha realizzato durante un mese di permanenza a Ciudad Juárez risale al 1995 ed è stato recuperato in un negozio locale. Il cotone viene individuato come elemento d'elezione con cui accostarsi al fenomeno in quanto rimanda a diversi aspetti che caratterizzano il problema: lo sviluppo economico della città durante la prima metà del secolo scorso, in cui la sua coltivazione era uno dei fattori chiave; l'installazione dell'industria *maquiladora* e la costruzione di una nuova vocazione economica del confine e il ruolo delle donne in questo settore; l'uccisione di donne giovani e povere che ha iniziato ad essere documentata nel 1993; e infine il caso del "Campo Algodonero". Sulla base di questi elementi, collegati alle azioni di tensione e resistenza, Gina Arizpe fonda l'installazione: "(...) durante il processo di costruzione dell'opera, nacquero i concetti di tensione e resistenza, idee con le quali lavorammo in senso pratico (fare un filo continuo), così come a livello concettuale, poiché derivò una

Teresa Serrano, *La Piñata*, 2002

Gina Arizpe, *Fibras*, 2014

riflessione su come questi due elementi siano la chiave per sopravvivere in un luogo lacerato dalla violenza"[61].

Come anticipato, non sono molte le artiste che vivono a Juárez o nella vicina El Paso che indagano specificamente il fenomeno del femminicidio. Tra queste, Nabil Gonzalez (El Paso, 1988) è colei che ha maggiormente sviluppato il tema. L'artista afferma che attraverso la sua opera intende commemorare le vittime e accrescere la consapevolezza del problema, facendo ricorso a immagini emotivamente cariche, particolari texture e profumi. La piacevolezza che i suoi lavori trasmettono allo spettatore è spesso turbata da immagini inquietanti di atti sessuali e violenti che producono disagio nel pubblico. Ad esempio, la serie *Rastros* (2015) comunica la tristezza delle madri e delle famiglie delle migliaia di donne scomparse, e al tempo stesso la loro presenza in una lotta comune. Le stampe della serie sono composte da colature di inchiostro sumi su carta di gelso: l'inchiostro, gocciolando dalla sommità della carta verso il basso, simula le lacrime delle madri delle *desaparecidas* e copre le figure di donne stampate precedentemente sulla carta, facendole quasi scomparire. Se si osserva la superficie di sbieco, si può ancora intravedere la lucentezza delle sagome ricoperte dall'inchiostro. Alcune delle figure sono etichettate con la parola "desaparecida": le donne scompaiono, ma la loro memoria e la loro presenza è viva nei familiari e nella rete transnazionale anti-femminicidio.

Un'altra giovane artista che risiede nella regione è Olga Guerra (Ciudad Juárez, 1990), attualmente trasferitasi a Montevideo, in Uruguay, con l'intenzione di far rientro nella città di frontiera nel 2017. Il suo lavoro è incentrato sull'indagine delle conseguenze della violenza del narcotraffico e la militarizzazione e sul femminicidio, tema quest'ultimo su cui l'artista si sta attualmente concentrando. Non è affatto semplice, per un'artista di Ciudad Juárez, rapportarsi direttamente con questo fenomeno: "Ci sono pochi artisti che lavorano sul femminicidio a Juárez. Penso che in parte ciò sia dovuto alle 'politiche del silenzio' e a molti eufemismi intorno ai crimini. Si vuole dare una visione positiva della città in modo che le imprese esterne investano qui. Ci sono molte ragioni è chiaro! Non tutto il mondo è interessato al femminicidio e alla violenza (...). D'altra parte c'è, è esistita o esiste la paura a parlarne per il timore di essere uccisi, per aver denunciato, però mi sembra che questo non sia più la causa principale (...). Se frequenti l'Universidad en Artes Visuales della UACJ, ti rendi conto che i discorsi sulla violenza sono qualcosa di cui non si vuole parlare o che sono cose di cui si è già parlato"[62]. Olga Guerra mira a rompere

Olga Guerra, *Sin Título (Documentación fotográfica de pesquisas)*, 2012 – in corso

Nabil Gonzalez, *Rastros*, 2015

questo silenzio attraverso il proprio lavoro. In *Sin Titulo (Documentación fotográfica de pesquisas)*, iniziato nel 2012 e attualmente in corso, presenta un libro d'artista composto da una documentazione fotografica di volantini con i quali si ricercano ragazze scomparse, raccolti per le strade del centro storico di Ciudad Juárez nelle vie "16 de Septiembre", "Avenida Juárez" e "El Mariscal", tra il 2012 e il 2013. Questo intervallo di tempo coincide con il periodo di violenza estrema causato dalla "guerra alla droga", in cui le notizie che più sono state poste in risalto sono quelle riferite alle ritorsioni, alle azioni di guerra tra cartelli della droga, alle estorsioni, ai sequestri di persona, alle aggressioni, ai massacri e così via. In quegli stessi anni la città, però, si riempiva giorno dopo giorno di volantini per la ricerca di ragazze scomparse, ma quasi nessuno pareva farci caso, nonostante i numeri in merito alle *desaparecidas* aumentassero costantemente, fino a doppiare la cifra relativa agli anni Novanta. Così, con il suo lavoro, Olga Guerra a Ciudad Juárez parla di Ciudad Juárez. Sfida il patto implicito del silenzio stabilito dalle autorità. Testimonia che l'orrore non ha ancora avuto fine e mette in discussione la verità istituzionale. Che senso ha, allora, il monumento alle donne vittime di femminicidio se tale situazione non solo permane, ma peggiora?

Mariana Mese, *Reconociendo la identidad*, Plaza Cervantina, Ciudad Juárez, 2012

Un'altra artista juarense che denuncia la condizione di vulnerabilità cui sono sottoposte le donne nella città di frontiera è Mariana Mese (Ciudad Juárez, 1986). Le sue performance hanno per protagonista il suo corpo, con il quale l'artista conduce esperimenti di resistenza psicofisica sottoponendosi a condizioni di disagio e di tensione in piazze e luoghi pubblici della città e nell'ambito di iniziative su temi sociali, come i forum "La Tortura y los Derechos Humanos" presso l'Instituto de Ciencias Sociales y Administación (2013) e "Mujeres seguras a través de la Cultura" presso il Colegio de la Frontera del Norte (2012). L'artista racconta che il suo interesse nel realizzare lavori che parlassero delle sparizioni e delle uccisioni delle donne della sua città scaturì da una conversazione con un'amica durante la quale emerse, con tono scherzoso, che avrebbe dovuto prestare particolare attenzione al problema del femminicidio in quanto le sue caratteristiche fisiche erano comuni a quelle delle donne uccise. Mariana ha iniziato a identificarsi con le vittime in *Reconociendo la identidad* (2012), un'azione realizzata in in Plaza Cervantina a Juárez. Mariana cammina nella piazza assieme a un suo collaboratore che sostiene uno specchio con il quale riflette l'immagine dell'artista, seguendone le movenze, mentre suona un ritmo di tamburi e una voce fuori campo intona una riflessione sul tema della violenza di genere. La tensione di questo inseguimento si arresta nel momento in cui l'artista si sdraia al suolo e il collaboratore lascia cadere lo specchio sul suo corpo, procurandole ferite al collo e alle mani. L'artista, pur circondata dal pubblico che la osserva, rimane sola con il proprio dolore, toccando il suo corpo ferito ripensa alla solitudine delle donne assassinate, al vuoto, alla disperazione, alla morte: "In quel momento ho sentito il loro dolore, sentivo che era parte di loro".

Infine, citiamo la performance *Battleground* (2009) di Tania Candiani, che, pur non trattando nello specifico il tema del femminicidio, fornisce un ulteriore approccio ai problemi della violenza contro le donne unita a quella istituzionale nella città di frontiera, partendo dal concetto di violenza domestica. La performance fu realizzata nell'ambito di un progetto condotto presso The Stanlee and Gerald Rubin Center for the Visual Arts, che ha portato artisti provenienti da città messicane e statunitensi a interagire con la regione di confine. Organizzata tra Ciudad Juárez e El Paso, *Battleground* si confronta con la violenza che caratterizza il contesto. Candiani coinvolse due gruppi di studentesse, uno della University of Texas e uno della Universidad Autónoma de Ciudad Juárez. A entrambi i gruppi furono consegnati utensili domestici arrangiati come armi (scolapasta usati come elmi e scope con manici affilate come punte di lancia), strumenti presenti in un precedente lavoro dell'artista, *Proteccion Familiar*[63]. La sfera domestica si tramuta dunque in un campo di battaglia, alludendo al doppio ruolo della donna come custode e protettrice della casa in America Latina ed evocando, in questo contesto, il femminicidio. A El Paso, il gruppo delle ragazze risiedeva su una collina che domina Juárez, mentre il gruppo di Juárez si collocava all'interno di una stanza vuota. Le riprese video dei due gruppi venivano visualizzate reciprocamente in streaming. Dopo un'ora di immobilità, le donne uscirono una alla volta dalla configurazione prestabilita, così da potersi vedere l'una con l'altra. Dalla performance emerse che nel gruppo di donne di Juárez c'era un forte carico di stress, mentre nel gruppo di El Paso la tensione era stata smorzata dalla presenza di altre persone (spettatori e operatori dei media). A Juárez quindi lo spazio della performance era diventato una prigione; l'azione evidenziò la condizione di abbandono e insicurezza della cittadinanza che deve difendersi da sola dalla violenza[64]. Le istituzioni appaiono, ancora una volta, come le maggiori responsabili della situazione e del clima di tensione che avvolge le donne juarensi.

• • • Mostre e progetti tematici: *Proyecto Juárez* e *Frontera450+*

Nel corso degli anni, oltre agli interventi di singoli artisti, hanno avuto luogo diversi progetti d'arte che intendevano aprire una discussione pubblica sulla memoria e la riflessione personale e collettiva sul femminicidio di Juárez.

Il museo assume il compito di narrare storie e memorie attraverso mostre tematiche e di dar vita a uno spazio di discussione. Museo e mostra sono aree in cui esercitare la funzione critica, seppur con tutti i limiti che, dagli anni Sessanta, l'Institutional Critique ne ha messo in luce. Nicolas Bourriaud afferma che il fine dell'esposizione d'arte contemporanea è quello di creare "spazi liberi e durate il cui ritmo si oppone a quelle che ordinano la vita quotidiana; favorisce un commercio interpersonale differente dalle 'zone di comunicazione che ci sono imposte"[65]. Questo spazio deve misurarsi con una cultura che produce analfabetismo da immagine, che rende ciechi attraverso la sovrabbondanza di testi. L'arte può svolgere un ruolo importante, grazie alla sua capacità di contrastare la decadenza immediata dell'informazione e di imprimersi nella memoria per merito dispositivi che fanno leva sul livello emotivo.

Negli ultimi anni, l'organizzazione di mostre, dibattiti, convegni, incontri sul femminicidio di Juárez, all'interno di musei, spazi espositivi, università, centri culturali, associazioni di promozione sociale risulta abbondante tra Messico e Stati Uniti. Anche l'Italia si è dimostrata sensibile al tema: nel 2008 la città di Torino ha conferito la cittadinanza onoraria a Marisela Ortiz e successivamente anche le città di Bologna, Ferrara, Firenze, Genova le hanno attribuito riconoscimenti per il suo grande impegno nella lotta al femminicidio e hanno organizzato eventi simbolici, come l'illuminazione di rosa di un monumento della propria città, in occasione delle manifestazioni del 5 e 6 marzo 2011.

Tra le principali esposizioni sul femminicidio di Juárez vi sono *Rastros y Crónicas: Women of Juárez*, curata da Dolores Mercado e Linda Xóchitl Tortolero al National Museum of Mexican Art di Chicago (2009), e il vasto progetto espositivo *Ni una más*, curato da Abbie Dean, Joseph Gregory, Orlando Pelliccia e organizzato dalla Drexel University di Filadelfia (2010) con la collaborazione di accademici, studenti e dipartimenti istituzionali, che mirava a sensibilizzare sul problema della violenza di genere e, in

particolare, dei crimini contro le donne di Ciudad Juárez attraverso
settanta opere di venti artisti tra cui Teresa Margolles, Yoko Ono, Kiki
Smith, Nancy Spero. Inaugurato con una "marcia d'arte" di centinaia di
partecipanti, tra cui settecento ragazze della Drexel University vestite
di rosa, colore delle croci di Juárez, l'evento coinvolse anche celebrità
e politici. I curatori definirono la mostra "sfacciatamente attivista
negli intenti"[66]. Numerose sono le mostre minori, spesso prodotte da
dipartimenti universitari, come *Más allá del dolor*, organizzata dal Centro
per la Ricerca e Studi Superiori in Antropologia Sociale, esposta sia
a El Paso sia a Ciudad Juárez (2005); *Peace of Art: Design for Change*,
curata da Sandra Salas al Museo di El Paso presso la University of Texas
(2010); *Contra la violencia, el arte: una oración por Juárez*, un'iniziativa
indipendente a cura di Pilar Rodriguez che ebbe sede in diversi luoghi
di Città del Messico (2010). Quando la realtà del femminicidio di Ciudad
Juárez fu rivelata al mondo, avvicinò anche spazi espositivi di paesi
geograficamente lontani, come l'Irlanda: nel 2012 il VISUAL Centre for
Contemporary Art and The George Bernard Shaw Theatre di Carlow
organizzò *An oasis of horror in a desert boredom*, con opere di Brian
Maguire, Teresa Margolles, Lise Björne Linnert, Mark Mcloughlin, Lanka
Haouche Perren. Scorrendo le liste degli artisti partecipanti ad ogni
mostra, si evidenziano sostanzialmente gli stessi nomi, sia che si tratti di
esposizioni realizzate in Messico o negli Stati Uniti, sia in Europa. Diversi
di loro avevano preso precedentemente parte alla mostra *Frontera 450+*
presso lo Station Museum di Huston, in Texas tra il 2006 e il 2007.

Proprio Frontera 450+ è uno dei due progetti espositivi sul caso Juárez
che analizziamo di seguito, insieme a Proyecto Juárez. Quest'ultimo si
rivela particolarmente interessante per via della sua articolazione: un
lavoro distribuito nell'arco di anni, che comprende residenze sul territorio
e al quale hanno preso parte esclusivamente artisti di sesso maschile;
il primo invece è il primo progetto espositivo in ambito museale che
sviluppa il tema del femminicidio di Juárez.

Proyecto Juárez è un'iniziativa indipendente curata da Mariana David
che ha messo in relazione organizzazioni non governative, istituzioni
pubbliche e private e la società civile per la produzione di opere d'arte
riferite al contesto di Ciudad Juárez. Lo scopo del progetto è quello di
indagare, attraverso il processo artistico, le strutture di potere, i discorsi

Democracia, *Estado asesino / Libertad para los muertos*, 2010
Foto di Pablo Ramos

patriarcali e le forme di dominio e di discriminazione di questo luogo, esplorando il rapporto tra la costruzione della mascolinità, l'esercizio della violenza e le forme del potere verticale. Come si legge nel testo di presentazione del progetto, la scelta di lavorare solo con artisti di sesso maschile (Carlos Amorales, Gustavo Artigas, Artemio, Democrazia, Iván Edeza, Enrique Jezik, Ramón Mateos, Yoshua Okón, Antonio de la Rosa, Artur Żmijewski e Santiago Sierra, André Pahl, Jota Castro, Paco Cao) fu compiuta con l'obiettivo "di affrontare la mascolinità, intesa come condizione biologica e come costruzione culturale, un paesaggio storico e socio-politico in cui le strutture di potere patriarcali sono chiaramente leggibili a livello istituzionale e discorsivo". Gli artisti hanno indagato l'approccio al genere dal punto di vista maschile, affrontando la mascolinità come insieme di attributi tradizionalmente associati a questo ruolo[67]. Tra il 2005 e il 2007, i quattordici artisti di *Proyecto Juárez* condussero una residenza nella città di frontiera con lo scopo di intraprendere un percorso di ricerca e di contatto con autorità locali e con esperti, per sviluppare la propria proposta di lavoro. Nel 2010

fu presentata la mostra delle opere presso il Museo Carrillo Gil di Città del Messico e l'anno successivo al Matadero di Madrid. Mariana David precisa che *Proyecto Juárez* non voleva fare un ritratto della città, né intendeva sviluppare esclusivamente il tema della violenza di genere, descritta come la conseguenza estrema di un argomento più ampio, ma che "l'obiettivo era di vedere come nella città stava prendendo forma il lato oscuro della globalizzazione, i fallimenti, ancora una volta in questo Paese di tutte quelle promesse di progresso fatte con l'Accordo di libero scambio. Se la globalizzazione ci ha insegnato qualcosa, è che tutto è collegato, non possiamo pensare che la violenza che avviene a Ciudad Juárez sia una cosa isolata delle decisioni prese qui a livello politico o affaristico. Ci siamo interessati non solo a un tema come quello della violenza di genere, che è la punta dell'iceberg; a noi interessava anche un tema che appare in modo evidente a Juárez, e in questo senso la città è un modello. Si tratta di vedere come qui si concentra l'illusione del progresso e altre forme di violenza. Lavorare a Juárez per comprendere, da lì, ciò che ci sta accadendo con la globalizzazione"[68].

È possibile suddividere gli interventi realizzati dagli artisti in tre gruppi tematici: la denuncia del fenomeno del femminicidio e della violenza (Artemio, Democracia, Enrique Jezik, Antonio de la Rosa); l'esplorazione del contesto socio-economico (Yoshua Okón, Artur Żmijewski, Ramón Mateos e Iván Edeza); l'indagine delle aree di Juárez più degradate (Gustavo Artigas e Santiago Sierra). Un discorso a parte interessa il lavoro prodotto da Carlos Amorales (Città del Messico, 1970), che ideò il logo, disegnato nel 2006 con la collaborazione di André Pahl, che identifica il progetto, riprendendo la forma della croce e del distintivo della polizia.

Artemio (Città del Messico, 1976) in *Sin Título (ritratto di donne a Juárez*, 2009), intraprende un'azione simbolica di scavo e di trasporto di terra dalla città di confine alla capitale federale. Furono estratte 23 tonnellate di terra nel deserto di Chihuahua, l'equivalente del peso medio di tutti i corpi delle donne scomparse, presumibilmente morte e sotterrate nel deserto, l'anno in cui l'artista realizzò il lavoro[69]. L'installazione allestita successivamente nello spazio espositivo è composta dalla terra raccolta, addossata ad una parete, come a comporre una sorta di monumento contro il femminicidio, richiamando una sepoltura antica. Artemio si riferisce in particolare alle vittime che lavoravano nelle *maquiladoras*, dunque ai crimini e ai meccanismi del capitalismo.

Se l'opera di Artemio si formalizza in ambito museale, il collettivo Democracia colloca il proprio lavoro sulla violenza nello spazio urbano. L'azione del collettivo spagnolo consiste in un'affissione di manifesti distribuiti per l'intera Juárez con le frasi "Estado asesino" e "Libertad para los muertos". L'intervento pubblico coincise, in modo fortuito, con la visita a Juárez del presidente Felipe Calderón, recatosi in città per una riunione sulla sicurezza con l'ambasciatore americano. Questo incontro venne contestato dagli attivisti anti-violenza, che accusavano il governo di non aver messo in atto strategie per porre fine alla violenza contro i civili e ritrovare le persone scomparse. Inoltre, alcuni mesi dopo, in occasione della tappa juarense della "Caravana Contra la Violencia", tenutasi il 9 giugno 2011, il Comite de Resistencia Visual chiese al collettivo di fornire strumenti visivi per la marcia: furono concessi i manifesti realizzati per *Proyecto Juárez* e costituirono un segno visivo forte ripreso dalla stampa.

Sempre in riferimento al tema della violenza, Enrique Jezik (Cordoba, 1961) in *Asphalt Rundown*, citando il lavoro di Robert Smithson, fece rimuovere una parte di asfalto sostituendolo con resti organici; nella sua indagine sulla violenza contro le donne, Antonio de la Rosa (Madrid, 1970) nell'azione *2 tetas, 1 fracaso, cicatrices* si fece impiantare una protesi mammaria per confrontare la sua identità maschile ed esplorare i meccanismi che generano la violenza maschilista.

L'indagine socio-economica del contesto locale e globale appare particolarmente evocativa nel lavoro di Yoshua Okón (Città del Messico, 1970), *Canned Laughter* (2009), che consiste in un'installazione multimediale che si focalizza su Juárez come sede dell'industria *maquiladora* e sul suo ruolo nel contesto globale. L'installazione ricalca una fabbrica fittizia che produce risate in scatola per sit-com, prodotto fondamentale nell'industria dell'intrattenimento televisivo, da esportare negli Stati Uniti. Decine di ex-lavoratori delle *maquiladoras* vennero assunti dall'artista sia per il processo di ricerca (le *maquiladora* sono protette da alti livelli di segretezza ed è molto difficile sapere cosa accade all'interno) sia come attori. Durante la sua residenza in città, Okón affittò un capannone in disuso, dove registrò le diverse tipologie di risata (isterica, nervosa, malvagia, ecc.) degli ex lavoratori da lui assunti. I video e gli oggetti realizzati per l'installazione mostrano come i codici dell'immagine aziendale siano stati ripresi nei dettagli: le divise, il logo, i criteri di allestimento degli spazi di lavoro. Il pubblico è portato a riflettere

I manifesti dei Democracia, *Estado asesino* e *Libertad para los muertos*, impiegati nella "Caravana Contra la Violencia", tenutasi il 9 giugno 2011

Yoshua Okón, *Canned Laughter*, 2009

sui limiti del rapporto tra la spontaneità originaria dell'emozione e la logica seriale dei processi meccanizzati dell'industria contemporanea, nonché a interrogarsi sulla schiavitù nell'epoca della globalizzazione[70].

Il tema della *maquiladora* è al centro anche del lavoro di Artur Żmijewski (Varsavia, 1966), che in *Yolanda* (2007) riprese ventiquattro ore della vita quotidiana di una lavoratrice immigrata. Sempre sull'esplorazione del contesto socio-economico, nell'azione *Juárez Sound System III. Frontera México-Estados Unidos* (2009) Ramón Mateos (Madrid, 1968) ingaggiò un coro di volontari per cantare, guardando in direzione degli Stati Uniti, "Se me olvidó otra vez" di Juan Gabriel, richiamando la divisione sociale, economica, storica e culturale del confine, che genera confusione che favorisce l'impunità; Iván Edeza (Città del Messico, 1967) in *Especulación* (2009-2010) si occupò del tema della demolizione degli spazi identitari della città, con l'obiettivo di arrivare a una rigenerazione nella pianificazione urbana, proponendo una campagna pubblicitaria in uno stile simile a quello usato nei cartelloni che caratterizzano le persone scomparse.

Yoshua Okón, *Canned Laughter*, 2009

Completano *Proyecto Juárez* gli interventi che interessano quelle
aree più degradate della città. Se Gustavo Artigas (Città del Messico,
1970) con *Censo* (2010) indaga le aspirazioni e la realtà di diversi gruppi
di residenti di queste zone attraverso questionari compilati dagli abitanti
di alcuni dei quartieri più poveri, Santiago Sierra (Madrid, 1966) conduce
una denuncia a più livelli, attraverso un intervento simbolico, *Sumision
(Palabra de Fuego)*, nella zona di Anapra, punto di incontro tra gli stati di
Chiuhuahua, New Mesico e Texas. Anapra è nota per le aree di baraccopoli,
apparse anche in documentari quali *Señorita extraviada* di Loudes Portillo
(2001) e nella video-installazione *¿Cómo Salimos?* di Teresa Margolles
(2010). Con i suoi venti ettari, è uno dei più grandi insediamenti abitativi
irregolari di Ciudad Juárez. Gli abitanti lottano da lungo tempo per
ottenere servizi pubblici fondamentali come luce elettrica, acqua potabile,
pavimentazione pubblica, rete fognaria regolare e raccolta dei rifiuti
(l'immondizia viene bruciata a cielo aperto). La zona inoltre è divenuta
celebre per i continui ingressi di gruppi di polizia statunitense alla ricerca
di supposti delinquenti e per i casi di avvelenamento riscontrati nei

bambini, a causa del piombo prodotto dall'impresa di fusione American Smelting and Refining Company (Asarco), creata da Meyer Guggenheim. Come sottolinea Sierra, le autorità sanitarie di Juárez hanno registrato proprio in quest'area i numeri più alti di malformazioni, anencefalie e problemi respiratori. Infine, la fabbrica è situata ai piedi del Cerro del Cristo Negro, divenuto luogo di pellegrinaggio in seguito al ritrovamento di numerosi corpi di operaie[71]. Per tutti questi motivi, tra ottobre 2006 e marzo 2007, l'artista scavò qui circa 1500 metri cubi nel terreno per comporre la parola "sumision", ovvero sottomissione. Le lettere, realizzate con il font Helvetica e lunghe 15 metri ognuna, costituivano le pareti interne dello scavo, e avrebbero dovuto contenere del combustibile, così da dar forma, attraverso le fiamme, alla parola "sumision". Il lavoro, però, non è stato portato a termine a causa di un intervento governativo che ne ha interrotto la realizzazione.

Passiamo ora all'analisi di alcune delle opere esposte nella mostra *Frontera 450+*, curata da Rosalinda González presso lo Station Museum of Contemporary Art di Huston tra il 2006 e il 2007. La città di Huston si trova, come El Paso, nello Stato del Texas, ma più di mille chilometri la separano dalla frontiera El Paso/Juárez. Lo Station Museum si descrive come "un'istituzione attivista a sostegno di questioni della società civile così come degli artisti che si confrontano con contenuti ed espressioni sociali, politici, estetici, economici e/o spirituali". Le mostre organizzate riflettono sulla società, partendo dalla considerazione che l'arte gioca un ruolo fondamentale nel discorso sia creativo sia civile. Il museo promuove anche raccolte fondi per cause sociali, nella convinzione che l'azione sociale e l'arte, con forme e linguaggi diversi, possano insieme avviare un dialogo che incoraggi il pubblico a diventare attivamente consapevole delle vite degli altri.

Il titolo *Frontera 450+* allude al numero dei femminicidi di Juárez fino alla data della mostra, e venne scelto con l'intento specifico di portare all'attenzione del pubblico tale problema, attraverso le opere di diciasette artisti, nelle quali il presupposto di fondo è che le istituzioni e i governi statunitense e messicano non hanno mai agito per fermare

Santiago Sierra, *Sumision (Palabra de Fuego)*, intervento ad Anapra, Ciudad Juárez, ottobre 2006 - marzo 2007
Courtesy Prometeogallery Milano – Lucca

SUMISION

Bordamos Feminicidios, Bazar del Monu, Parco del Monumento a Benito Juárez, Ciudad Juárez. Foto di Carolina Rosas Heimpel

tali crimini. Nel testo introduttivo, il direttore del museo James Harithas si rivolge senza mezzi termini ai presidenti di Stati Uniti e Messico: "I would think that Mr. Bush and Mr. Fox would do something about these crimes, but their silence is deafening and their inaction as mysterious as their commitment to their respective peoples".

Gli artisti invitati a partecipare alla mostra provenivano principalmente da Messico e Stati Uniti. Ogni artista scelse di rapportarsi con un tema specifico connesso al problema del femminicidio: la misoginia nei confronti delle donne, la complicità tra poliziotti corrotti e narcotrafficanti, la latitanza e l'incompetenza nel gestire la situazione da parte dei governi messicano e statunitense, il ruolo delle *maquiladoras*. I mezzi utilizzati comprendono installazioni, video, fotografie, grafiche, sculture, documentazione di performance e processi partecipativi. Alice Driver suddivide i lavori in mostra in quattro categorie: opere che comprendono testimonianze o oggetti da Ciudad Juárez (Elia Arce,

Bordamos Feminicidios, Zócalo di Città del Messico, 15 gennaio 2012
Foto di Rotmi Enciso; Courtesy Producciones y Milagros Agrupación Feminista, Città del Messico

Teresa Margolles, Maya Goded, Carmen Montoya); opere che includono obiettivi educativi espliciti (Lise Björne Linnert, Susan Plum); opere che rappresentano l'orrore in generale o un argomento prossimo al tema del femminicidio (Arturo Rivera, Celia Álvarez Muñoz, Margarita Cabrera, Kaneem Smith, Sara Marinero, Angela Dillon, Luis Jimenez, Coco Fusco); e opere che si basano inconsciamente su stereotipi sessisti per rappresentare femminicidi (David Krueger, Teresa Serrano, Sharon Kopriva)[72]. Partendo da questa suddivisione, analizziamo le opere che fanno parte della prima e della seconda categoria, in quanto evidenziano una relazione stretta e dinamica con il contesto[73].

La mostra fu inaugurata e chiuse al pubblico con la performance *Recitation of the victims' namesand* (2006) di Elia Arce (Los Angeles, CA, 1961), in cui i nomi delle vittime di femminicidio furono recitati dai membri delle loro famiglie e dal pubblico, allo scopo di produrre un momento di memoria collettiva. Oltre alla partecipazione alla performance, le

Lise Björne Linnert, *Desconocida Unknown Ukjent*, 2006 – in corso
Foto di Barbara Hartmann

madri delle vittime presero parte a una discussione sul femminicidio, valutando positivamente lo spirito di solidarietà sotteso al lavoro e la loro partecipazione al processo. Come abbiamo già visto per la serie di foto di Mayra Martell e la performance di Lorena Wollfer, l'artista intende strappare all'anonimato le vittime di femminicidio, considerate nel discorso istituzionale alla stregua di numeri.

L'operazione di nominare una ad una le vittime è condotta anche da Lise Björne Linnert (Sandvika, Norvegia, 1964 – vive a Oslo), il cui lavoro, insieme a quello di Susan Plum, si basa su pratiche partecipative e collaborative, organizzando laboratori come parti integranti del processo artistico per promuovere la conoscenza del femminicidio. Il progetto di Lise Björne Linnert si fonda sul ricamo. Il lavoro di cura e memoria attraverso questa attività collettiva è anche al centro dall'iniziativa itinerante *Bordamos feminicidios*, nata nel marzo 2012, il cui scopo è richiamare l'attenzione sulla grave situazione di violenza di genere che regna nell'intera Repubblica federale. *Bordamos feminicidios* fa parte del

progetto *Bordamos por la paz*, in cui, negli spazi pubblici, viene ricamato in rosso il nome delle persone uccise, in verde quello delle scomparse; in *Bordamos feminicidios* i nomi delle vittime vengono invece ricamati con filo rosa e viola[74].

Il progetto di Lise Bjorne ha per titolo *Desconocida Unknown Ukjent* (2006 – in corso): tre parole che stanno per "sconosciuta" in lingua spagnola, inglese e norvegese. Il lavoro coinvolge la comunità del luogo in cui l'artista organizza il laboratorio. I partecipanti ricamano, con un filo di seta rosso su strisce di stoffa di cotone bianco, i nomi delle donne uccise a Ciudad Juárez e la parola "sconosciuta" nella propria lingua, per i corpi non identificati, mentre l'artista diffonde informazioni sul femminicidio, stabilendo una relazione tra la situazione globale e quella locale. La scelta dell'etichetta deriva dal fatto che diverse vittime lavoravano nei negozi di Juárez e le targhette all'interno dei loro cappotti sono state spesso utili ad identificarne i corpi in decomposizione. Al 2013, sono state ricamate 6.700 etichette da 4.700 persone in 450 gruppi sparsi per il mondo. I laboratori artistici si sono organizzati all'interno di case private, università e scuole in paesi quali Stati Uniti, Australia, Filippine, Pakistan, Turchia, Grecia, Spagna, Portogallo, Germania, Paesi Bassi, Francia, Regno Unito, Israele, in territorio palestinese, Svezia, Danimarca, Finlandia, Russia, Polonia e in diverse città della Norvegia, oltre al Messico. Il progetto è dunque basato sulla collaborazione di comunità che, nell'atto di condividere uno spazio per produrre il lavoro e confrontarsi sul tema, protestano contro l'assassinio continuo di Juárez e i crimini sulle donne nella propria realtà locale e nel mondo. Per *Frontera 450+* Lise Björne Linnert lavorò con le madri delle vittime di Juárez ricamando oltre 4.000 etichette che poi vennero installate su una parete del museo, componendo in codice Morse il testo dell'inno americano e messicano intrecciati: le etichette "sconosciuta" rappresentano i puntini, i nomi delle vittime i trattini. L'artista sottolinea l'importanza della traccia individuale che rimane attraverso il ricamo: "Cucire il nome della donna assassinata in un piccolo pezzo di stoffa è un atto fisico, che richiede tempo, è ripetitivo; un'esperienza intima. Si tratta di un atto di cura, di ricordo e di protesta. Chi ricama porta con sé un'identità di ogni nome, attraverso la traccia della scrittura a mano, punti e colori. La protesta viene portata avanti attraverso il formato del workshop". Bjorne fu invitata a partecipare alla mostra quando, dopo un periodo di residenza a Huston,

Susan Plum, *Luz y Solidaridad*, 2004-2006

tornò in Norvegia, pensando dunque a un lavoro in cui la distanza fisica fosse il punto di partenza per fornire il suo contributo: "Volevo trovare un modo per diffondere la consapevolezza circa l'orrore di Ciudad Juárez e contemporaneamente creare una sensazione di connessione. In sostanza, l'abuso e l'omicidio di donne riguarda tutti noi. È qualcosa che è accaduto e continua ad accadere globalmente"[75]. *Desconocida Unknown Ukjent*, come vedremo anche per *Zapatos Rojos* di Elina Chauvet, aspira dunque alla diffusione internazionale della consapevolezza del femminicidio di Juárez, costruendo comunità territoriali unite, a livello globale, nella lotta comune per l'eliminazione della violenza contro le donne in quanto donne.

Anche Susan Plum (Huston, 1944) cercò per il suo progetto collettivo *Luz y Solidaridad* (2004-2006) un confronto diretto con le *madres*. Con Marisela Ortiz, l'artista condivise l'idea di creare, attraverso una performance collettiva basata sull'azione dello spazzare, un momento rituale che avrebbe dato alle partecipanti un senso di *empowerment*. La scopa in diverse tradizioni è considerata uno strumento sacro per la pulizia o per la rimozione di energia negativa. La performance consiste in una pulizia sciamanica: l'artista invita i familiari delle vittime del femminicidio a unirsi alla performance, che dura un quarto d'ora, per creare un momento in cui la memoria si lega all'azione, dove l'atto di spazzare è inteso come pulizia sia in senso fisico sia metaforico. La performance-rito fu eseguita il 4 febbraio 2006 presso il Museo de la Ciudad de Querétaro. L'installazione che ne deriva, composta dalle scope che pendono dal soffitto del museo e da un video che documenta l'azione, fu successivamente esposta a *Frontera 450+* e in altri progetti espositivi.

Maya Goded, *Justicia para Nuestras Hijas*, 2004-2005

Anche il lavoro di Teresa Margolles nasce da una collaborazione con le famiglie delle vittime. L'installazione *Cimbra Framework* (2006) è il risultato di un "percorso necro-geografico" nelle aree marginali come per cercare prove della scena del crimine. L'artista trascorse diverse settimane a Juárez, andando a far visita alle famiglie e raccogliendo gli indumenti (546 in tutto), con tracce corporee, sudore e sporcizia delle giovani donne morte, abiti che avrebbero costituito il cuore dell'installazione. Come ricostruisce Alice Driver, l'idea iniziale dell'artista era di racchiudere gli abiti in una struttura in plexiglas da esporre nel museo, in modo tale che gli indumenti dessero vita a batteri e funghi. Successivamente decise invece di rivestirli di cemento, depositandoli poi in una cassa. I due uomini assunti dal museo per aiutare l'artista a realizzare l'installazione, gettando a casaccio i vestiti nel cemento in segno di protesta verso il compito che era stato loro assegnato, ritenendolo non di loro competenza ma dell'artista, resero il risultato ancora più espressivo, come se la violenza subita dalle vittime e le loro famiglie si fosse trasferita su quegli stessi abiti. Driver accosta la ricerca di Julia Monárrez Fragoso "The Victims of Ciudad Juárez Feminicide: Sexually Fetishized Commodities" a questo lavoro di Teresa Margolles[76]. Nel suo studio, Monárrez Fragoso analizza la memoria collettiva in termini di posizionamento geografico dei corpi delle vittime di femminicidio, evidenziando come esso si ponga ai margini di Juárez, negli spazi interstiziali, come i deserti. Il beneficio sessuale ed economico di questi corpi non finisce con la morte, bensì continua a essere presente nella feticizzazione di donne/oggetto di cui vengono lasciati i corpi nel deserto per lunghi periodi. Le riflessioni sulla vita e la dignità umana, pertanto, non sono al centro della città, ma si pongono ai suoi margini, nei lotti vuoti, nelle cave di sabbia, nel deserto dove sono stati gettati i corpi[77], riflessione che riporta ancora una volta alle considerazioni di Judith Butler sul lutto e la violenza.

È una sola l'artista in mostra strettamente legata a Ciudad Juárez per il suo vissuto personale in questa città: Carmen Montoya. Nell'installazione video *El aire me habla de ti* (2006), il rumore del vento del deserto di Juárez

Teresa Margolles, *Cimbra (Formwork)*, 2006

viene mandato in tempo reale, all'interno di una stanza del museo, mentre sono narrate le storie di centinaia di donne brutalmente uccise a Juárez. Contemporaneamente, su un monitor, scorre un video nel quale viene tracciato il percorso che una donna compie partendo da un quartiere della città fino a raggiungere il posto di lavoro; sul suo cammino incontra numerose croci rosa. L'artista ideò quest'opera ripensando alla sua giovinezza, quando si recava in visita alla nonna e, camminando con lei nel deserto, ascoltava la terra: "Credo che la terra abbia una sorta di coscienza, tutta sua. Testimonia tutte le esperienze umane. Si ricorda ciò nel suo suolo e lo proclama nel vento". La terra non dimentica gli eventi, non importa quanto piccoli, privati, brutali siano[78].

Concludiamo l'analisi di *Frontera 450+* con il lavoro dell'artista cubana Coco Fusco (New York, 1960)[79], *Dolores from 10 to 10* (2002) che, pur non realizzato sul caso specifico del femminicidio di Ciudad Juárez (fu prodotto a Tijuana, quattro anni prima rispetto a *Frontera 450+*), ben focalizza il tema della violenza nell'industria *maquiladora*. Nella video-installazione, l'artista presenta la sua interpretazione rispetto a ciò che le videocamere di sorveglianza di una *maquiladora* avrebbero potuto registrare. Nell'estate del 1993, durante un viaggio di ricerca a Tijuana, l'artista incontrò Delfina Rodriguez, operaia accusata dal suo datore di lavoro di aver cercato di dar vita a un'organizzazione sindacale all'interno della fabbrica. Per costringerla a rassegnare le dimissioni, il suo capo la rinchiuse in una stanza, lasciandola per dodici ore senza cibo né acqua, e privandola della possibilità di utilizzare servizi igienici e telefono. Alla fine, la costrinse a firmare una lettera di dimissioni. Una volta libera, Delfina denunciò il suo ex datore di lavoro per violazione dei diritti civili, ma lui si difese presentandola come una pazza. Non vi erano

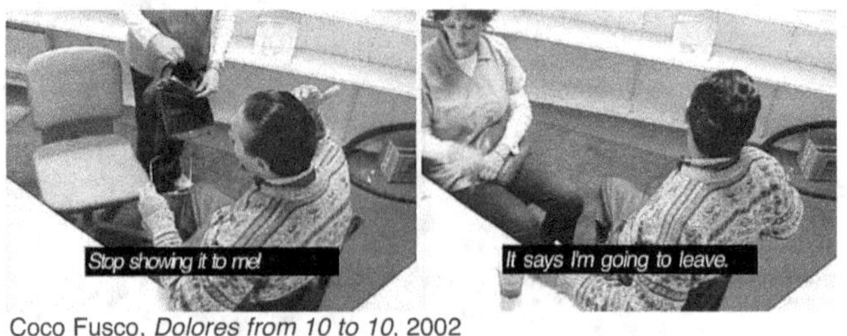

Coco Fusco, *Dolores from 10 to 10*, 2002

prove materiali delle accuse mosse dalla donna al suo capo; inoltre i suoi colleghi, frenati dalla paura di ritorsioni, non testimoniarono in suo favore. Delfina era convinta che nella *maquiladora* fossero installate telecamere di sorveglianza e che avessero registrato quanto le era successo durante la prigionia, ma nessuno indagò per accertarne l'esistenza. Partendo da questa storia, Coco Fusco produsse tre video che mostrano le immagini di ipotetiche videocamere di sorveglianza installate nella fabbrica. Nel filmato le didascalie sostituiscono il suono, visualizzando gli insulti verbali del capo verso la donna. L'abuso di potere esercitato in queste fabbriche è dunque al centro del lavoro di Fusco, che è riuscita a dare spessore alle parole della donna lasciata sola sia dal sistema giudiziario sia dai propri colleghi[80].

L'analisi di *Proyecto Juárez* e di *Frontera 450+* ha mostrato due linee e due diverse modalità di indagine rispetto alla realtà di Ciudad Juárez. Se nella prima ha prevalso un approccio di studio sul campo, con l'avvio di residenze artistiche nella città di frontiera e con tempi lunghi di realizzazione dei singoli progetti, nella seconda, che nasce come vero e proprio progetto espositivo, sono state raccolte numerose opere già realizzate e non necessariamente sul contesto specifico di Juárez. In ambo i casi, molti dei lavori presentati vanno al di là della semplice rappresentazione del fenomeno del femminicidio e pongono in primo piano tematiche che vi sono correlate: il lavoro, la ricattabilità delle donne, gli interessi economici, la violenza misogina, l'esorcizzazione della paura, il dolore, il lutto, la protesta, l'azione collettiva, la restituzione dell'identità. Nel complesso, entrambi i progetti mettono in luce l'articolazione delle problematiche che avvolgono il femminicidio di Juárez, connettendo il contesto locale con quello globale, stabilendo reti di solidarietà e strategie di *empowerment*, fornendo strumenti concreti per le manifestazioni di protesta, portando alla luce meccanismi perversi, dando forma all'indicibile e restituendo valore alla memoria delle vittime ricordate in quanto esseri umani e non come semplici numeri per quantificare l'entità di una strage.

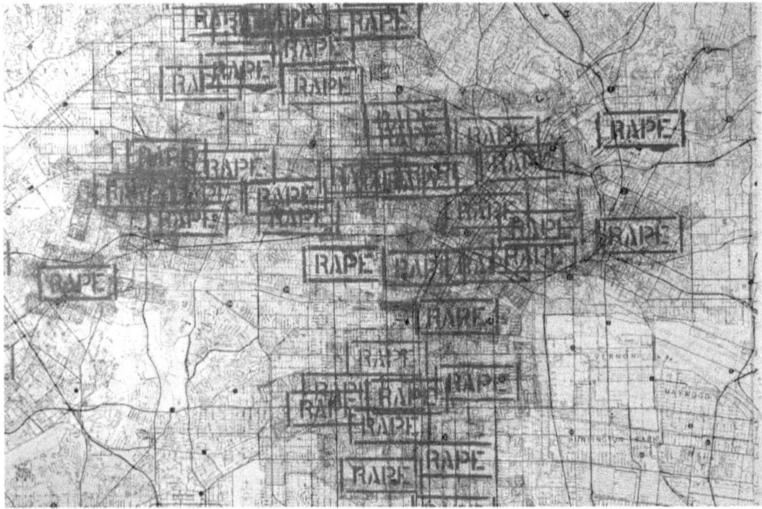

Suzanne Lacy e Leslie Labowitz, *Three Weeks in May*, Los Angeles, 1977

Condurre un'analisi sulla rappresentazione e la lotta al femminicidio di Ciudad Juárez non può prescindere dal considerare il momento temporale in cui i temi del trauma, dello stupro e della violenza contro la donna sono stati introdotti nell'arte.

Alla fine degli anni Sessanta e nei primi anni Settanta, grazie al movimento femminista, il cui slogan "il personale è politico" invitava a considerare la sfera privata come qualcosa di pubblico e politico, ebbe inizio il dibattito su questioni che riguardano le donne: la violenza sessuale, il femminicidio, il lavoro domestico, la divisione del lavoro, la sottomissione a un ideale di bellezza, i vincoli della maternità, il parto, la sessualità, la riduzione del corpo della donna a oggetto sessuale, la relazione di coppia e il rapporto con il proprio corpo. Tutti temi fino ad allora estranei al campo dell'arte, irrappresentabili, che presero forma nelle opere della prima generazione di artisti (quasi tutte donne) influenzata dal femminismo[81].

Il tema dello stupro e della violenza estrema contro la donna emerge con forza nell'arte femminista degli anni Settanta. Le artiste lavorano su esperienze fino ad allora ritenute private, rappresentandole come i segnali di meccanismi politici di più ampia portata. Denunciano attraverso le loro opere, in gran parte di tipo performativo, i soprusi fatti alle donne in quanto donne affinché se ne prenda coscienza, primo passaggio necessario per modificare lo stato di fatto. Peggy Phelan sostiene che "la fede nella reinterpretazione è rafforzata nella convinzione che il cambiamento è possibile; che il mondo intero può essere cambiato (...). Questo atteggiamento favorisce un senso di solidarietà femminile, soprattutto per quanto riguarda l'abuso e il dolore"[82]. La manifestazione più evidente della presa di coscienza femminile sono le performance politiche collettive che denunciano lo stupro e le altre forme di terrorismo sessuale verso le donne. La questione della violenza sessuale fu discussa primariamente nel 1972 nell'ambito del progetto *Womanhouse*, condotto da Judy Chicago e Miriam Schapiro, da cui emerse una forte necessità di creare una rete di sostegno alle donne vittime di abusi[83]. Successivamente, nell'ambito del Feminist Art Program, tenutosi al

Copertina del libro curato da Jill Radford e Diana E.H. Russell, *Femicide. The Politics of Woman Killing*, 1992. A destra: Suzanne Lacy e Leslie Labowitz, *In Mourning and in Rage*, Los Angeles, 1977

termine della mostra di *Womanhouse*, Judy Chicago, insieme all'artista Suzanne Lacy, continuò ad alimentare il dibattito sul tema dello stupro attraverso performance pubbliche; poi con Sandy Orgell e Aviva Rahmani, Chicago e Lacy analizzarono una serie di immagini di abusi, sottomissione e guarigione attraverso la performance terapeutica *Ablutions*, realizzata a Venice, California, nel giugno 1972. Nell'azione, una donna legata a una sedia, coperta interamente da un lenzuolo, viene colpita con uova, sangue e terra, mentre una voce fuori campo racconta casi di violenze sessuali inflitte alle donne. Alla fine della narrazione, una voce recita un testo di Arlene Raven sul tema della disperazione e dell'impotenza.

Estremamente rappresentative rispetto alla denuncia dello stupro e del femminicidio sono le performance realizzate nel corso degli anni da Suzanne Lacy (Wasco, 1945) e Ana Mendieta (Avana, 1948 – New York, 1985). Non a caso, sulla copertina del libro curato da Jill Radford e Diana E.H. Russell, *Femicide. The Politics of Woman Killing* (1992), in cui la criminologa statunitense fornisce la definizione di "femicide", figura una fotografia tratta dall'azione di Suzanne Lacy e Leslie Labowitz *In Mourning and in Rage*, che ebbe luogo a Los Angeles il 13 dicembre 1977. L'azione faceva parte di *Three Weeks in May*, tre settimane di performance che miravano alla presa di consapevolezza dello stupro come fenomeno sociale, organizzate da Ariadne: A Social Network, a Los Angeles, gruppo fondato da Lacy e Labowitz. Suzanne Lacy gestì una serie di attività ed eventi in tutta la città, coinvolgendo anche organizzazioni femministe e anti-violenza, sensibilizzando l'opinione pubblica circa la gravità del problema dello stupro. Tra queste, *In Mourning and in Rage* fu un'azione di sostegno all'attività dei funzionari degli enti locali e una protesta contro la copertura mediatica sensazionalistica di dieci stupri culminati in omicidio nella città di Los Angeles, per mano di un uomo che venne definito dai media lo "strangolatore di Hillside". I media diffusero informazioni sul fenomeno mettendo in primo piano il tema della paura e la vulnerabilità della donna. Ma lo fecero a scopo di lucro, cioè alla ricerca dell'audience, e non per dare spazio alle iniziative di sostegno, al dibattito aperto e ad altre strategie di difesa psicologica. La stampa locale indagò sulla vita passata delle vittime alla ricerca di difetti comportamentali per cui queste donne erano state scelte dall'assassino (inizialmente indicarono che erano tutte prostitute), rinsaldando così gli stereotipi sulla violenza sessuale[84]. Suzanne Lacy sostiene che così facendo i reporter crearono, come in una telenovela, storie del tipo "Cercava l'amore, trovò uno strangolatore": dove i fatti mancavano prevalse lo spettacolo. Fu trascurato, invece, il collegamento ovvio tra le vittime: si trattava di donne in una cultura sessuale violenta. La verità resa in chiave sensazionalistica e le falsità messe in campo da parte di polizia e reporter alimentarono l'isterismo collettivo, che suscitò un atteggiamento oppositivo delle artiste e delle attiviste. Suzanne Lacy descrive, infatti, *In Mourning and in Rage* come una risposta estetica e politica a tale situazione, in cui attraverso un rituale lei e Leslie Labowitz avrebbero espresso il dolore, la paura e la rabbia delle donne, e avrebbero "proiettato nei mass media un'analisi femminista. Il linguaggio dei grandi drammi e delle immagini intriganti, proprio dei media, sarebbe stato utilizzato per un intervento attivista nei telegiornali"[85]. La performance prese avvio dal Women Building di Los Angeles, da cui partì un corteo di ventidue auto con a bordo decine di donne che seguivano un carro funebre verso il City Hall. Arrivate a destinazione, davanti ai media, nove donne velate, una alla volta, rilasciarono dichiarazioni relative sia a quegli omicidi specifici sia, su scala più ampia, al problema sociale e politico della violenza contro le donne. La performance ebbe grande risonanza mediatica nazionale e le artiste cominciarono a prendere parte

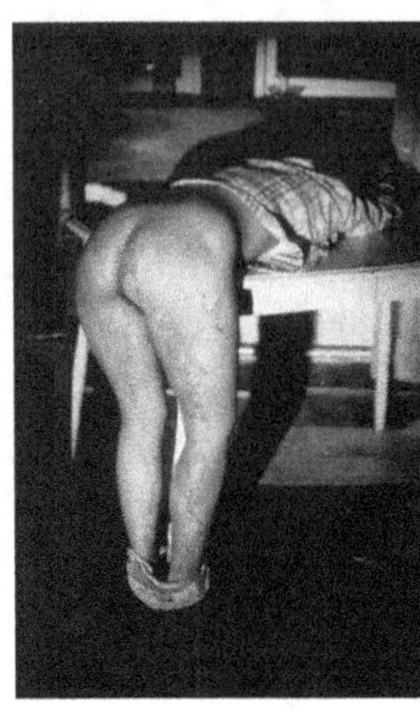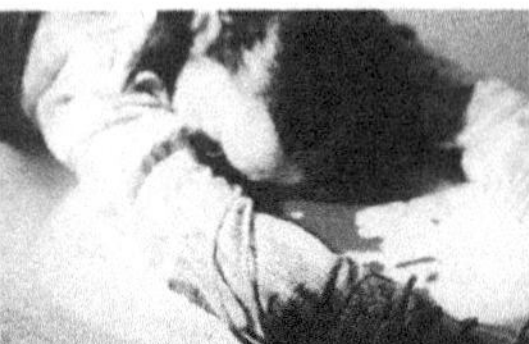

Ana Mendieta, *Rape Scene*, Iowa, 1973

a programmi televisivi per spiegare il proprio punto di vista e far cadere i pregiudizi sessuali che toglievano obiettività nel riportare le notizie sui crimini contro le donne. L'approccio militante messo in atto da Suzanne Lacy e Leslie Labowitz attraverso le performance aprì la strada al successivo attivismo di gruppi artistici.

Lo stupro e la violenza sulle donne sono al centro anche di gran parte dell'opera di Ana Mendieta. Nel suo lavoro, attraverso il tema della morte, l'artista sferra una dura critica all'ordine simbolico patriarcale, che genera violenza contro le donne. Come artista femminista, Mendieta nomina in modo diretto la violenza sessuale, la mette in scena per testimoniare ciò che è realmente accaduto, in modo da rompere il silenzio che avvolge tali crimini[86]. È quello che emerge con grande vigore nella performance *Rape Scene* (1973), che trae origine da un fatto realmente accaduto ad una sua studentessa sua coetanea della Iowa University, uccisa dopo essere stata stuprata. Mendieta invitò alcuni amici presso il suo studio, lasciò la porta aperta, così da spingerli ad entrare e ad osservare una scena che mostrava la crudezza di uno squallore reale: il suo corpo immobile, riverso sul tavolo; i pantaloni abbassati mostravano il sedere scoperto e le gambe sporche di sangue; il pavimento era ricoperto di mozziconi di sigarette e cocci. Mendieta ricostruì la scena descritta dai media con lo scopo di rendere visibile l'orrore e la violenza alla quale le donne sono sottoposte quotidianamente sia dal punto di vista fisico sia psicologico[87].

Il corpo violato, martoriato, immobile ricorre spesso nel lavoro dell'artista. In *Body Prints* (1974) Mendieta appare nuda, insanguinata, con il corpo coperto completamente da un telo che si impregna di sangue in alcuni punti. L'artista si mostra come un cadavere, richiamando le successive rappresentazioni di denuncia contro la violenza di genere sulle donne. Il lenzuolo macchiato, come lo utilizza nelle performance senza titolo effettuate nel 1974, si riferisce ad alcuni costumi tradizionali di una regione del Messico, dove la verginità e la consumazione del matrimonio viene stabilita esaminando il letto dopo la prima notte di nozze, evocando dunque riti e costumi misogini che attribuiscono alla verginità un valore sociale[88]. Quest'opera è stata descritta dalla critica d'arte e attivista Lucy Lippard come un "lavoro sullo stupro"[89].

Oltre ai temi dello stupro e del femminicidio, sono numerose le opere che, tra gli anni Sessanta e Settanta, hanno indagato le questioni del dolore e del trauma, temi tra i più frequenti della produzione artistica femminista. L'arte ha esplorato spesso le conseguenze della violenza fisica di cui sono oggetto le donne. La dinamica dell'aggressione passiva è posta al centro, ad esempio, sia in *Cut Piece* di Yoko Ono (1964) in cui, seduta sul palco, immobile, l'artista invita il pubblico a partecipare all'aggressione del suo corpo, tagliandole gli abiti che indossa; sia in *Rhythm 0* di Marina Abramović, realizzata dieci anni dopo presso lo Studio Morra a Napoli, dove l'artista, in piedi accanto a un tavolo, si offre al pubblico, che può fare sul suo corpo ciò che vuole utilizzando vari oggetti messi a disposizione (tra cui una pistola, un coltello, un paio di forbici). L'artista incarna la passività e mette in atto la provocazione per misurare il livello di violenza dei visitatori della galleria[90].

Yoko Ono, *Cut Piece*, 1964

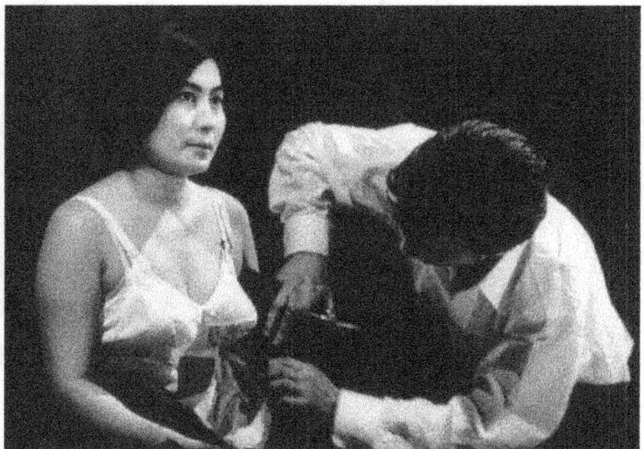

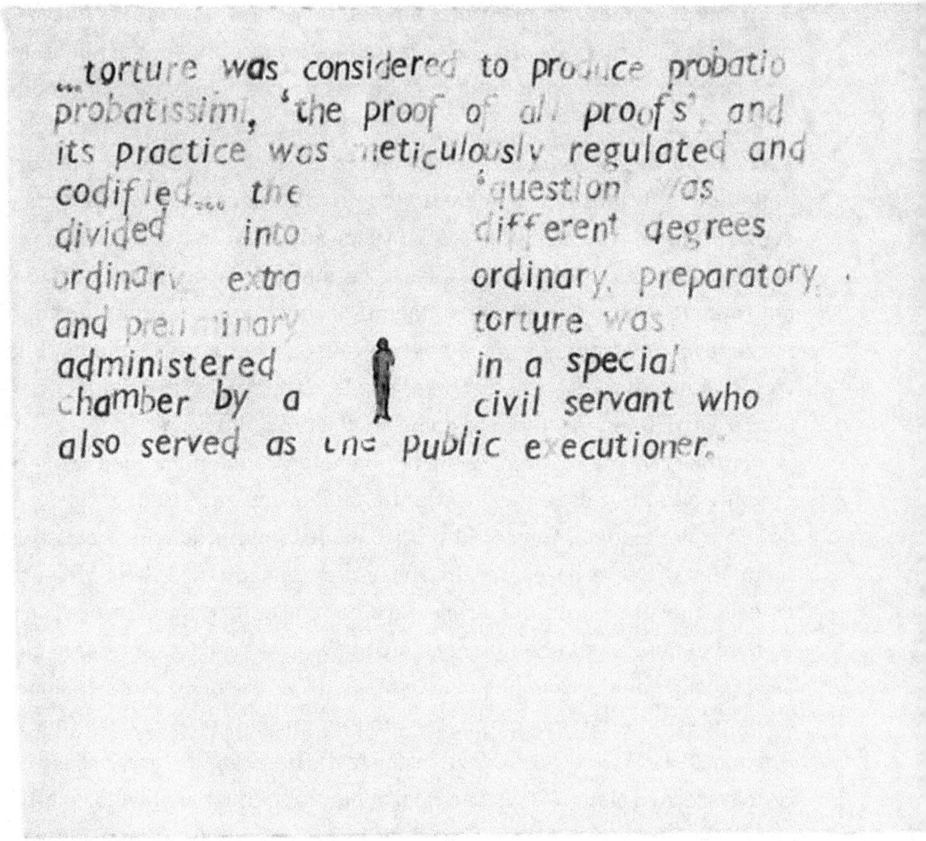

...torture was considered to produce probatio probatissimi, 'the proof of all proofs', and its practice was meticulously regulated and codified... the   'question was
divided   into   different degrees
ordinary extra   ordinary, preparatory
and preliminary   torture was
administered   in a special
chamber by a   civil servant who
also served as the public executioner.

Nancy Spero, *Torture of Women*, 1976

Gina Pane, a proposito della serie di tagli autoinflitti che trattano di torture fisiche e purificazione attraverso la sofferenza, dichiara: "Viviamo in continuo pericolo, sempre. Quindi [la mia body art esplora] un momento radicale, il [momento] più carico di tensione e meno distante dalla corporeità, il momento della ferita"[91].

Sempre negli anni Settanta, le artiste hanno indagato la violenza contro le donne causata da questioni di politica internazionale. *Torture of Women* (1976) di Nancy Spero richiama all'attenzione l'azione politica degli Stati Uniti in molti paesi dell'America Latina: l'artista usa frammenti di testo e frasi tratte dai rapporti di Amnesty International sulle torture

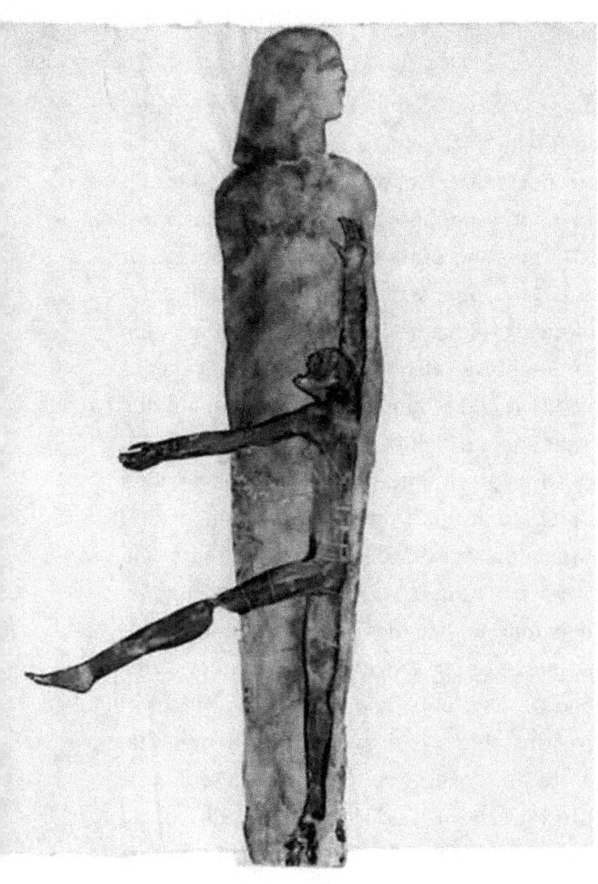

perpetrate nei confronti delle donne sotto i regimi totalitari, alternandovi figure immaginarie e mitologiche da lei realizzate, ispirate ad antiche divinità femminili, giustapposte ad effigi di paladine contemporanee dei diritti delle donne e di anonime vittime di violenza[92]. Nello stesso anno, in Italia, Stephanie Oursler presenta *Un album di violenza*, organizzato sul modello dei calendari pin-up, in cui associa ad ogni mese dell'anno la foto, tratta dalla stampa, di una donna violentata o uccisa, a cui accosta i relativi testi di cronaca nera. Ogni biografia si lega alla dimensione collettiva del genere, dove la violenza subita dalle donne è concepita come fenomeno sociale interclassista[93].

Il Guatemala e Regina José Galindo

La situazione di corruzione, narcotraffico, violenza e femminicidio del Guatemala è equiparabile a quella del Messico, con la differenza che è meno nota alla comunità internazionale. Secondo le Nazioni Unite, il Guatemala è, insieme a El Salvador, il paese con il maggior numero di vittime di femminicidio. Nel 2013 ne sono state contate 755, la maggior parte è stata stuprata e uccisa; le denunce di violenze sessuali sono state oltre 6.000, di cui il 50% circa si colloca tra i casi di abusi domestici. Nonostante dal 2008 nel Paese sia stata introdotta una legge avanzata sulla tutela della donna contro la violenza domestica e il femminicidio, molte donne continuano ad essere a rischio, in quanto il livello di impunità è estremamente alto ed è fortemente radicata la convinzione che una donna appartenga a un uomo. Negli ultimi anni le violenze sulle donne sono aumentate esponenzialmente, tanto che è stata creata una collaborazione interparlamentare tra deputate di Messico e Spagna, con l'obiettivo di coordinare azioni contro il femminicidio. Come a Ciudad Juárez, anche qui sono sorte organizzazioni in difesa dei diritti delle donne. Tra queste, la fondazione Sobrevivientes (sopravvissute), istituita nel 2003 da Norma Cruz con l'obiettivo di metter fine all'impunità, chiedendo un intervento concreto dei governi sui problemi delle donne. La fondazione collabora con le istituzioni giudiziarie e statali, con la cittadinanza, con una sinergia che l'ha resa una struttura unica in America Latina. Sobrevivientes attualmente condivide la propria esperienza di lavoro con associazioni di paesi come Messico, Colombia e Perù[94].

In Guatemala le donne sono vittime di aggressioni in ogni fascia d'età, il problema interessa casalinghe, operaie, commercianti, segretarie e prostitute, generalmente povere. Dopo essere state violentate, i loro corpi vengono abbandonati nelle discariche, in terreni desolati, avvolti in sacchetti di plastica, con mani e piedi legati con filo spinato, gettate da taxi in corsa. La colpevolizzazione delle vittime da parte delle forze dell'ordine è una costante. Per individuare l'origine di una violenza misogina così consistente bisogna fare un passo indietro alla guerra civile che tra il 1960 al 1996 devastò il paese, causando 150-160mila morti e 40-45mila *desaparecidos*. L'arco di tempo compreso tra il 1982 e il 1984, in cui fu presidente il generale Efraín Ríos Montt,

Regina José Galindo, *El dolor en un pañuelo*, 1999
Foto di Marvin Olivares; Courtesy l'artista e Prometogallery, Milano-Lucca

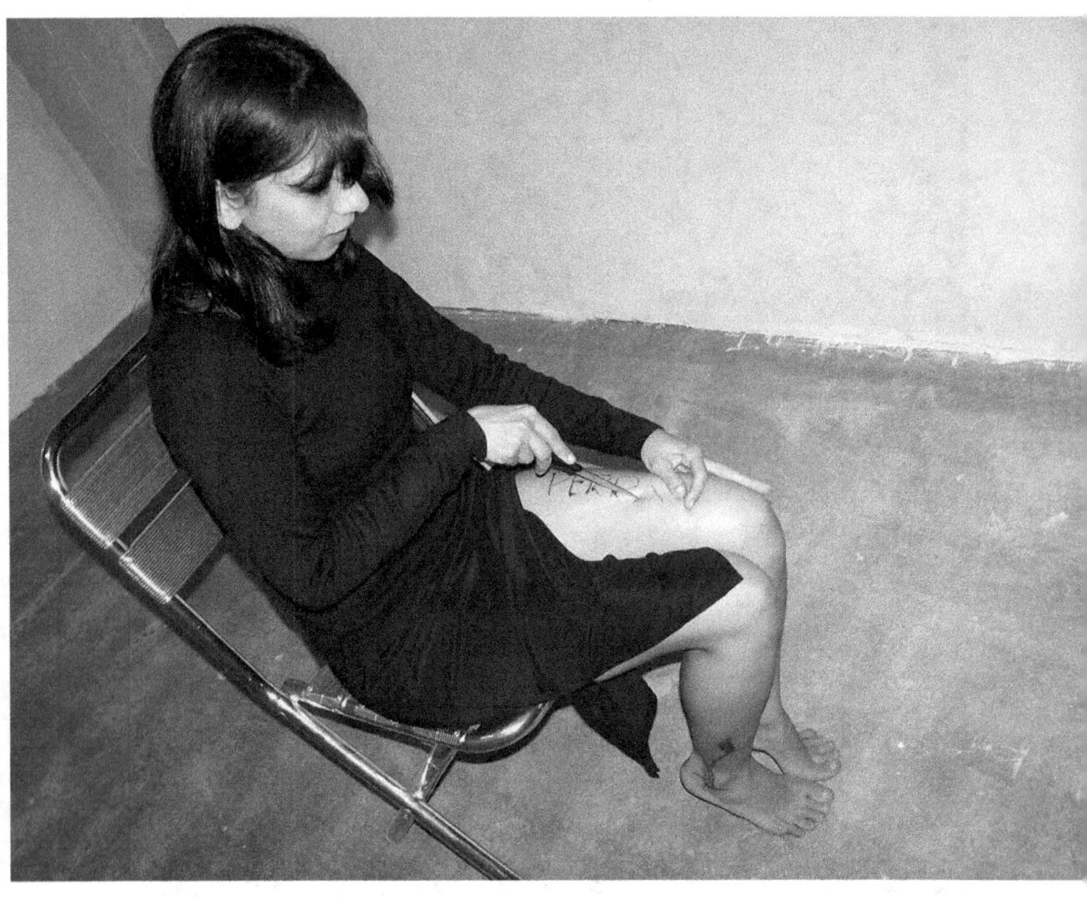

appoggiato da Washington, è passato alla storia come un periodo di repressione indiscriminata contro la popolazione civile, soprattutto indigena, che secondo il dittatore sosteneva i gruppi sovversivi di sinistra. La strategia della "terra bruciata" fu causa di deportazioni degli indigeni maya e spinse allo sfollamento di quasi un milione di persone verso il Messico e l'Honduras. Il genocidio subito dalle popolazioni indigene fu perpetrato dalle forze armate e dai gruppi paramilitari chiamati "squadroni della morte", addestrati a far uso di metodi sadici di repressione da militari degli Stati Uniti. Negli accordi di pace del 1996, l'ONU ordinò la riduzione e la riforma delle forze armate, con

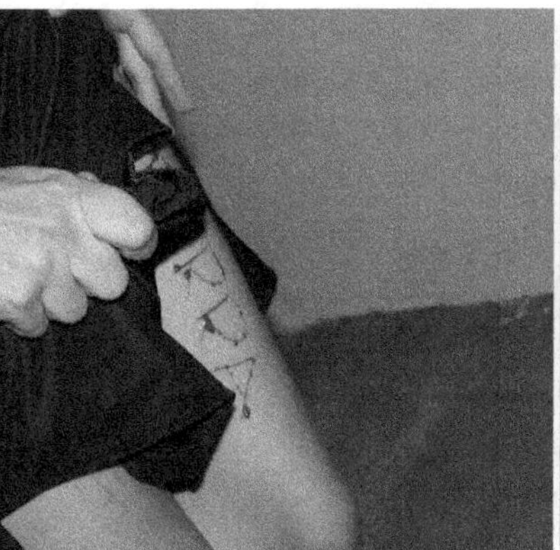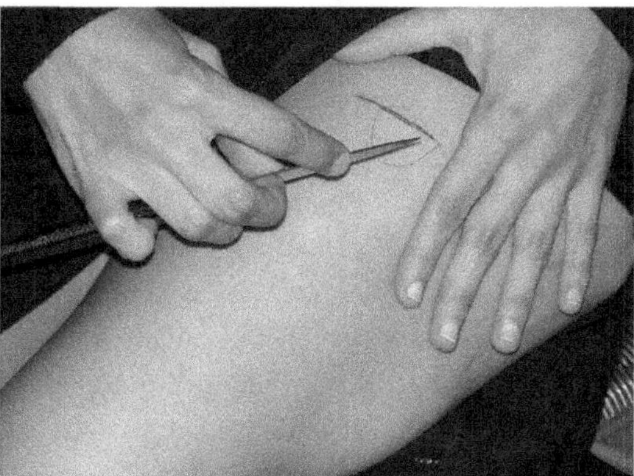

Regina José Galindo, *Perra*, 2005
Courtesy Prometogallery, Milano-Lucca

l'eliminazione dei paramilitari. Poiché essi non sono stati accompagnati alla vita civile, hanno finito per lavorare per organizzazioni di sicurezza clandestine, collegate al crimine organizzato, alla mafia e alle gang, e hanno commesso abusi sui corpi delle donne sempre con la stessa brutalità e crudezza, come quelli commessi durante la guerra civile[95].

Mentre sul caso di Ciudad Juárez artisti e gruppi di attivisti hanno diffuso la conoscenza del femminicidio al di là dei confini del Messico, coinvolgendo anche note personalità della cultura e celebrità, al contrario, in Guatemala ciò non è accaduto. Guatemalteca, però, è una delle artiste più rappresentative nel contesto internazionale rispetto al tema della violenza contro le donne in America Latina: Regina José Galindo. L'artista dà voce alle vittime del genocidio e del femminicidio nel suo paese. Abuso di autorità e morte sono elementi costanti nel suo lavoro. Attacca le strutture patriarcali dello Stato e denuncia la situazione delle donne attraverso pratiche performative legate al corpo; sviluppa un'attenta riflessione sui limiti e sulle nozioni di resistenza e pericolo, riprendendo le esperienze degli anni Sessanta e Settanta di Chris Burden, Marina Abramović e Ana Mendieta. Elemento costante nei lavori di Regina José Galindo è la presentazione di sé come vittima sacrificale: la violenza agisce direttamente sul suo corpo, che diventa simbolicamente il campo di battaglia per visualizzare la brutalità commessa sul corpo sociale in Guatemala. L'artista, quindi, mette in scena la denuncia e in questo modo ne fa un atto politico di resistenza; espone il suo corpo nudo e insanguinato, con lo scopo di trasferire su di sé gli effetti sociali degli orrori di cui il popolo guatemalteco è stato vittima[96].

I primi lavori di Regina José Galindo sulla violenza contro le donne risalgono al 1999: *El dolor en un pañuelo* e *Piel*, entrambi presentati alla 49ª Biennale di Venezia, *Platea dell'umanità*, curata da Harald Szeemann. In *El dolor en un pañuelo* l'artista è in piedi, crocifissa, bendata e il suo viso è immobile. Sul suo corpo vengono proiettati articoli di diversi quotidiani che riportano stupri e violenze subite dalle donne in Guatemala. In *Piel*, dopo essersi completamente rasata il corpo, l'artista cammina nuda per l'Arsenale e per le strade di Venezia. Si tratta di un'azione metaforica: privare dei capelli un individuo, specie una donna, è un tentativo per degradarla e spersonalizzarla[97].

Nell'azione *Golpes*, realizzata alla 51ª Biennale di Venezia (dove ha vinto il Leone d'Oro), il tema centrale è ancora la violenza subita dalle donne nel suo Paese: l'artista colpisce il proprio corpo con una frusta per duecentosessantanove volte, equivalente al numero di donne guatemalteche vittime di femminicidio quell'anno.

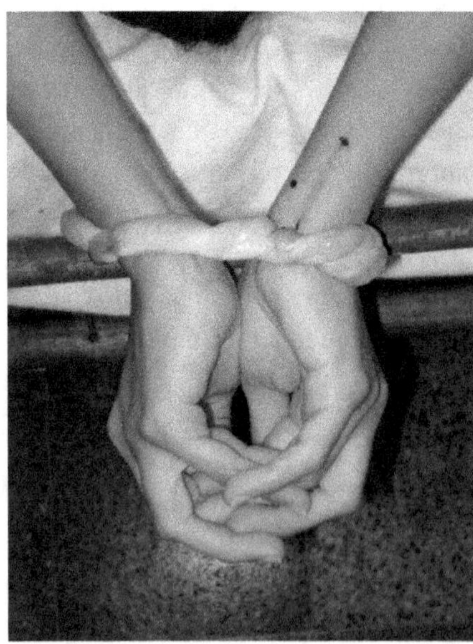

Regina José Galindo, *Mientras, ellos siguen libres*, 2007. Foto di David Pérez. Courtesy Prometogallery, Milano-Lucca

Come a Ciudad Juárez e in Messico, in Guatemala il traffico di droga, la criminalità e le bande utilizzano i cadaveri di donne violentate per intimidire il governo attraverso messaggi scritti. I messaggi più ripetuti sono "La pagaste perra", "Una perra menos" o "Muerte a las perras", incisi sulla pelle con un coltello o scritte con una penna[98]. Nell'azione *Perra*, realizzata alla Prometeogallery di Milano nel 2005, Regina José Galindo riprende questi messaggi: seduta su di una sedia, si incide sulla gamba l'insulto misogino "perra" (cagna), marchiandosi per sempre la carne. Lasciando questa parola sulla propria vittima, l'assassino fa sì che la polizia non dia nemmeno inizio alle indagini, in quanto la donna viene considerata appartenente all'ambiente del narcotraffico. L'artista, incidendosi lei stessa la parola "perra", come marchio indelebile, impedisce che possano farlo altri.

Galindo denuncia anche la violenza esercitata sulle donne dalle forze paramilitari durante il conflitto. Nella performance *Mientras, ellos siguen libres* (2007), l'artista mette in scena la violenza sessuale subita dalle donne indigene incinte, violenze che spesso condottussero all'aborto. Mentre si trovava all'ottavo mese di gravidanza, Galindo si sdraiò, nuda, su di un tavolo, con le gambe divaricate e la vagina in primo piano. Braccia e gambe furono legate al letto da cordoni ombelicali, allo stesso modo in cui le donne indigene gravide venivano legate, durante la guerra civile, per essere violentate. La performance vuol far emergere l'indifferenza dello Stato. I paramilitari, nella fase della politica di pulizia etnica e sociale voluta dalla dittatura, allo scopo di sterminare la popolazione maya e ladina, assassinarono o violentarono centinaia di donne in gravidanza, alle quali fu poi strappato l'utero per rimuovere il feto. Uccidere le donne o lasciarle sterili è stata una delle più atroci strategie di guerra utilizzate per generare un clima di terrore nella popolazione[99].

Come nel caso della artiste messicane, lavorare su temi che sfidano i poteri dominanti pone in situazioni rischiose. Consapevole della pericolosità in cui la mette il suo lavoro di denuncia, Regina José Galindo ribadisce nel corso di un'intervista condotta da Viviana Siviero: "Se ho paura, è la paura o il timore che sente qualsiasi guatemalteco, qualsiasi cosa faccia, che sia professore, commerciante o artista. È il timore di vivere in un paese senza giustizia, di vivere una situazione di costante tensione per quello che può succedere a sé o a qualche membro della propria famiglia"[100].

1. Segato Rita Laura, "Territorio, sovranità e crimini da secondo stato: la scrittura sul corpo delle donne assassinate", in Giletti Benso S. - Silvestrini L. (a cura di), *Ciudad Juárez. La violenza sulle donne in America Latina, l'impunità, la resistenza delle Madri*, Franco Angeli, Milano 2010.

2. Washington Valdes Diana, "La cultura del sacrificio", in ivi, p. 82.

3. Washington Valdes Diana, *Cosecha de mujeres. Safari en el desierto mexicano*, Océano, Barcellona 2005 (trad. inglese dell'autrice: *Harvest of Women: safari in Mexico, Peace at the Border*, Los Angeles 2006, pp. 237-238).

4. Il 25 maggio 2007, con la presentazione e la discussione in Messico del film *Bordertown*, Marisela Ortiz e altre componenti dell'associazione Nuestras Hijas de Regreso a Casa ricevettero minacce di morte dirette contro di loro e le proprie figlie, per averne supportato l'organizzazione. Amnesty International pochi giorni dopo lanciò un'"azione urgente" indirizzata al Governo federale e allo Stato di Chihuahua affinché fossero garantite misure di sicurezza a loro tutela. Vitale Negrin Angela - Carrino Simona, "America Centro-Meridionale: dove l'impunità trova casa. Le denunce di Amnesty International", in Giletti Benso S. - Silvestrini L. (a cura di), *Ciudad Juárez... cit.*, pp. 145-146.

5. Karnes A. (a cura di), *México Inside Out: Themes in Art Since 1990*, Catalogo della mostra, Modern Art Museum of Forth Worth, 15 settembre 2013 – 5 gennaio 2014, Forth Worth, Texas, 2013.

6. Ballester Buigues Irene, *El cuerpo abierto. Representaciones extremas de la mujer en el arte contemporaneo*, Ediciones Trea, Cenero-Gijón 2012, p. 243.

La performance di Suzanne Lacy e Leslie Labowitz *In Mourning and in Rage* è analizzata nelle pagine 144 e 145.

7. Taylor D. - Costantino R. (a cura di), *Holy Terrors: Latin American Women Perform*, Duke University Press, Durham – London 2003.

8. I lavori di Ana Mendieta, Yoko Ono e Marina Abramovic sono descritti alle pp. 143-156.

9. Ballester Buigues Irene, *El cuerpo abierto... cit.*, p. 244.

10. Teresa Margolles rappresentò il Padiglione Messico alla 53ª Biennale di Venezia (2009), per la cura di Cuauhtémoc Medina. I lavori, sul tema della violenza che affligge il Paese, erano esposti a Palazzo Rota Ivancich e una serie di interventi avvenivano nello spazio cittadino. Il titolo della mostra, *¿De qué otra cosa podríamos hablar? (What Else Could We Talk About?)*, voleva essere una critica alla politica e al capitale globale, responsabile dell'ondata di violenza in Messico.

11. Żmijewski Artur, "Foreword", in Żmijewski A. – Warsza J., *Forget Fear*, 7th Berlin Biennale For Contemporary Art, 27 aprile – 1 luglio 2012, KW Institute of Contemporary Art, Verlag der Buchhandlung Walther König, Köln 2012, p. 16.

12. Warsza Joanna, "Extreme nonviolence", in Żmijewski A.– Warsza J., *Forget Fear... cit.*, p. 39.

13. Weizman Eyal, "Cuando los testigos no pueden hablar, los edificios deben...", in AA.VV., *El Testigo. Teresa Margolles*, Catalogo della mostra, CA2M Centro de arte dos de Mayo Comunidad de Madrid, Madrid 2014, p. 96.

14. Ib.

15. Nel 1997, in *Praxis # 1*, Francis Alÿs spinse un blocco di ghiaccio per il centro storico di Città del Messico fino a quando non fu completamente sciolto.

16. Gardea Duarte Óscar, "PM / Conflicto e identidad", in AA.VV., *El Testigo... cit.*

17. Henríquez Tomás, "El retrato de tu ausencia", in Morales Vázquez José Alejando, *El retrato de tu ausencia*, Instituto Chihuahuense de la Cultura, Chihuahua 2015, p. 14.

18. Cfr. Vicente Aliaga Juan, *Orden fálico. Androcentrismo y violencia de género en las prácticas artísticas del siglo XX*, Akal, Madrid 2007.

19. Per *So far from God, too close from the US*, Jérôme Sessini ha ottenuto due volte il premio F-Award e una borsa del

Getty. Una delle note che il fotografo scrive in relazione al reportage evidenzia il tasso di violenza in città: "First stay in Ciudad Juárez: 70 killings this week." Sessini Jérôme, *The Wrong Side. Living on the Mexican Border*, Contrasto, Roma-Milano 2012, p. 146.

20. Staudt Kathleen, *Violence and Activism at the Border: Gender, Fear, and Everyday Life in Ciudad Juárez*, University of Texas Press, El Paso 2008.

21. Dandini Serena – Misiti Maura, *Ferite a morte. E se le vittime potessero parlare?*, Rizzoli, Milano 2013.

22. Aliaga Juan Vicente, *Orden fálico...* cit.

23. Driver Alice, *More or less dead. Feminicide, Haunting, and the Ethics of Representation in Mexico*, The University of Arizona Press, 2015.

24. Orquiz Martin, *'El Punto', un proyecto de primer mundo para Juárez*, in "El Diario.mx", 19 Marzo 2013.

25. Bourriaud Nicolas, *Esthétique relationnelle*, Les presses du réel, 1998 (trad. it: *Estetica relazionale*, Postmedia Books, Milano 2010, p. 15).

26. Doyle Kerry – Durán Barraza Gabriela, "Luchando, Rimando, Sachando, Pintando. Young Female Artists Collectives in Ciudad Juárez", in Rohrleitner M.- Ryan S.E. (a cura di), *Dialogues across Diasporas: Women Writers, Scholars, and Activists of Africana and Latina Descent in Conversation*, Lexington Books, Lanham 2015, pp. 223-235. In merito al "capitale sociale", le autrici citano: Robert Putnam, *Bowling Alone: The Collapse and Revival of American Community*, Simon & Shuster, New York 2000, pp. 323-324.

27. Driver Alice, *More or less dead...* cit.

28. Schmall Emily, *Juárez Chic? Fashion Companies Make Wrong Turn at the Border*, in "DailyFinance.com", 24 luglio 2010.

29. Staudt Kathleen – Méndez Zulma Y., *Courage, Resistance, and Women in Ciudad Juárez: Challenges to Militarization*, The University of Texas Press, El Paso 2015.

20. Peinetti Patrizia, "Diniego e percorsi della verità", in Giletti Benso S. –
Silvestrini L. (a cura di), *Ciudad Juárez...* cit.

31. Fregoso Rosa-Linda, *For the Women of Ciudad Juárez*, in "The Feminist Wire.com", 3 dicembre 2012.

32. Rodriguez Mauricio , *Víctimas abuchean a autoridades por inauguración de monumento en Juárez*, in "Proceso.com.mx", 7 novembre 2011; Ortiz Uribe Mónica, *Juárez Murder Victims Get A Memorial. Families Still Seek Justice*, in "Fronteras.org", 8 novembre 2011; Zamora Márquez Anaiz, *Reportaje - Aún sin cumplir, sentencia de Campo Algodonero*, in "Cimacnoticias.com.mx", 19 novembre 2013; *Inauguran memorial dedicado a las muertas de Juárez sin avals de familiares*, in "Excelsior.com.mx", 7 novembre 2011.

33. Ceniceros Ortiz Brenda Isela, *Visibilities about Juárez feminicide through art*, Ciudad Juárez, 4 febbraio 2016 (di prossima pubblicazione).

34. Il ruolo dei collettivi artistici, l'influenza che esercitano sulla città e l'ascendente che la città ha su di loro, l'analisi e il supporto delle relative pratiche artistiche e dei servizi resi alla comunità sono stati al centro di due conferenze tenutesi presso l'Instituto de Architectura, Disegno y Arte dell'Universidad Autonóma de Ciudad Juárez nel 2011 e 2012, alle quali hanno preso parte quarantacinque collettivi: *Conectarte 2011: Diez anos de colectivos y comunidad in Ciudad Juárez*, tenuto presso l'Instituto de Architectura, Disegno y Arte (IADA), dell'Universidad Autónoma de Ciudad Juárez (UACJ), 8-9 aprile 2011, e *Conectarte 2012: Arte en dialogo con la Ciudad*, presso il Colegio de la Frontera Norte, 20-21 aprile 2012. In questi momenti di confronto sono stati affrontati temi di notevole interesse: la rilettura della storia di Juárez e dell'intera regione da una prospettiva locale-glocal; la lotta per la città come espressione artistica e intellettuale; le tappe storiche che hanno fatto di Juárez la città delle *maquiladoras*; i momenti chiave del dibattito artistico e culturale dalla fine degli anni Ottanta per una "rinascita" della città. Entrambe le conferenze sono state promosse da

Kerry Doyle, da alcuni anni impegnata nell'esplorazione del potere e delle possibilità dell'arte nel contesto sociale violento.

35. Driver Alice, "Ciudad Juárez as a Palimpsest: Searching for Ecotestimonios", in Detwiler L. – Breckenridge J. (a cura di), *Pushing the Boundaries of Latin American Testimony: Meta-Morphoses and Migrations*, Palgrave Macmillan, New York 2012, pp. 181-183.

36. Dal 2010 l'artista irlandese Brian Maguire ritrae le vittime di femminicidio di Ciudad Juárez. Di ogni dipinto, ispirato alle fotografie fornite dalle famiglie delle vittime, Maguire esegue due copie: una che tiene con sé e una che dona ad ogni famiglia.

37. Intervista dell'autrice a Rayito Rocha, 10-14 febbraio 2016.

38. Vogel Wolf-Dieter, *Ciudad Juárez: El arte regresa al espacio público. Intervista a Carolina Rosas Heimpel*, in "Heinrich Böll Stiftung", 3 dicembre 2014.

39. Rosas Heimpel Carolina, *La reivindicación de la ciudad por el arte urbano: Ciudad Juárez, Chihuahua, México*, in "Arte y Ciudad - Revista de Investigación", n. 3, Aprile 2013, pp. 59-70.

40. Fong Ronquillo Yéffim, "El significado hestorico del monumento a Benito Juárez en la frontera", in AA.VV., *El Monu. Paseo por las memorias del parque*, Bazar Cultural del Monu, Ciudad Juárez 2015, p. 22.

41. Rosas Heimpel Carolina, *La reivindicación...* cit., p. 66.

42. Doyle Kerry – Durrán Barraza Gabriela, "Luchando, Rimando..." cit., pp. 223-235.

43. Driver Alice, *More or less dead...* cit.

44. Salazar Gutiérrez Salvador, *Estéticas disidentes en Ciudad Juárez: activismo político y biorresistencias más allá del Estado y del convencionalismo institucional*, in "Cuadernos Interculturales", Universidad de Playa Ancha, Chile, volume 1, n. 22, 2014, pp. 135-152.

45. Doyle Kerry – Durrán Barraza Gabriela, "Luchando, Rimando..." cit., pp. 223-235.

46. Composto da un edificio con auditorium e gallerie e laboratori per la produzione ed esposizione d'arte, tra il 2005 e il 2011 The Gerald Rubin Center for the Visual Arts ha organizzato più di sessanta mostre, per la maggior parte di ricerca, all'interno e all'esterno dei propri spazi, con un investimento per ogni singola mostra che va da cinquemila a quarantamila dollari. Pensato come un centro universitario, coinvolge gli studenti nell'organizzazione di progetti e mostre, nell'ottica di costituirsi quale luogo di discussione e apprendimento interdisciplinari. Il Centro comprende un project space, un auditorium, una galleria, e la Galleria Rubin. Bonansinga Kate, "Texas, Mexico, Bhutan, and the Origins of the Rubin", in Id., *Curating at the Edge: Artists Respond to the U.S./ Mexico Border*, University of Texas Press, El Paso 2014.

47. Lucy Lippard ha commentato molto positivamente l'attività del centro: "L'arte esposta al Rubin è più complessa e sperimentale di tante altre istituzioni con più prestigio e più mezzi a disposizione". E ancora, "Il programma del Rubin è notevole nelle sue sfide allo status quo e si lega costantemente a temi sociali e politici messi in luce dall'arte contemporanea innovatrice". Lippard Lucy, "Foreward", in Kate Bonansinga, *Curating at the Edge...* cit.

48. Ib.

49. Thompson Nato, "Living as Form", in Id. (a cura di), *Living as Form: Socially Engaged Art From 1991-2011*, Creative Time Books, New York – MIT Press, Cambridge 2012, p. 22.

50. Interviste dell'autrice a Pablo Hernández Batista, dicembre 2015 – febbraio 2016.

51. Sheren Ila Nichole, *Portable Borders: Performance Art and Politics on the U.S. Frontera Since 1984*, University of Texas Press, El Paso 2015, p. 118.

52. Ballester Buigues Irene, *From Empowerment. Extreme Pictures against the Globalizing Patriarchal Capitalism: Fight and Resistance versus*

Mexican Femicide and the Chicano beyond Border, in "Arte y políticas de identidad", Universidad de Murcia, vol. 3 (dicembre), 2010, pp. 41-58.

53. Coll Elizabeth, *Lorena Wolffer sasude a Nueva York con los casos del asesinadas en Jurez*, in "La Jornada. unam.mx", 7 aprile 2004.

54. L'artista ha realizzato la performance anche all'Instituto de México, Parigi; a "Currency", Nueva York; all'ANTI Festival, Kuopio; al Museo Universitario del Chopo, Città del Messico; al Museo de la Ciudad, Querétaro; a "Experimentica 02", Cardiff.

55. Martell Mayra, *Foto delle stanze delle donne scomparse di Ciudad Juárez*, in "Vice.com.it", 30 ottobre 2015.

56. Ib.

57. Morales Carrillo Alfonso, "On Aftertaste as Premonition: The Ciudad Juárez of Mayra Martell", in *Mayra Martell. Ciudad Juárez*, seltmann+soehne, Berlin/Lüdenscheid 2013.

58. Balleste Beigues Irene, "Diálogos artísticos de resistencia: España y América Latina en la denuncia del feminicidio", in Atencio G. (a cura di), *Feminicidio. El asesinado de mujeres por ser mujeres,* Editorial Catarata, Madrid 2015, pp. 194-213.

59. La mostra *Espectrografías: Memorias e Historia* comprende quindici opere che esplorano le tensioni tra memoria, storia e oblio e il loro rapporto con la storia politica, sociale, culturale e artistica del Messico. *Espectrografías: Memorias e Historia*, Catalogo della mostra, Museo Universitario Arte Contemporáneo, UNAM, Città del Messico, 1 dicembre 2010 - 27 marzo 2011.

60. Testo non pubblicato, inviatomi da Teresa Serrano.

61. *INDEX: Archiving the Edges of Violence*, mostra a cura di Alejandro Morales, con Francis Alÿs, Olga Guerra, Miguel A. Aragón, Gina Arizpe, Roberto Cárdenas, 9 ottobre – 19 dicembre 2014, Stanlee and Gerald Rubin Center for the Visual Arts, El Paso, Texas.

62. Conversazione dell'autrice con Olga Guerra, 22 febbraio 2016.

63. Gli utensili da cucina utilizzati in chiave simbolica erano stati impiegati da Martha Rosler nel video *Semiotics of the Kitchen* (1975): brandendo minacciosamente gli oggetti, l'artista si riferisce alla schiavitù domestica.

64. Sheren Ila Nichole, *Portable Borders...* cit., p. 118.

65. Bourriaud Nicolas, *Estetica relazionale...* cit., p. 15.

66. Gregory J. – Dean A. – Pellicia D., *Ni Una Más, Not One More: The Juárez Murders*, Curators Statement, Catalogo della mostra, The Leonard Pearlstein Gallery, Drexel University, Philadelphia 2010 (citato in Heiskanen Benita, *Ni Una Más, Not One More: Activist-Artistic Response to the Juárez Femicides*, in "JOMEC Journal Journalism, Media and Cultural Studies", n. 3, giugno 2013).

67. André Pahl, Jota Castro, Paco Cao non hanno realizzato il lavoro. Si veda il già citato Bourdieu Pierre, *La domination masculine*, Éditions du Seuil, 1998 (trad. it.: *Il dominio maschile*, Feltrinelli, Milano 1998-2014).

68. Sierra Sonia, *Proyecto Juárez exhibe la globalizacion*, in "El Universal.mx", 30 ottobre 2010.

69. MAADB – Mexican Art Database, Artemio, *450 mujeres asesinadas*.

70. de Benito Fernández Álvaro , *Proyecto Juárez*, in "Arte Al Dia", 24 novembre 2011.

71. de Vajay S. (a cura di), *Bridges & Borders*, JRP Ringier, Zurigo 2009.

Tra i temi che il documentario *Maquilas* (2004) di Isabella Sandri e Giuseppe M. Gaudino affronta, vi è il problema ambientale: il film conduce un'operazione di denuncia rispetto alla produzione di rifiuti tossici da parte delle *maquiladoras*, scarti che, invece di essere smaltiti, vengono seppelliti nel deserto, inquinano le falde e l'aria, causando un aumento vertiginoso di malformazioni nei feti e nei bambini.

72. Driver Alice, *More or less dead...* cit.

73. Il lavoro di Maya Goded, realizzato precedentemente alla mostra presso lo Station Museum, è descritto a pagina 112.

74. Intervista dell'autrice a Teresa Sordo, *Bordamos por la paz*, 22 dicembre 2015.

75. Sito Web di Lise Björne Linnert.

76. Monárrez Fragoso Julia, "The Victims of Ciudad Juárez Feminicide: Sexually Fetishized Commodities", in Fregoso R.L. – Bejarano C. (a cura di), *Terrorizing Women: Feminicide in the Américas,* Duke University Press, Durham 2010, pp. 59–69 (cit. in Driver Alice, *More or less dead...* cit., pp. 138-139).

77. Driver A., *More or less...* cit.

78. *Frontera 450+*, catalogo della mostra consultabile al sito Web dello Station Museum of Contemporary Art, Huston.

79. La video installazione *From 10 to 10* di Coco Fusco ha ottenuto una menzione speciale al Festival Transmediale di Berlino, 2004. Coco Fusco nel 1997, in relazione alla performance *Better Yet When Dead* , realizzata al YYZ Artspace di Toronto e all'International Arts Festival di Medellin, dichiarò: "Nonostante la straordinaria quantità di culti dedicati a sante e vergini, l'America Latina è ancora una terra in cui le donne non hanno il controllo del proprio corpo. Le donne latine conquistano il potere sull'investimento culturale collettivo fatto sul loro corpo quando muoiono in modo spettacolare, specie quando muoiono giovani. Voglio rappresentare questa estrema espressione di volontà femminile fingendomi morta – come altre donne". Sempre negli anni Novanta, con il saggio *English is Broken Here: Notes on Cultural Fusion in the Americas* (1995), Coco Fusco divenne nota per il suo contributo critico nel dimostrare (insieme a bell hooks, Mona Hatum, Lorna Simpson, Kimberlè Williams, Crenshaw, Valere Smith, Patricia Williams, Toni Morrison, Adrian Piper, Renée Green, Trinh T. Minh-ha e altre) come razzismo e sessismo fossero interconnessi.

80. Completano la mostra *Frontera 450+* i lavori di: Sara Maniero, *Grimase di mueca de Berenice* (1995), una serie fotografica sulla violenza in Venezuela sul tema dell'identificazione dei cadaveri attraverso i denti; Luis Jimenez, *Border Crossing* (2001), litografia di che rappresenta il passaggio della frontiera; Margarita Cabrera, *Maquila Factory* (2003-2005), un'installazione formata da una serie di accessori ed elettrodomestici avvolti da fili da cucito per richiamare l'attenzione sull'importanza dell'artigianato e del design contro la produzione in serie che crea ciò che caratterizza il nostro spazio domestico; Laura E. Rosales, autrice della fotografia *En El Olvido,* che ha per soggetto un teschio nel deserto (che rappresenta l'immagine simbolo della mostra); Angela Dillon con *El Arbol de la Vida* crea un disegno parietale dell'Albero della Vita, albero mitologico dei Nahual e del simbolismo cattolico, attraverso l'uso seriale di una croce rossa, come simbolo della morte e della resurrezione; Celia Alvarez Muñoz, con *Las Mordidas: The Power of Privilege* disegna sulla parete un simbolo attraverso una doppia colorazione della scrittura, che narra la vicenda di una lavoratrice di *maquiladora* che sopravvisse a una violenza sessuale brutale e identificò il suo aggressore, un conducente di autobus che la stava portando a casa, venendo in seguito citata in giudizio perché era minorenne quando andò lì a lavorare; Kaneem Smith in *Orden del Congreso Deceso* propone un'installazione composta da pezzi di tela incerati, disposti su un espositore, ponendo una riflessione sulla condizione umana e di rinnovamento spirituale; Sharon Kopriva con *Who are you?* presenta una scultura di un cadavere femminile scheletrico, accasciato nel deserto, con indosso un sacco con i colori della bandiera messicana; David Krueger in *Maria de la Arena Seca* realizza un'installazione con una scultura di donna-zombie grondante di vernice rosso sangue e con abiti strappati nell'atto di camminare sulla terra del deserto.

81. Solomon-Godeau Abigal, "Le belle arti del femminismo", in Gabriele Schor (a cura di), *Donna: avanguardia femminista negli anni '70. Dalla Sammlung Verbund di Vienna*, Catalogo della mostra, Roma, Galleria nazionale d'arte moderna, 19 febbraio – 16 maggio 2010, Electa, Milano 2010, p. 30.

82. Phelan Peggy, "Introduzione..." cit., p. 30.

83. *Womanhouse* fu la prima mostra d'arte femminista, uno spazio di installazioni e performance organizzato da Judy Chicago e Miriam Schapiro, co-fondatrici del California Institute of the Arts (CalArts) Femminist Art Program, che aprì al pubblico dal 30 gennaio al 28 febbraio 1972. Attraverso un metodo di insegnamento che si affidava alla cooperazione di gruppo, le studentesse si sedevano in cerchio per condividere i propri pensieri su un argomento scelto, con l'obiettivo di raggiungere un più alto livello di percezione di sé, superando alcuni problemi dell'essere donna, materiale che sarebbe poi stato utile per il proprio lavoro.

84. Kelley Jeff, "The Body Politics of Suzanne Lacy", in Nina Felshin (a cura di), *But is it Art? The Spirit of Art as Activism*, Bay Press, Seattle, Washington 1995, p. 239.

85. Lacy Suzanne, "In Mourning and in Rage (with Analysis Aforethought)", in Radford J. – Russell D.E.H. (a cura di), *Femicide. The Politics of Woman Killing*, Open University Press, Buckingham 1992, pp. 317-324.

86. Merewether Charles, "De la inscripción a la disolución: un ensayo sobre el consumo en la obra de Ana Mendieta", in *Ana Mendieta*, Centro Galego de Arte Contemporàneo, Santiago de Compostela, 1996, p. 92.

87. Schor Gabriele, "L'avanguardia femminista..." cit., pp. 14-21.

88. Aliaga Juan Vicente, *Orden fálico...* cit.

89. Lippard Lucy, *The Pains and Pleasures of Rebirth: Women's Body Art*, in "Art in America 64", 3 (maggio-giugno 1976), pp. 74-81 (citato da Charles Merewether, "De la inscription..." cit., nota 52, p. 129).

90. Mentre le ore trascorrevano, il pubblico utilizzava su Marina Abramović alcuni degli oggetti compresi nella lista, nella più totale impassibilità dell'artista. Diverse persone del pubblico fecero piccoli tagli e incisioni sui sui abiti, fino a ridurla in topless. La performance terminò quando un visitatore scelse tra gli oggetti a disposizione la pistola e fu fermato dallo scalpore del pubblico.

91. Pane G., Manganelli G., Vergine L. (a cura di), *Gina Pane, Partitions: Opere Multimedia 1984-1985*, Padiglione d'Arte Contemporanea, Milano, Mazzotta, Milano 1985, p. 50.

92. Reckitt Helena, "Opere", Id. (a cura di), *Arte e Femminismo...* cit., p. 71.

93. Perna Raffaella, *Arte, fotografia e femminismo in Italia negli anni Settanta*, Postmedia Books, Milano 2013, p. 30.

94. Mazzoleni Monica, *La lotta contro la violenza sulle donne è senza confini*, in "Sagarana. Rivista letteraria Trimestrale", n. 54, gennaio 2014.

95. Ballester Beigues Irene, "Diálogos artísticos..." cit.

96. Nel Capitolo 3 viene analizzata l'azione di Regina José Galindo *¿Quién puede borrar las huellas?* (2003).

97. Nel Medioevo si rasavano completamente le donne ritenute streghe per cercare il marchio che dimostrava il loro patto con il diavolo; durante la seconda guerra mondiale era una punizione inflitta alle prostitute o alle collaborazioniste in senso di spregio, e rasare i prigionieri nei campi di concentramento era una pratica comune. Viola Eugenio, "L'estetica sacrificale di Regina José Galindo. Un percorso tra le azioni italiane", in Sileo D. – Viola E. (a cura di), *Regina José Galindo. Estoy viva*, Catalogo della mostra, PAC Padiglione d'Arte Contemporanea, Milano, 25 marzo – 8 giugno 2014, Skira, Ginevra-Milano 2014.

98. Ballester Buigues Irene, "Diálogos artísticos..." cit.

99. Molte di queste donne, sopravvissute, sono state in seguito rifiutate dai loro mariti.

100. Regina José Galindo intervistata da Viviana Siviero, "Para que no recuerdes el día de mi muerte voy a suicidarme de noche", in Savorelli L. (a cura di), *Regina José Galindo*, Vanilla edizioni, Albissola Marina (SV) 2006, p. 31.

Elina Chauvet, *Zapatos Rojos* – Mazatlan, 15 settembre 2012
Foto di Louis Brito

Zapatos Rojos tra Ciudad Juárez e l'Italia

Zapatos Rojos, un'introduzione

"Zapatos rojos", in spagnolo. Scarpe rosse, in italiano. Un oggetto d'uso comune e un aggettivo che ne qualifica il colore. Eppure oggi le scarpe rosse non sono più semplicemente una cosa, come lo erano prima che un'artista messicana le utilizzasse per una singolare installazione in uno spazio pubblico: una marcia di scarpe rosse lungo una strada di Ciudad Juárez. Da allora, per migliaia di persone, non sarebbero più state solo scarpe di colore rosso.

Centinaia di calzature femminili rosse, disposte ordinatamente a tracciare una marcia nello spazio cittadino, sono alla base di *Zapatos Rojos*, progetto d'arte partecipativa contro il femminicidio. Realizzato a Ciudad Juárez nel 2009 dall'artista Elina Chauvet (Casas Grandes, Chiuhauha 1959 – vive a Mazatlan, Sinaloa), *Zapatos Rojos* veicola contenuti politici, è motore di aggregazione, di consapevolezza e azione culturale e sociale. Il progetto ha una dimensione locale, in quanto denuncia il sistema politico e giudiziario di Juárez in merito al fenomeno del femminicidio, e globale perché tratta il problema della violenza contro le donne, privo di confini geografici.

Fulcro di *Zapatos Rojos* è la sua natura processuale, che si basa sia sulla costruzione di una rete di solidarietà e di relazioni tra singole e singoli, soggetti pubblici e organizzazioni no profit che condividono la stessa lotta, sia sulla diffusione della conoscenza del femminicidio di

Juárez. Il progetto mira dunque a contribuire al cambiamento sociale attraverso un processo partecipativo sviluppato nello spazio pubblico, urbano e del Web. Ogni singola edizione viene realizzata su richiesta di soggetti diversi, che la organizzano nel luogo in cui risiedono. Lo sviluppo dell'opera comprende il coinvolgimento di amici e conoscenti attraverso il passaparola e i social network; ogni singolo partecipante, donando un paio di scarpe femminili, diviene un soggetto consapevole: entrare a far parte della rete presuppone la presa di coscienza del fenomeno del femminicidio di Juárez e l'unione in una battaglia culturale che non ha confini.

Le scarpe rosse che compongono l'installazione, fase finale del progetto, rappresentano le vittime della violenza subita, visualizzano un corteo di donne assenti e si fanno marcia silenziosa di protesta, che chiede verità e giustizia rievocando le marce delle "Madres de Juárez". Il corteo ridisegna l'estetica del luogo, il suo uso fisico e simbolico e le relazioni tra chi lo attraversa. Nelle diverse edizioni di *Zapatos Rojos*, l'installazione, pur rimanendo sostanzialmente simile a se stessa, muta alcuni particolari: lo spazio in cui viene realizzata e con esso il contesto, gli attori, il pubblico. È interessante osservare il tipo di diffusione che sta avendo nei diversi paesi, in particolare in Italia, dove si è vista una straordinaria propagazione del simbolo delle scarpe rosse come lotta al femminicidio.

La colorazione delle scarpe e la successiva posa a terra, il giorno dell'installazione, chiamano in causa il corpo del pubblico, dei singoli partecipanti, a cui vengono affidati due compiti: la simbolizzazione delle scarpe, che avviene all'atto della verniciatura (da oggetti d'uso comune divengono emblema di donne assenti), e la scelta del punto in cui collocarle nella marcia, che contribuisce a determinare l'immagine dell'opera nella sua estensione spaziale.

È doveroso sottolineare che, però, l'installazione è solo una parte del lavoro. *Zapatos Rojos* funziona come un'azione più che come un oggetto, sottolinea l'aspetto dell'agire in merito a una questione specifica: al centro è posto il processo di costruzione dell'opera e le motivazioni che sottendono l'agire stesso.

• • • Elina Chauvet e la nascita del progetto

Zapatos Rojos nasce nel momento in cui Elina Chauvet prende coscienza della grave situazione del femminicidio a Ciudad Juárez.

Originaria di Casas Grandes, città dello Stato di Chiuhahua che dista circa 280 chilometri da Juárez, l'artista si trasferì nella città di frontiera all'età di sedici anni per frequentare la Facoltà di Architettura presso l'Universidad Autónoma de Ciudad Juárez. Dopo la laurea, per alcuni anni rimase in città, dove lavorò in uno studio professionale. Nel 1990 lasciò Juárez per trasferirsi a Mazatlan, nello stato di Sinaloa, che dista ca. 1.300 chilometri. Negli anni successivi, Elina Chauvet diede seguito alla sua passione per l'arte frequentando workshop con artisti messicani e statunitensi, tra cui Luis Nishizawa, Roger Von Gunten, Leñero Alberto Castro, Jose Castro Leñero, Luis Felipe Ortega, Kerry Vander Meer e Marianna Dellekamp. La sua carriera artistica iniziò nel 1994, quando un suo dipinto a olio vinse il Primer Lugar en el IV Salón de la Muerte, un premio in denaro offerto dal Museo del Valle del Fuerte a Los Mochis di Sinaloa che le diede la possibilità di dedicarsi per un anno intero alla pittura. Il lavoro realizzato in quel periodo fu esposto nella prima mostra personale dell'artista, tenutasi nel 1996 presso la Casa de la Cultura di Los Mochis.

Elina Chauvet nelle sue opere affronta principalmente tematiche a sfondo politico e sociale che riguardano casi di donne scomparse o assassinate, problemi inerenti la violenza e la corruzione nella sfera politica, e aspetti legati al traffico di droga, servendosi di tecniche quali pittura, ceramica, grafica, installazioni, video, fotografia, ricamo, performance. Un cospicuo gruppo di opere riprende i *corridos*. A questo proposito, il Fondo di Stato per la Cultura e le Arti (FOECA, "Creadores con trayectoria", edizione 2010-2011) di Sinaloa, città in cui opera uno dei maggiori cartelli della droga messicani, offrì all'artista un contributo per un progetto destinato a una campagna per scoraggiare i giovani a lasciarsi coinvolgere nel traffico e nel consumo di droga. Chauvet realizzò la serie *Camelia la tejana y su dinastia monarca*, che si compone di otto dipinti che ritraggono immaginarie "regine" della droga di Sinaloa, ispirate a Camelia, personaggio di un *corrido* degli anni Settanta. Nell'opera, l'artista affronta la questione relativa all'aumento del numero di donne nelle attività illecite legate ai cartelli del narcotraffico (le "regine dello spaccio di droga"), nelle quali assumono diversi ruoli, compreso il comando.

I *corridos* hanno caratterizzato anche la mostra personale dell'artista *La neta de las netas*, realizzata nel 2009 presso la Casa de la Cultura, Antigua Estación de ferrocarril nell'ambito del Cuarto Festival Internacional Chihuahua a Nuevo Casas Grandes, Chihuahua. Il ciclo pittorico cita il titolo e i contenuti dell'omonimo pezzo del gruppo Los Tigres del Norte. I dipinti, realizzati tra il 2007 e il 2008, ripercorrono il folclore nazionale, cui fanno da sfondo il traffico di droga, la corruzione nella politica e problematiche sociali. L'artista riprende il genere musicale popolare dei *corridos* con l'intento di coinvolgere anche le persone che normalmente non frequentano gli spazi dell'arte, e di aprire, all'interno del museo, un dibattito su questioni che interessano la comunità[1].

Alcuni lavori pittorici presentati nell'ambito di mostre collettive hanno ottenuto borse e riconoscimenti, tra i quali le menzioni speciali all'ottava, nona e decima Bienal del Noroeste (2001-2003-2005) presso il Museo de Arte de Sinaloa, Culiacán e alla Primera Bienal de Artes Visuales del Noroeste Antonio López Sáenz, Mazatlan Sinaloa (2012), e la borsa ottenuta con il progetto *My and Myself* al Festival Burningman presso Black Rock City in Nevada, Usa (2005). *Zapatos Rojos* nacque proprio in seguito a due borse che nel 2009 portarono l'artista a soggiornare per un periodo di tempo a Ciudad Juárez, permettendole

Elina Chauvet, *La neta de las netas*, 2007-2008

di entrare in contatto diretto con la reale situazione della città, che le si rivelò ben diversa da quella che aveva appreso dai media. Le borse furono bandite dal governo della città di Juárez insieme ai governi statale e federale, per la creazione di laboratori artistici presso comunità di persone vulnerabili. I finanziamenti coprirono la conduzione di due laboratori: nel primo l'artista lavorò con i bambini e le loro madri per la realizzazione di sculture con piccoli materiali di scarto; nel secondo, organizzò un progetto di scultura con giovani street artist[2].

Durante la sua permanenza a Juárez, Elina Chauvet fu diretta testimone della violenza fuori controllo che si consuma nello spazio pubblico della città. Chauvet prese atto del drammatico fenomeno della sparizione delle giovani donne e del ritrovamento dei loro corpi nel deserto, individuando per le strade i segnali precisi che descrivevano la tragicità del problema: decine di cartelli sparsi segnalavano la scomparsa di giovani donne.

Elina Chauvet, allora, indignata da questa situazione, affrontò personalmente la questione stabilendo contatti con le famiglie che avevano denunciato la scomparsa delle proprie care, e avviando un confronto con le associazioni delle *madres*, che nel tempo sarebbe divenuto sempre più serrato. Decisa a portare il proprio contributo rispetto al problema del femminicidio e delle *desaparecidas*, l'artista pensò a un'opera pubblica che nascesse sia dalla rete di persone legate alle donne scomparse o uccise sia dal contributo di quanti si battevano contro la violenza sulle donne.

Elina Chauvet, *La neta de las netas*, 2007-2008

Elina Chauvet, *Zapatos Rojos* – Ciudad Juárez, Avenida Benito Juárez, 20 agosto 2009
Courtesy l'artista

Appare chiaro, a questo punto, che l'aver preso coscienza del femminicidio costituisca l'atto alla base della nascita di *Zapatos Rojos*, anche se sarebbe riduttivo individuarlo come unico fattore; c'è infatti un secondo elemento che ha contribuito allo sviluppo del progetto. A partire dagli anni Settanta la produzione artistica femminista intravide nel lutto che colpisce gli affetti familiari una fonte di ispirazione importante. Fu proprio un traumatico evento personale a spingere Elina Chauvet a realizzare il suo progetto[3]: l'assassinio della sorella nel 1992. In *Zapatos Rojos*, quindi, memoria individuale e memoria collettiva si fondono nell'opera. Il progetto, infatti, sebbene parta dai casi dalle ragazze uccise o scomparse a Juárez, al tempo stesso considera tutte le donne che nel mondo sono vittime di violenza, come la sorella dell'artista.

Il 20 agosto 2009 *Zapatos Rojos* vide per la prima volta la luce, a Ciudad Juárez. Erano trascorsi sedici anni dalle prime denunce di Ester Chávez Cano, ma la situazione del femminicidio non accennava a cambiare,

Elina Chauvet, *Zapatos Rojos* – Ciudad Juárez, Avenida Benito Juárez, 20 agosto 2009

così come non si placava la violenza perpetrata in ambito domestico. Attraverso il passaparola, Elina raccolse trentatré paia di scarpe e le compose in una marcia in Avenida Benito Juárez, strada del centro cittadino tristemente nota per il gran numero di sparizioni di donne. Da quel giorno di agosto è iniziato il lungo cammino di consapevolezza, solidarietà e denuncia di *Zapatos Rojos* attraverso il mondo.

• • • La dimensione partecipativa

L'interesse artistico per il sociale si è sviluppato con forza negli anni Novanta, mosso dal desiderio di rovesciare il rapporto tradizionale tra oggetto d'arte, artista e pubblico. L'artista si è fatto sempre meno costruttore di oggetti e sempre più produttore di situazioni. Nel primo decennio del nuovo secolo, l'incremento massiccio del numero di progetti d'arte socialmente impegnata è proceduto di pari passo con l'emergere dell'attivismo, condividendo tecniche e intenzioni con altri campi del sapere e incoraggiando la collaborazione e la partecipazione comunitaria[4].

Le dinamiche partecipative sono centrali per le pratiche artistiche che sfidano il potere, e comprendono discipline che spaziano dalla pianificazione urbana e dal lavoro di comunità, al teatro e alle arti visive, e ancora, dagli orti comunitari agli esperimenti di economia e istruzione alternativi. Anne Pasternak, presidente e direttrice artistica di Creative Time, annovera tra gli antecedenti il Dada Cabaret Voltaire, la nozione di scultura sociale di Joseph Beuys, gli happening di Allan Kaprow, gli interventi di Gordon Matta Clark, il teatro comunitario radicale degli anni Sessanta, i progetti d'arte pubblica community-based di artisti come Suzanne Lacy e Mierle Laderman Ukeles, i movimenti per i diritti civili[5].

Numerosi sono oggi gli artisti e i collettivi che realizzano un'arte socialmente impegnata che pone al centro la partecipazione, e molteplici sono le definizioni date a tali pratiche: social aesthetics, social practice, estetica relazionale, new genre public art, dialogic art, community art, connective aesthetics e altre ancora. Si tratta di forme di intervento che nello spazio cittadino rifuggono dalla logica e dagli intenti del monumento e della scultura urbana; interrogano lo spazio pubblico, considerato sede di conflitti, tensioni e domande, e incentivano la comunità a porsi in modo critico rispetto a diverse questioni sociali. I metodi partecipativi e collaborativi adottati dagli artisti fanno sì che la comunità divenga soggetto attivo e che prenda coscienza delle logiche cui è sottoposto lo spazio in cui vive. Questo non va considerato solo come spazio euclideo, elemento geografico, formale, misurabile, ma anche come dimensione storica, sociale, antropologica e politica; ovvero come il contesto in cui la comunità agisce. L'opera lavora dunque sulle

Tavolo di colorazione nel Cortile Maggiore di Palazzo Ducale, Genova, 25 novembre 2012

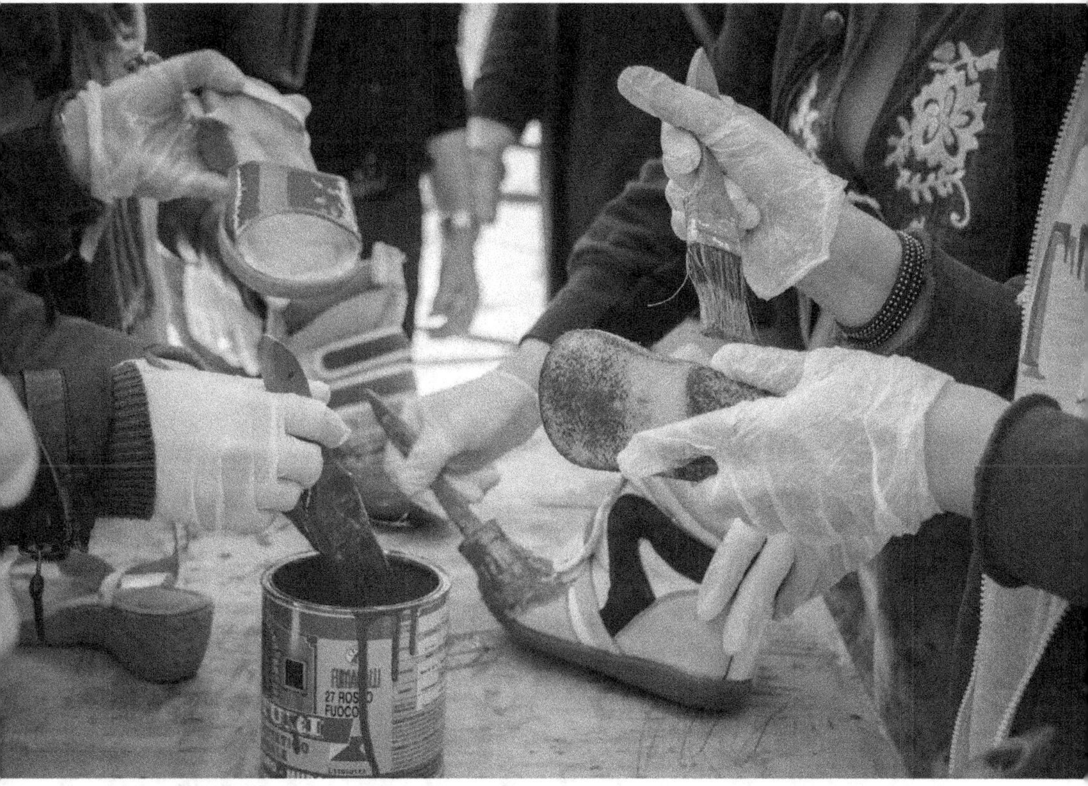

Tavolo di colorazione in Piazza Catuma, Andria (BAT), 12 aprile 2014
Foto di Laura Tota

qualità immateriali del luogo, inteso come campo in cui convergono relazioni; come uno spazio relazionale che vede l'artista attore sociale e il pubblico comunità partecipante.

La mostra che ha tradotto tali assunti, che ritroviamo alla base dei postulati di *Zapatos Rojos* come di tanti altri lavori d'arte partecipativa, è *Culture in Action* (Chicago, 1991-1993), curata da Mary Jane Jacob, che ha creato una rottura con il modello tradizionale di arte pubblica. Il progetto, strutturato su diverse strategie di collaborazione con le comunità, ha portato a lavori che corrispondono a ciò che Arlene Raven definisce "art in the public interest"[6], che Mary Jane Jacob descrive sia come "issue-specific" sia come "audience-specific"[7], e che Suzanne Lacy chiama "new genre public art"[8]. Un'arte, secondo Miwon Kwon,

Elina Chauvet, *Zapatos Rojos* – Genova, Cortile Maggiore di Palazzo Ducale, 25 novembre 2012

"attivista e comunitaria nello spirito, [che] incoraggia la costruzione di coalizioni comunitarie nel perseguimento della giustizia sociale e cerca di raccogliere una maggiore responsabilizzazione istituzionale degli artisti come agenti sociali"[9]. Questa tipologia di pratiche sposta il focus dall'artista al pubblico, dall'oggetto al processo; il pubblico non è più considerato solo come il destinatario del messaggio, ma anche agente stesso nell'opera, in quanto coinvolto direttamente nella realizzazione.

La questione relazionale, parte essenziale di *Zapatos Rojos*, è stata sviluppata dal critico francese Nicolas Bourriaud nel saggio *Esthétique relationnelle* (1998). L'autore analizza le pratiche relazionali che numerosi artisti, a partire dagli anni Novanta, avevano adottato per coinvolgere il pubblico non solo a livello emotivo, ma anche sul piano fisico, per stabilire un contatto tra i singoli individui, elaborando "modelli di partecipazione" e "momenti di convivialità costruita"[10]. Pertanto questo tipo di pratiche si fondano sulla sfera delle relazioni interpersonali: l'artista si prefigge di realizzare una dimensione estetica servendosi dei legami che il proprio lavoro chiama in gioco, di intrecciare rapporti con il pubblico e tra il pubblico, incentivando lo scambio e la comunicazione. L'artista progetta dunque comportamenti, facendo dell'opera un dispositivo che interagisce con il contesto e che può completarsi solo attraverso l'intervento del pubblico.

In *Zapatos Rojos* le dimensioni relazionale e politica convivono: la partecipazione e la collaborazione dei cittadini producono una domanda di interesse comunitario. In altri termini, l'opera funge da dispositivo di aggregazione tra persone, i singoli ricevono un valore personale per il loro essere attivi invece che passivi, creatori anziché consumatori. Clay Shyrky, nel saggio *Surplus cognitivo*, analizza le modalità con le quali le reti di relazioni tra gli individui e le nuove forme di comunicazione vengono impiegate nel tempo libero, definendo questo sistema integrato "contagio sociale" che un lavoro può generare e senza il quale esso è destinato ad esaurirsi: "Con il contagio (...) il loro lavoro può contribuire a indurre un cambiamento sociale anche tra gli sconosciuti. (...) La forza motrice è la capacità di gruppi più o meno coordinati, ma dotati di una cultura comune, di operare con un'efficienza maggiore rispetto ai singoli individui"[11]. Sulla base di queste considerazioni, possiamo affermare che la nozione di contagio sociale applicata a *Zapatos Rojos* fornisce la chiave di lettura dell'intero progetto: le reti di relazioni che costruisce sono fondamentali per permettere al lavoro di esistere e di esprimere la sua carica politica. I partecipanti si assumono una responsabilità di tipo comunitario, oltre che estetico; chi vi prende parte mira a modificare lo status quo. Si tratta di una forma d'arte che si fa azione, che agisce nella realtà e mira a riparare il legame sociale attraverso piccoli passi.

Le tappe che precedono l'installazione delle scarpe rosse nello spazio urbano consistono nella costruzione di reti di relazioni di vario tipo e livello, che si instaurano tra artista e attivatori, partecipanti, collaboratori, pubblico. Ogni tipologia di soggetto gode dell'opera, seppur in modo diverso. Claire Bishop, parlando di arte partecipativa, distingue i fruitori in due categorie: partecipanti diretti, ovvero "comunità temporanea", chi prende parte alla costruzione dell'opera; pubblico secondario, o "pubblico esterno", le persone che ne fruiscono[12]. L'arte partecipativa comunica a entrambi i livelli: ai partecipanti e al pubblico. La comunicazione, affinché possa raggiungere il secondo livello, "richiede un terzo termine mediatore (un oggetto, immagine, storia, cinema anche uno spettacolo) che permette che questa esperienza abbia una presa sul pubblico immaginario"[13]. In *Zapatos Rojos*, tale oggetto è propriamente l'installazione. La marcia di scarpe rosse è data per essere vista. La sua forza iconica è capace di coinvolgere il pubblico nel momento in cui si manifesta come installazione e stimola la sua ri-creazione in nuovi luoghi e con nuove comunità. La vitalità della sua forma deriva dal legame che instaura con lo spazio e con la cittadinanza, sia essa parte della comunità temporanea, che partecipa alla sua costruzione, oppure pubblico esterno. Entrambe le tipologie di partecipanti godono dell'installazione e ne fanno parte.

Sulla relazione che si instaura in generale tra un'installazione e il pubblico, Boris Groys afferma che l'installazione, come forma artistica, costruisce una comunità di spettatori "giusto in virtù del carattere olistico e unificante dello spazio che occupa. A visitarla infatti non è un soggetto isolato ma un collettivo di individui, poiché solo la massa o, se si preferisce, la folla dei visitatori può concepirla come spazio d'arte. In questo modo la folla diventa parte dell'esibizione per ogni visitatore e viceversa"[14]. Così in *Zapatos Rojos* ogni tipologia di pubblico, oltre a fruire della fase installativa del progetto, diviene esso stesso parte dell'opera per il solo fatto di frequentarla.

Elina Chauvet, *Zapatos Rojos* – Lecce, Piazza Duomo, 3 febbraio 2013
Foto di Anna Maria Cherubini

La comunità temporanea rimane comunque l'elemento principe del progetto perché è il gruppo che, autodeterminandosi in ogni singola edizione e vivendo attivamente l'esperienza estetica nell'affrontare una domanda sociale, costruisce l'opera stessa. Attivazione, costruzione della comunità temporanea, donazione e verniciatura delle scarpe nonché installazione sono i momenti che la compongono.

La prima fase, dell'attivazione, prevede che uno o più soggetti, siano essi persone fisiche o giuridiche, richiedano all'artista di organizzare il progetto nel territorio in cui risiedono. Possiamo pertanto definirli come il soggetto attivatore al quale l'artista o un suo delegato, in genere attraverso Facebook o e-mail, fornisce le informazioni utili a contestualizzare *Zapatos Rojos* e le specifiche per realizzarlo.

La seconda fase consiste nella costruzione della comunità temporanea da parte del soggetto attivatore: i potenziali partecipanti – associazioni, scuole, università, centri anti-violenza, istituzioni, singole e singoli –, coinvolti attraverso il passaparola e i social network, vengono messi al corrente del femminicidio della città di frontiera e del significato del progetto. Accade di frequente che la comunità temporanea costituisca gruppi chiusi su Facebook, con lo scopo di coordinare al meglio l'organizzazione, community e i cosiddetti "eventi" per diffondere pubblicamente la comunicazione del progetto. Gli attivatori possono personalizzare la comunicazione, creare loghi degli eventi e usare fotografie a tema: *Zapatos Rojos* consente certi margini di azione creativa. La piattaforma Web diventa uno strumento utile anche per condividere articoli, studi, segnalazioni in merito al femminicidio di Juárez e in riferimento al territorio dei partecipanti. In particolare, nel caso dell'edizione realizzata a Reggio Calabria nel 2014, coordinata dalla storica dell'arte Serena Carbone, grazie a *Zapatos Rojos* si è costituito un tavolo territoriale di lavoro che riuniva numerosi soggetti, decisi a raccorda nell'azione di contrasto alla violenza contro le donne anche a progetto artistico terminato[15].

La terza fase si scandisce in due momenti. Il primo può essere definito della "donazione": è a questo punto che i membri della comunità costituita donano un paio di scarpe femminili. Chiunque può prendere parte alla rete e regalare un paio di scarpe che entreranno a far parte della marcia. Le calzature non devono essere necessariamente rosse, potranno essere dipinte successivamente. L'attività di verniciatura, secondo momento della terza fase, praticata dal gruppo, corrisponde alla simbolizzazione dell'oggetto e genera momenti di condivisione di storie, memorie personali e collettive: anche in questo passaggio, dunque, il processo artistico si costituisce in una "agorà", in cui si discute di problemi di ordine sociale, politico e personale. Una volta ultimato l'atto di simbolizzazione, le scarpe sono pronte per essere portate nello spazio urbano preventivamente scelto.

Siamo giunti all'ultima fase: l'installazione. Le scarpe dipinte nei giorni precedenti vengono disposte a terra, in una configurazione che assume l'immagine di una marcia. Alle calzature già sistemate nello spazio, se ne affiancheranno ulteriori, portate da coloro che vorranno unirsi alla marcia. In quella stessa giornata saranno dipinte sul posto le nuove scarpe donate, e anche in questo caso l'attività predisporrà al confronto.

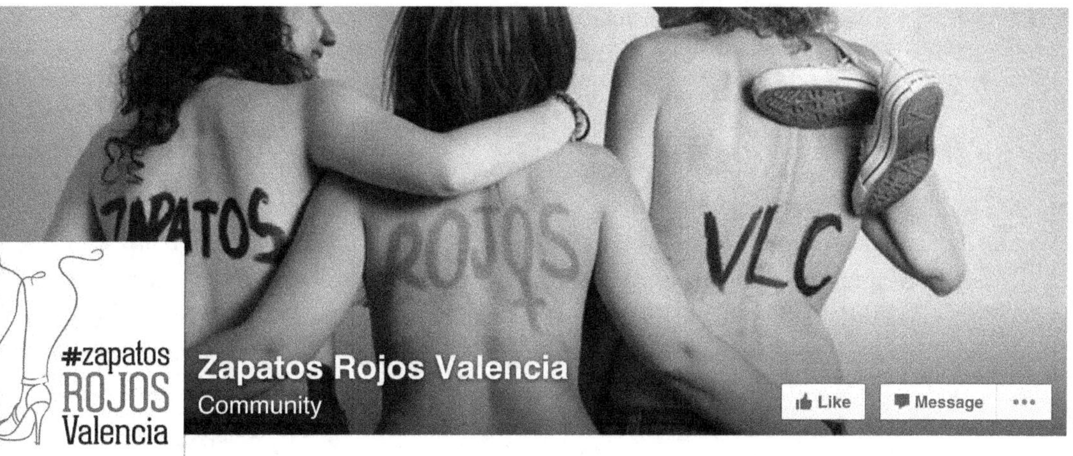

Logo e personalizzazione della comunità Facebook di *Zapatos Rojos* – Valencia
In basso: Logo della comunità Facebook di *Zapatos Rojos* – Malaga

L'estetica dell'installazione dipenderà dalla partecipazione e collaborazione della comunità temporanea e del pubblico: maggiore sarà la condivisione, più forte risulterà l'impatto estetico della marcia, che visualizzerà la rete costituitasi nelle fasi precedenti. La scelta del punto in cui collocare, nello spazio della marcia, il proprio paio di scarpe è libera e individuale. Ognuno potrà camminarvi accanto, attraversarla, percorrerla con il corpo, avanti e indietro, indugiare, fotografare, sedervisi nel mezzo. Non vi sono divieti, sarà possibile deporre oggetti, messaggi, immagini. Il singolo partecipante si inserisce, così, in un coro di voci senza distinzione né di genere, né di provenienza, né di stato sociale. Sarebbe un errore ritenere che la partecipazione al progetto sia rivolta alle sole donne: chiunque è invitato a prendervi parte, in ogni sua fase[16].

Anche in *Zapatos Rojos*, come in *Desconocida Unknown Ukjent* di Lise Björne Linnert, analizzato nel Capitolo 2, il format fissato dall'artista viene attivato di volta in volta da soggetti differenti. In entrambe le opere viene chiamato in causa il corpo del singolo, che in questa prospettiva si eleva a corpo collettivo, e che rappresenta l'elemento da cui dipenderà la forma dell'installazione. Con le proprie mani, ognuno, nell'atto del dipingere le scarpe o del ricamare le etichette, fa propria quell'esperienza e il messaggio ad essa sotteso, e sarà in grado di interiorizzarne il valore ad un livello profondo. In altre parole, la marcia diventerà la sua marcia.

Secondo la linea interpretativa proposta, *Zapatos Rojos* ha adottato un modello di partecipazione che Miwon Kwon ha codificato, riferendosi alla mostra *Culture in Action* di Chicago, come "Invented Communities (Temporary)", ossia un gruppo di comunità o un'organizzazione che si è costituita e resa operativa attraverso il coordinamento dell'opera d'arte stessa. Questo modello partecipativo vede generare il gruppo di comunità intorno a una serie di attività collettive e/o eventi comuni definiti dall'artista. In particolare, nel lavoro di Daniel Martinez realizzato nell'ambito di *Culture in Action*, che consiste in una sfilata multietnica attraverso l'area di Maxwell Street e in una installazione, l'artista aveva il ruolo di direttore artistico, e aveva affidato ad altri alcuni compiti logistici e creativi[17]. La delega degli aspetti logistici, ma non di quelli creativi, è presente anche nel lavoro *Full Circe* realizzato da Suzanne Lacy aveva realizzato nell'ambito della stessa mostra, che esemplifica il modello che Kwon definisce "Community of Mythic Unity". Suzanne Lacy e Sculpture Chicago individuarono diversi comitati di donne che avrebbero dovuto selezionare un centinaio di "grandi donne" di Chicago, che sarebbero state commemorate incidendo ogni singolo nome su targhe affisse su massi collocati nello spazio urbano. Nella concezione complessiva del

Suzanne Lacy, *Full Circle*, 1992-1993

progetto, la presenza stessa dei comitati, ai quali venne assegnato il ruolo non di partner creativi, ma di responsabili della scelta dei nomi delle singole donne da commemorare, segnala la decentralizzazione dell'autorità dell'artista nella definizione del contenuto dell'opera[18]. Come in *Full Circle*, anche in *Zapatos Rojos* il progetto, attraverso la delega dell'artista, acquisisce un peso territoriale. Kwon scrive che in *Full Circle,* nonostante l'atto di delega da parte dell'artista fosse comunque un atto autoritario, "i comitati, tuttavia, infusero al progetto un senso di rilevanza regionale nella misura in cui la loro attenzione si è concentrata sulle residenti di Chicago". La stessa considerazione può essere fatta per *Zapatos Rojos*, infatti la comunità territoriale, in quanto responsabile del progetto, infonde allo stesso un'importanza locale, e coinvolge attivamente gli abitanti del luogo. Le deleghe logistiche e creative in *Zapatos Rojos* consistono in diversi aspetti: selezione dei soggetti da coinvolgere nella comunità, creazione di forum di discussione privata o pubblica, eventi collaterali di approfondimento, costruzione della rete territoriale, scelta del luogo dell'installazione, formalizzazione finale della marcia di scarpe, personalizzazione della comunicazione.

• • • I significati dello spazio urbano

Nel 1968 lo spazio pubblico veniva descritto dal filosofo Cornelius Castoriadis, in una conversazione con Christofer Lasch sulla critica alla società dei consumi come spazio vuoto: "uno spazio riservato soprattutto alla pubblicità, alla pornografia"[19]. Il concetto viene ripreso dal sociologo Zygmunt Bauman, quando tratta le relazioni che interessano la città, definita un territorio politico controverso, "il luogo privilegiato dell'azione del capitale e campo di interessi economici"[20].

L'arte contemporanea è ricca di pratiche che, all'interno dello spazio urbano, interrogano le sue funzioni. I progetti artistici socialmente impegnati aspirano ad entrare nella vita, a costituirsi come parte integrante della realtà; per questo motivo numerosi artisti realizzano i propri lavori uscendo dai musei e dalle gallerie per interagire con lo spazio pubblico. L'arte coinvolge così la cittadinanza, attrae la sua attenzione, la vista e a volte il corpo dei singoli.

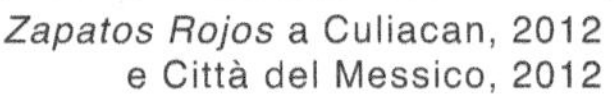

Zapatos Rojos a Culiacan, 2012
e Città del Messico, 2012

Tali pratiche mirano a fornire punti di vista diversi, occasioni di partecipazione, svolgendo una funzione informativa o educativa, di denuncia o di attivismo. Posizionarsi nello spazio pubblico significa riferirsi soprattutto alle dinamiche che lo attraversano, alle tensioni sociali, politiche ed economiche, ai diversi poteri che vi agiscono, alla dimensione politica che lo governa, a chi lo vive quotidianamente. Gli artisti si propongono obiettivi diversi: creare nuove forme di relazione sociale, favorire interpretazioni differenti della città o del mondo, rispondere a esigenze e a domande di una comunità, sperimentare modelli alternativi a quelli esistenti, opporsi al sistema politico e a dinamiche di pianificazione dall'alto[21].

In *Zapatos Rojos*, la marcia di scarpe rosse si colloca nello spazio urbano che la contiene, la incornicia, e al tempo stesso lo interroga. Quali responsabilità ha lo spazio pubblico nel fenomeno del femminicidio? Le donne scomparse a Juárez hanno un rapporto stretto con questo ambito:

Zapatos Rojos a Ciudad Juárez, 2009

le vittime sono scomparse mentre andavano al lavoro o facevano ritorno a casa, mentre si recavano a scuola o a fare acquisti nel centro città. È lo spazio pubblico quello da cui sono scomparse. È qui che le *madres* chiedono verità e giustizia. *Zapatos Rojos* pone dunque in questione la città, quello spazio pubblico che ha "inghiottito" le donne.

In altre parole, la città diviene contesto espositivo del progetto d'arte e al tempo stesso oggetto di denuncia, perché è lì che si è manifestata la violenza *pubblica* contro la donna, è lì che lo Stato e la cultura misogina permettono che si consumi il crimine. La violenza è innanzitutto istituzionale, il primo responsabile è lo Stato, come ha sentenziato la CIDH sul caso "Campo Algodonero". Il problema del femminicidio riguarda la vita della donna nello spazio pubblico, e non in quello privato delle relazioni familiari. Ma non solo, collocarsi qui vuol dire inoltre interrogare la cultura dominante: la violenza esercitata contro le donne, anche in ambito privato, è comunque un problema pubblico, politico.

Elina Chauvet, *Zapatos Rojos* – Saragozza, Plaza España, 28 novembre 2015

L'uso simbolico che *Zapatos Rojos* fa dello spazio urbano non si esaurisce in questa direzione. La città è assunta anche come il luogo delle contestazioni pubbliche. La configurazione dell'installazione riconduce alle marce di protesta, ai cortei per la pace e la giustizia. Un ulteriore elemento che lega il progetto allo spazio urbano interessa perciò l'estetica della manifestazione: le scarpe rosse rappresentano una marcia di donne assenti, ogni paio è il simbolo di una donna scomparsa, il segno tangibile di una mancanza. Sistemate ordinatamente lungo una strada o una piazza, suggeriscono un percorso, una direzione spaziale e al tempo stesso la rotta comune a cui guarda la comunità partecipante.

L'idea di Elina Chauvet di riunire in un'ipotetica installazione finale da realizzare a Ciudad Juárez, una parte delle scarpe rosse raccolte in ogni città del mondo, va nella direzione di porre alle autorità, proprio nello spazio da cui tutto è partito, una domanda diretta, condivisa, che non ha confini linguistici né ideologici.

Lo spazio della città in *Zapatos Rojos* è dunque parte imprescindibile del lavoro. L'installazione dialoga con l'estetica urbana e con le qualità e responsabilità intangibili, le tensioni sociali, economiche, politiche; si fa atto politico, riappropriandosi della città mettendone in discussione le relazioni e chiedendo di assumersi le responsabilità. Lo spazio pubblico e la sfera pubblici, teatro della violenza femminicida, è un soggetto chiamato a deporre sul banco degli imputati.

• • • Le scarpe, il rosso, la marcia, l'assenza

Scarpe, presenza-assenza, rosso, marcia, ripetizione: questi sono gli elementi al cuore dell'installazione.

In *Zapatos Rojos* la scarpa sottolinea la perdita e l'assenza del corpo. La marcia di scarpe rosse richiama alla memoria altri cortei in cui questo stesso oggetto è al centro di produzioni culturali, cinematografiche e letterarie. Sono numerosi gli autori e gli attivisti che hanno utilizzato le scarpe come simbolo per esprimere il concetto di traccia. Recentemente, nella manifestazione "Parigi in marcia per il clima", in Place de la Republique, la pavimentazione è stata ricoperta da centinaia di paia di scarpe per aggirare il divieto di riunioni pubbliche, posto dalle autorità in seguito ai tragici attentati del 13 novembre 2015 e manifestare in vista della Conferenza sui cambiamenti climatici (COP 21). A Istanbul, le scarpe che i manifestanti hanno lasciato per strada durante la protesta del 19 giugno 2013 simboleggiano le vittime dei disordini del Gezi Park. In

Manifestazione in occasione della Conferenza sui cambiamenti climatici (COP 21), Parigi, 13 novembre 2015

questi esempi, le scarpe rivestono la funzione di segnalare la presenza, come marcia; l'assenza, come lutto.

Nell'ambito delle arti visive, sono numerosi gli artisti che hanno utilizzato la scarpa come oggetto simbolico e la sua traccia. In particolare, un raggruppamento di calzature narra un evento luttuoso e di memoria attraverso il silenzio di decine di scarpe: si tratta del monumento ungherese *Shoes on the Danube Promenade* (2005), realizzato dal regista Can Togay e dallo scultore Gyula Pauer, sulle rive del Danubio a Budapest. Qui sessanta paia di scarpe, in ferro arrugginito, saldate al suolo, ricordano gli ebrei che nel 1944 e 1945 furono costretti a denudarsi e a lasciarele sulla banchina. Dopo essere stati colpiti alla nuca da proiettili sparati dalle milizie Arrow Cross, i loro corpi finirono nelle acque del Danubio per essere trascinati via dalla corrente. Una marcia composta da calzature di diverse dimensioni e stili, eleganti o sportive, da donna, uomo e bambino, suggerisce come nessuno sia stato risparmiato; la memoria del tragico evento viene riscattata nella dimensione della presenza-assenza.

Le scarpe femminili rosse sono al centro di due famose produzioni cinematografiche tratte dagli omonimi romanzi: *Il Mago di Oz* (1939) diretto da Victor Fleming, in cui le scarpe rosse, battuti tre volte i tacchi l'uno contro l'altro, sono l'unico mezzo che consentirà alla protagonista Dorothy di fare ritorno a casa; e *Scarpette Rosse* (1948) di Powell e Pressburger, dove le calzature della ballerina protagonista sono stregate e quindi all'origine del dramma che caratterizza la vicenda[22].

La scelta della scarpa rossa come oggetto centrale, e unico, dell'installazione di *Zapatos Rojos* deriva da due motivi. La scarpa è uno degli oggetti che accomunano le donne di tutto il mondo. Il più delle volte, consentono di identificare il genere femminile, quel genere che a Ciudad Juárez viene ogni giorno oltraggiato dalla crudeltà misogina e dall'indifferenza delle istituzioni. La scarpa è un oggetto al tempo stesso intimo ed individuale, in quanto riflette la personalità, lo stile, il modo di essere, lo stato d'animo di chi lo indossa e pubblico, perché descrive, all'esterno, la persona che lo porta. Le scarpe acquistano una forza maggiore quando sono appartenute a qualcuno, segnate da una calzata, memori dei passi che hanno percorso, del tempo che le ha invecchiate

Can Togay e Gyula Pauer, *Shoes on the Danube Promenade*, Budapest, 2005

e della strada che ne ha consumato le suole, rendendole uniche pur nel loro essere oggetti prodotti in serie. La scarpa è inoltre un elemento vivo nei ricordi personali di Elina Chauvet, un oggetto che aveva spesso condiviso con la sorella.

In *Zapatos Rojos* la doppia natura delle scarpe, intima e pubblica al tempo stesso, si riflette nel significato simbolico in quanto esse sono la testimonianza di un'assenza, riferita sia all'ambito familiare sia a quello sociale: la mancanza delle donne uccise o scomparse. La configurazione delle scarpe sistemate sul suolo pubblico comunica il vuoto lasciato da quelle sparizioni. Un vuoto-assenza di genere, che provoca dolore nella comunità. Al tempo stesso sono oggetti "vivi", che s'impongono nello spazio per chiedere giustizia.

Il colore rosso sottolinea l'elemento corporeo: è la tinta del sangue e del cuore, elementi indispensabili alla vita, ma è anche, in un'accezione negativa, indice di aggressività. Il rosso, in chiave simbolica, è il colore della passione e dell'amore. Nello spazio urbano, la marcia di scarpe rosse colpisce l'attenzione del pubblico anche grazie al fatto che questo colore viene visualizzato prima degli altri.

In occasione della prima installazione a Ciudad Juárez, Elina Chauvet ricevette trentatré paia di scarpe. Le calzature furono installate in Avenida Benito Juárez, la strada che conduce al ponte più antico che attraversa la frontiera. Il giorno precedente, mentre stava selezionando un luogo per allestire la marcia, l'artista racconta di aver assistito a un'esecuzione, cosa che la toccò profondamente, ma dalla quale non si fece scoraggiare: "La mattina successiva, sostenuta da mio fratello, si è proceduto a installare le scarpe. In principio la strada era semi-deserta, e mentre stavamo scattando le foto, improvvisamente cominciò a piovere. Sembrava che il cielo stesse piangendo. Fui costretta a riprendere le scarpe dalla strada e ad aspettare che la pioggia smettesse. Durò meno di venti minuti. Le nuvole si dissiparono e il sole uscì, permettendomi di continuare il lavoro. La strada cominciò a riempirsi di persone che interagivano con le scarpe. Fu molto interessante vedere quali discussioni quelle scarpe rosse sul marciapiede stavano generando. Lentamente le scarpe iniziarono ad attirare anche i media"[23].

Nell'installazione le scarpe sono sistemate le une accanto alle altre, in una marcia ferma, congelata, immobile. Essa traccia un percorso fisico e metaforico di consapevolezza e di memoria; è un auspicio che le donne assenti tornino a casa; ma anche una marcia di protesta contro lo Stato che calpesta i diritti umani delle donne. Dunque è sia testimonianza della violenza subita sia resistenza alla violenza patriarcale, affermando una memoria collettiva fatta di ricordi di individui particolari: la memoria delle donne assenti, delle azioni collettive delle *madres* di Juárez, degli attivisti e dei giornalisti che hanno perso la vita lottando per la verità e la giustizia, delle donne vittime di violenza nel mondo, della battaglia contro una cultura maschilista largamente diffusa. Una marcia attiva, non passiva, che agisce attraverso la presenza-assenza.

Non vi è traccia di sangue, non vi sono immagini crude, come spesso invece si nota nelle pubblicità di tipo sociale relative alla violenza contro le donne, che vengono ritratte con occhi neri, cicatrici, tagli, sangue. Non figura la donna vittima, ma la donna che, pur assente con il corpo individuale, è fermamente presente nel corpo collettivo formato dalla comunità, rappresentata da quelle centinaia, migliaia di scarpe rosse. Una comunità che marcia e che si impone con la sua presenza estetica, simbolica, nello spazio urbano, con una forza evocativa densa di significato.

Troviamo l'estetica della marcia come azione di resistenza nei lavori di diversi artisti contemporanei. Le artiste Regina José Galindo e Alicia Framis presentano entrambe, nelle performance che analizziamo, l'azione nello spazio urbano, l'elemento della ripetizione e della marcia e il colore rosso nei suoi attributi simbolici. In questo caso, il lavoro di Regina José Galindo non tratta direttamente di femminicidio, ma di violenza in generale in Guatemala: nell'azione *¿Quién puede borrar las huellas?* (2003) l'artista si oppone alla ricandidatura presidenziale dell'ex dittatore sanguinario Efraìn Rìos Montt, figura centrale del Fronte Repubblicano Guatemaltecon (FRG) che la Corte Costituzionale fu costretta a convalidare, nonostante il divieto previsto dalla Costituzione. Il 23 luglio 2003, l'artista fece sfilare una marcia di protesta simbolica che avanzava ordinata tra le vie del centro di Ciudad de Guatemala, dalla facciata della Corte Costituzionale fino all'ingresso del Palazzo Nazionale. Per centinaia di metri, le orme rosse che i passi dell'artista imprimono sull'asfalto cadenzano la marcia. Durante l'azione, Regina José Galindo tiene in mano una bacinella di sangue umano, in cui intinge i propri piedi per lasciare le impronte. Lascia nella città l'immagine cruda e spettrale della morte. Il sangue rievoca una ferita, immagine di un dolore profondo, e le tracce del passaggio dell'artista denunciano, appunto, la violenza presente, l'impunità dei crimini commessi. Due impronte messe l'una accanto all'altra segnano la conclusione del corteo al termine del percorso. Marco Scotini, critico d'arte, commenta con queste parole l'azione: "La memoria delle vittime della guerra civile e della 'politica di terra bruciata' degli anni Ottanta si ripresenta incancellabile dietro l'evidenza di questi segni e degli spazi urbani da essi contaminati. È come se gli spettri tornassero a popolare proprio quei luoghi da cui la cultura dell'impunità avrebbe voluto definitivamente rimuoverli"[24].

È possibile individuare contenuti comuni che si sviluppano nelle due azioni di *¿Quién puede borrar las huellas?* e *Zapatos Rojos*: l'atto del camminare diviene azione rituale; le singole paia di scarpe così come le orme di sangue sono impronta di un corpo individuale e allo stesso tempo sociale; l'orrore che non si può raccontare viene riprodotto visivamente. Le scarpe, come le tracce, sono elementi per rilevare una "presenza/assenza"; la strada nell'intervento artistico è lo spazio della protesta collettiva e al tempo stesso luogo di memoria.

Il tema della violenza è centrale anche nella performance che l'artista spagnola Alicia Framis realizzò in Spagna nel 2005, *Secret Strike (Lleida)*. Si tratta di un'azione collettiva, uno "sciopero" contro la violenza domestica pensata in occasione della Giornata Internazionale per l'eliminazione della violenza contro le donne. L'artista convocò un

Regina José Galindo, *¿Quién puede borrar las huellas?*, 2003
Courtesy l'artista e Prometeogallery, Milano – Lucca

Alicia Framis, *Secret Strike Lleida*, 2005

centinaio di donne presso una strada cittadina; ogni donna indossava guanti rossi. L'azione si sviluppa ad un comune passaggio pedonale dove, improvvisamente, il movimento del corteo di donne si arresta. I corpi rimangono tutti "congelati", mantenendo le pose che avevano l'istante prima di bloccarsi. L'interruzione del flusso del tempo e, con esso, della vita, generata dalla performance, irrompe nello spazio urbano creando disordine e sgomento. L'immobilità delle donne che paralizza il flusso automobilistico per alcuni minuti, si impone come atto di denuncia contro l'inerzia istituzionale rispetto al problema della violenza di genere sulle donne. Il silenzio è in contrasto con il suono dei clacson della strada; così come lo scorrere della vita nel contesto chiassoso tipico del nostro tempo è in opposizione all'immobilità generata dalla performance: è proprio nel momento in cui il conflitto si rende visibile che quel silenzio, fissato nell'immobilità scenica, reclama attenzione, grida giustizia. In altre parole, come nel caso di *Zapatos Rojos* e *¿Quién puede borrar las huellas?*, l'opera ha dato voce alla protesta attraverso un silenzio assordante.

• • • L'esposizione museale: *Zapatos Rojos* a *Living as Form*

Come gran parte dei progetti artistici di tipo partecipativo, *Zapatos Rojos* all'interno dello spazio museale può essere esposto solo in forma di materiali che risultano dalla costruzione del lavoro. La documentazione dei progetti d'arte partecipativa è spesso priva di forma definita, cosa che evidenzia la dimensione esperienziale dell'opera. Le fotografie dell'installazione di scarpe rosse non vengono realizzate per essere commercializzate, né sono, nella maggior parte dei casi, di tipo professionale[25].

Una mostra, dunque, può solo documentare questo tipo di progetti, dando l'idea delle complesse modalità organizzative. Claire Bishop, a proposito dell'arte partecipativa, scrive: "Afferrare l'arte partecipativa dalle sole immagini è quasi impossibile (...). L'attuale arte partecipativa è spesso in difficoltà a sintetizzare il processo in un'immagine finita, in un concetto o in un oggetto. Essa tende piuttosto a valorizzare ciò che è invisibile: una dinamica di gruppo, una situazione sociale, una trasformazione di energia, un accrescimento di consapevolezza"[26]. La difficoltà di restituire *Zapatos Rojos* in un contesto espositivo deriva precisamente da quanto espresso da Bishop.

Di particolare interesse rispetto alla raccolta e all'esposizione di lavori di questo tipo è *Living as Form (The Nomadic Version)*, progetto espositivo itinerante curato da Nato Thompson tra il 2011 e il 2014 e portato in mostra a Essex street market di New York, Videotage di Hong Kong, Kadist Art Foundation di San Francisco, McDonough Museum of Art a Youngstown (Ohio), The 4th Anyang Public Art Project ad Ayang (Corea del Sud), Artport Tel Aviv, Technion – Israel Institute of Technology di Haifa, The Art and Society Research Center di Tokyo. Nella collettiva presso il Museo de Arte di Sinaloa tra novembre 2013 e gennaio 2014, tappa messicana della mostra, è stato presentato anche *Zapatos Rojos*[27].

Il progetto curatoriale *Living as Form* si focalizza sulle pratiche artistiche socialmente impegnate in settori che vanno dal teatro all'attivismo, dall'urbanistica all'arte visiva e comprende progetti degli ultimi vent'anni. Il curatore Nato Thompson, nella pubblicazione *Living as Form: Socially Engaged Art From 1991-2011*, afferma che l'arte socialmente impegnata non è un movimento artistico, "piuttosto,

Allestimento della documentazione di *Zapatos Rojos* nella mostra *Living as Form (The Nomadic Version) / La vida como forma (La versión nómada)*, a cura di Nato Thompson, Museo de Arte de Sinaloa, Culiacan (Sinaloa), 14 novembre 2013 – 13 febbraio 2014

pratiche culturali indicano un nuovo ordine-modi sociali di vita, che enfatizzano la partecipazione, sfidano il potere, e spaziano da discipline che vanno dalla pianificazione urbana e dal lavoro comunitario al teatro e le arti visive"[28]. In questo particolare momento storico le nozioni di partecipazione, socializzazione e confronto non sono limitate al campo dell'arte contemporanea, ma includono vari progetti culturali non riconducibili ad alcuna disciplina specifica che condividono molti dei criteri dei lavori artistici socialmente impegnati, come raduni spontanei di biciclette del gruppo Critical Mass, guerrilla gardens, micro-granting community groups[29].

Spesso ci si chiede se un'opera d'arte socialmente impegnata sia arte, o se viceversa un lavoro nato senza definirsi tale sia da annoverare tra le espressioni artistiche. L'archivio on-line di *Living as Form*, realizzato da Creative Time, mostra progetti che sconfinano in ambiti diversi e che innescano quel tipo di domanda. Nato Thompson immagina che il database possa rappresentare il punto di partenza per lo studio di tali pratiche, per ispirare ulteriori indagini e nuovi approcci alla pratica sociale[30]. Tra gli artisti di cui è pubblicata la documentazione di un lavoro, vi sono Artur Żmijewski, Atelier van Lieshout, REPOhistory, Guerrilla Girls, Superflex, Grupo Etcetera, Critical Art Ensemble, Libia Castro e Ólafur Ólafsson, Alberto Garutti, Santiago Sierra, Tania Bruguera, Minerva Cuevas, Suzanne Lacy, The Yes Men, Chto delat?, Thomas Hirschhorn, Francis Alÿs; sono anche descritte mostre come *Cities on the Move* (1997–2000) curata da Hou Hanru & Hans Ulrich Obrist, riviste come "Journal of Aesthetics & Protest" (Los Angeles); collettivi interdisciplinari come il Department of Space and Land Reclamation (Chicago) e Stalker (Roma). In particolare, citiamo i lavori di Women on Waves e di Pedro Reyes che hanno sviluppato rispettivamente due temi che caratterizzano questo saggio: i diritti delle donne nella cultura patriarcale e lo stato di violenza in Messico.

Women on Waves è un'organizzazione attivista/artistica fondata nel 2001 e condotta da Rebecca Gomperts. Una piccola imbarcazione, progettata dall'Atelier Van Leishout e registrata in Olanda, con a bordo un gruppo di medici e attivisti, attracca a dodici miglia dalle coste dei paesi nei quali l'aborto è illegale e funziona come una vera e propria clinica. Poiché l'imbarcazione si trova in acque internazionali, su di essa si può praticare l'interuzione di gravidanza secondo la legge olandese. Quest'azione funge principalmente da dispositivo mediatico per generare consapevolezza sul problema. Anche in *Palas por pistolas* (2008) dell'artista messicano Pedro Reyes i media sono un aspetto centrale

Barca progettata da Atelier Van Leishout per Women on Waves, 2001

Pedro Reyes, *Palas por Pistolas*, Jardín Botánico di Culiacán, 2008

del lavoro. Attraverso le reti televisive locali, l'artista ha raccolto 1.527 armi dai residenti di Culiacán, capitale dello stato di Sinaloa nota per il traffico di droga, ricevute in cambio di buoni acquisto per elettronica e per elettrodomestici. Dal metallo delle armi fuse sono state ricavate 1.527 pale, distribuite ad associazioni di promozione sociale e scuole, utilizzate per piantare in città lo stesso numero di alberi. L'artista ha realizzato una seconda versione di questo lavoro a Ciudad Juárez: *Disarm* (2012 - in corso), presentato alla Biennale di Gwangju Biennial, all'Istanbul Design Biennial e al museo MAXXI di Roma. *Disarm* è un insieme di cinquanta strumenti musicali fabbricati da armi distrutte (rivoltelle, pistole, mitragliatrici, ecc.). Reyes racconta di aver ricevuto una chiamata da parte del governo messicano che aveva apprezzato il suo lavoro di Culiacan, chiedendogli se fosse interessato a recuperrare il metallo dalle armi che, pochi mesi dopo, sarebbero state distrutte pubblicamente nella città di frontiera. L'artista ha accettato la proposta, ma in questo caso ha impiegato i materiali in modo diverso rispetto a *Palas por pistolas*: le armi, consegnategli nel numero di semilasettecento, tagliate in parti e rese inutilizzabili nella loro funzione offensiva, sono state trasformate in strumenti musicali. Il progetto, finanziato dalla fondazione artistica Alumnos47 di Città del Messico e curato da Jessica Berlanga, ha impiegato un gruppo di sei musicisti per due settimane, con lo scopo di trasformare questi agenti di morte in strumenti di vita: "È difficile da spiegare, ma la trasformazione è stata più che un atto fisico.

Pedro Reyes, *Disarm*, 2012 - in corso
Foto di Ken Adlard e Dave Morgan

È importante capire quante vite sono state tolte con queste armi; la performance ha attuato una sorta di esorcismo, come se la musica creata con questi strumenti ne espellesse i demoni e rappresentasse una specie di requiem per le vite perdute". Pedro Reyes in questi lavori non tratta esclusivamente il tema che è sotto gli occhi di tutti, ovvero il lato visibile delle armi, ciò che esse producono (quasi 80.000 morti per arma da fuoco in Messico negli ultimi sei anni, o le sparatorie nelle scuole negli Stati Uniti); l'artista punta il dito anche contro il lato invisibile, il mercato delle armi e il profitto che ne traggono anche gli azionisti di società pubbliche.

Dall'analisi effettuata, è possibile sostenere che i progetti di Women on Waves e Pedro Reyes, confrontandosi con problematiche specifiche attraverso gesti simbolici, evidenziano tre aspetti: poetico, funzionale e politico.

Living as Form non si esaurisce nella mostra e nell'archivio on-line, ma si compone anche di alcuni progetti prodotti in concomitanza con la mostra: "Abbiamo commissionato diversi *living project*, al fine di

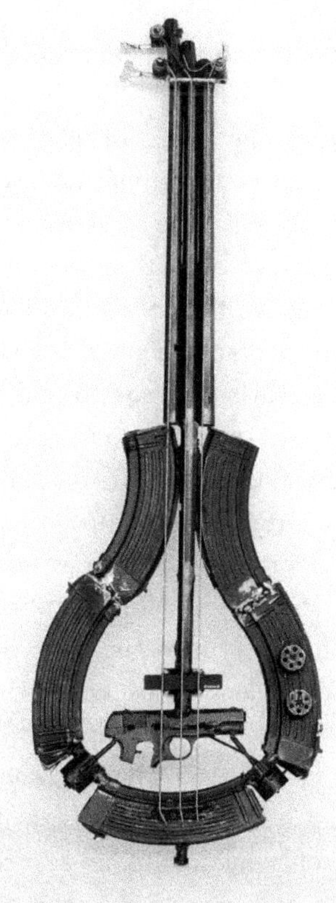

Pedro Reyes, *Disarm (Bass Guitar X)*, 2013
Foto di Ramiro Chaves

incoraggiare la partecipazione e per fornire un assaggio dell'energia che circonda questo lavoro. Per gli artisti, attivisti e cittadini impegnati in *Living as Form*, è questa energia, non la nozione di arte, che li spinge verso la meta sfuggente di giustizia sociale"[31]. *Zapatos Rojos* è stato uno di questi *living project*. Oltre alla documentazione esposta in mostra al museo, costituita da un video documentario, fotografie di alcune tappe del progetto tra cui Milano e Torino e una descrizione testuale, il 6 febbraio 2014 a Culiacán, presso Plazuela Obregón, è stata realizzata l'installazione della marcia di scarpe rosse, in collaborazione con il Museo de Arte de Sinaloa e l'Istituto Sinaloense de Cultura.

• • • Costanti e cambiamenti da un luogo all'altro

Fin qui abbiamo descritto i momenti di cui si compone *Zapatos Rojos,* gli obiettivi che il progetto nel suo costituirsi come opera itinerante intende raggiungere e la modalità con cui viene presentato nel contesto espositivo.

Il progetto nasce a Ciudad Juárez per descrivere il femminicidio in quel contesto, ma allo stesso tempo si riferisce a tutte quelle realtà, nel mondo, in cui la cultura misogina porta alla violenza di genere sulla donna. Si potrebbe considerarlo un progetto context-specific, dove il sito non è solo un insieme di dati fenomenologici o esperienziali, di attributi fisici di un particolare spazio, ma una rete di relazioni, una comunità.

Dalla fine degli anni Ottanta, c'è stato un notevole incremento del numero di opere site-specific "ri-realizzate" in altri luoghi, nonostante la nozione stessa escluda la possibilità di spostare il lavoro in quanto ciò significherebbe distruggerlo[32]. Nel tempo, però, si è andata diffondendo sempre più una tendenza a spostare l'opera "in giuste circostanze", tanto che la specificità del sito in termini di tempo e di spazio è diventata un aspetto trascurabile[33]. Miwon Kwon sostiene che ricreare il lavoro come un oggetto indipendente d'arte significa annullarne il significato stabilito in relazione al sito del suo contesto originario, ma che in alcuni casi l'opera, creata sotto una serie di circostanze, potrebbe essere portata in un altro senza perdere il suo impatto, caricandosi anzi di un nuovo significato e ottenendo nitidezza critica attraverso ricontestualizzazioni[34]. Cosa succede allora quando un progetto si manifesta al di fuori del contesto in cui ha avuto origine?

Nel caso specifico di *Zapatos Rojos*, va detto che se la realizzazione dell'opera nelle strade di Ciudad Juárez è la trasposizione diretta del problema del femminicidio, la stessa riprodotta in altre città del mondo non crea quella circolarità immediata nella sua complessità. Fuori dallo spazio di origine, l'opera dà voce al problema della violenza contro le donne, ma non direttamente alla questione del femminicidio di Juárez.

Il contesto a cui *Zapatos Rojos* si riferisce in ogni parte del mondo è quello in cui si combatte contro il femminicidio; non c'è dunque una comunità territoriale specifica, ma si affronta una lotta comune, internazionale. La sua ripetizione avviene perciò in quei contesti socio-culturali dove il problema del femminicidio è una piaga sociale. Per sottolineare la questione, riportiamo la riflessione dell'attivista di Amensty International Monica Mazzoleni: "La lotta contro la violenza sulle donne nel mondo globalizzato non può avere confini per la natura stessa della violenza, che è forse il fenomeno paradossalmente più democratico che esista al mondo. Non discrimina tra paesi sottosviluppati o sviluppati, non discrimina all'interno delle classi sociali, o per gradi di istruzione, religione o forme di governo"[35]. Sulla stessa linea si sviluppa anche l'elaborazione dei concetti di femminicidio e violenza della storica dell'arte e femminista Irene Ballester Beigues. La studiosa interpreta femminicidio e violenza contro le donne come fenomeni globali che perpetuano dicotomie storiche di genere, mostrando il paradosso delle società democratiche in cui le donne non sono ancora cittadine a pieno titolo. Per questo motivo il femminicidio viene definito una pandemia globale[36].

In questa prospettiva, *Zapatos Rojos*, dunque, sebbene sia nato in una realtà locale, non ha confini e sottolinea la dimensione culturale del problema. Il contesto territoriale in cui si realizza influisce, però, largamente sul lavoro, lo ri-crea ogni volta diverso da sé. A Ciudad Juárez e in altre città del Messico il progetto espone sia l'artista sia gli organizzatori al pericolo; in contesti diversi, come in Italia, Spagna o Regno Unito, ciò non accade. Nell'ottobre del 2010 Elina Chauvet ricevette espliciti messaggi intimidatori. Mentre partecipava ad una riunione internazionale di artisti, a Juárez, le fu rubata l'auto. E questo fu solo il primo di una serie di avvertimenti e intimidazioni.

La diffusione su scala globale del progetto è cominciata nel 2012, con la tappa milanese, ed è poi continuata ad un ritmo sempre più intenso, arrivando ad una sessantina di edizioni in varie città del mondo[37]. L'Italia è stato il paese che ha dato il maggior contribuito alla divulgazione di *Zapatos Rojos* in Europa, organizzandolo una decina di volte tra fine 2012 e metà 2015. Vi sono poi diverse edizioni realizzate in Stati Uniti, Argentina, Cile, Norvegia, Regno Unito, Ecuador, Canada. In Spagna, il progetto è arrivato nel 2013, e tra il 2014 e il 2015 è stato ripetuto una trentina di volte, grazie al supporto di Ecuador Etxea, un'organizzazione femminista nata nel 2000 a San Sebastian, nei Paesi Baschi, a seguito dell'incremento del numero di migranti dall'America Latina. L'associazione è stata fondata con l'obiettivo di fornire consulenza e attività per favorire l'integrazione della popolazione latino-americana nel paese ospitante, e attualmente sta fungendo da ufficio territoriale che coordina il progetto artistico.

Zapatos Rojos può anche essere organizzato una seconda volta nella stessa città. A Ciudad Juárez, le *madres* e i familiari delle vittime, il 10 dicembre 2012, hanno installato la marcia di fronte alla Fiscalia General dello Stato di Chiuhuahua per manifestare la propria disapprovazione contro il governo che non aveva riconsegnato alle famiglie i corpi delle vittime di femminicidio, trattenuti per lungo tempo in obitorio senza un reale motivo.

In ogni edizione, Elina Chauvet viene affiancata da soggetti diversi. Solo nella prima, tenuta a Juárez nel 2009, l'artista fu appoggiata unicamente dalle famiglie delle vittime, senza organizzazioni in suo supporto. Nella seconda edizione le scarpe rosse furono allestite il 15 settembre 2011 a Mazatlan, nello stato di Sinaloa, e l'artista, questa volta, fu affiancata dallo spazio alternativo Recrea, gestito da due architetti. Le trentatré paia di scarpe di Juárez, a Mazatlan divennero 300, grazie a un lavoro di diffusione durato due anni, condotto dall'artista tramite passaparola e social network.

La terza installazione ebbe luogo il 10 febbraio 2012 nella città di Culiacán, presso la piazza antistante la Cattedrale di Rosales. Una volta definita la marcia nello spazio pubblico, l'artista posò alcune decine di paia di scarpe nella navata centrale della cattedrale, indirizzando così all'autorità ecclesiastica un'esplicita richiesta simbolica di spiegazioni per il silenzio della Chiesa nei confronti dei femminicidi.

La quarta installazione fu realizzata in Messico, nel Distretto Federale, nella Plaza de la Constitucion (Zócalo) di Città del Messico, di fronte al Palazzo del Governo, il 6 Giugno 2012, con il sostegno dell'attivista Norma Andrade, co-fondatrice dell'associazione Nuestras Hijas de Regreso a Casa. In questo caso il progetto ebbe il supporto dell'Universidad Autónoma di Sinaloa e dell'Istituto di Cultura. Installare *Zapatos Rojos* davanti al Palazzo Nazionale significava sottoporre il problema all'attenzione del Presidente della Repubblica, massima istituzione del Paese, che non ricevette né l'artista né i media, sebbene la partecipazione del pubblico fosse stata considerevole.

Un'altra tappa particolarmente simbolica fu quella del mese successivo, nella Plaza Hidalgo della città di Chiuhuahua, di fronte al Palazzo del Governo. Si tratta del luogo tristemente noto per aver fatto da sfondo, nel dicembre 2010, all'assassinio dell'attivista Marisela Escobedo, impegnata in un sit-in di protesta contro il governo che non le aveva dato risposte sull'assassinio della figlia avvenuto a Ciudad Juárez nel giugno dell'anno precedente.

Per quanto concerne la diffusione del progetto al di fuori dei confini messicani, segna un passaggio decisivo l'installazione della marcia di scarpe rosse realizzata il 26 luglio 2012 a El Paso, dove da alcune inchieste era emersa la presenza di industriali legati ai fenomeno del femminicidio. Nella città statunitense il progetto fu supportato dall'attivista Marisela Ortiz e da Kerry Doyle, direttrice del Stanlee e Gerald Rubin Center for Visual Arts[38]. La marcia di scarpe rosse, come nelle due installazioni precedenti, fu sistemata di fronte a un'istituzione, l'Ambasciata Messicana, per interrogare le istituzioni stesse. In occasione di *Zapatos Rojos* a El Paso, la giornalista investigativa Diana Washington Valdes scrisse un articolo per "El Paso Times", *Red shoes art display protests violence against Juárez women*, allegando due fotografie della marcia[39]. Quell'articolo ha portato ad un ampliamento della diffusione del progetto anche al di fuori del Messico. Grazie ad esso, infatti, ne ho appreso l'esistenza e sono entrata in contatto con l'artista: da quel momento *Zapatos Rojos* ha cominciato la sua marcia verso l'Europa. L'Italia è stato il primo paese, dopo il Messico e la città di El Paso, a metterlo in pratica.

> *Inizialmente non si pensava a un coinvolgimento su larga scala.*
> *Il passaparola sarebbe stato il nostro mezzo, perché la cosa più*
> *importante era coinvolgere persone che divenissero realmente*
> *informate sui fatti. Il numero delle persone coinvolte è sussidiario*
> *alla loro partecipazione morale*[40].

• • • *Zapatos Rojos* e l'Italia

Il coinvolgimento di un pubblico "in divenire", informato sui fatti, è il presupposto del progetto di Elina Chauvet. Come vedremo in seguito, *Zapatos Rojos* è diventato anche, però, il punto di partenza per la realizzazione di numerosi progetti che in Italia, seppur nati come opere autonome, hanno ripreso il format e/o l'estetica della marcia di scarpe rosse.

Prima del 2013, le scarpe rosse erano *solo* scarpe rosse. Ad una ricerca, il Web avrebbe mostrato la corrispondenza di immagini per lo più di tipo commerciale. Se oggi, in Italia, si volesse fare una verifica sui motori di ricerca per immagini, risalterebbe la presenza consistente di fotografie che presentano le scarpe rosse come simbolo della lotta al femminicidio: immagini tratte da *Zapatos Rojos*, da progetti autonomi che ne hanno ripreso l'estetica e da locandine di iniziative contro la violenza sulle donne.

Questo cambiamento conferma che nel nostro Paese le scarpe rosse sono diventate un simbolo largamente condiviso della lotta al femminicidio. La nascita di tale simbologia coincide con la diffusione in Italia delle fotografie della prima installazione, avvenuta a Milano il 18 novembre 2012. Il progetto d'arte partecipativa ha dunque fornito un simbolo, che si è diffuso in modo radicale e capillare nell'immaginario collettivo; un'immagine e un format virale.

La divulgazione delle immagini sulla marcia ha convertito *Zapatos Rojos* in fotografia, attraverso gli scatti dell'installazione, realizzati sia

Elina Chauvet, *Zapatos Rojos* - Milano, Colonne di San Lorenzo, 18 novembre 2012
Foto di Francesca Guerisoli

da professionisti, e poi pubblicati su quotidiani e riviste, sia dal pubblico. La performance di Carolee Schneemann, *Interior Scroll* del 1975, costituisce la situazione emblematica per cogliere l'importanza della qualità intrinseca della fotografia, che le conferisce il potere di diffondere e comunicare il contenuto anche di un'opera effimera. L'opera alla quale ci riferiamo, secondo Peggy Phelan è entrata nella storia dell'arte grazie alle foto scattate da Anthony McCall. L'immagine fissata su una foto, non potendo però restituire il contenuto drammatico della performance, trasforma l'azione in un evento esclusivamente visivo[41].

Il limite strutturale proprio della fotografia viene argomentato da Silvia Bordini a proposito del libro da lei pubblicato con Paola Agosti, Rosalba Spagnoletti e Annalisa Usai, *Riprendiamoci la vita. Immagini del movimento delle donne. Foto di Paola Agosti* (1977): "L'impiego dello strumento tecnico fotografico ha operato, quasi inevitabilmente, una selezione: ha privilegiato il fuori della nostra pratica. Sono carenti, muti, inespressivi (perché non fotografabili) i momenti più importanti, il dentro della nostra politica: l'autocoscienza, l'esperienza comunitaria dei piccoli gruppi, il lavoro sull'inconscio e la sessualità"[42].

Così la fotografia trasforma *Zapatos Rojos* nell'immagine della marcia di scarpe rosse che restituisce prevalentemente l'elemento oggettuale, lasciando in una zona d'ombra il processo che ha creato l'installazione. Il circolo virtuoso tra storie e memorie personali e collettive che si stabilisce durante la colorazione delle scarpe, il coinvolgimento degli amici con il passaparola, e tutti gli scambi attraverso i quali prende forma il progetto, sono ciò che possiamo definire "l'irrappresentabile fotograficamente". Nonostante questo limite, dobbiamo riconoscere alla fotografia della marcia di scarpe rosse due punti di forza: la capacità di trasmettere un messaggio superando i confini linguistici e la capacità di visualizzare una rete di persone attraverso le calzature disposte al suolo, in quanto la singola immagine della marcia di scarpe rosse rende visibile la costruzione corale che ne sta alle spalle.

Zapatos Rojos è stato presentato per la prima volta nel nostro Paese in occasione di *Con i tuoi occhi*, progetto di sensibilizzazione sulla violenza contro le donne costituito da tre lavori artistici, di cui sono stata la curatrice[43]. L'attività è stata promossa dal Comune di Milano e da Francesca Zajczyk, delegata del Sindaco alle Pari Opportunità, e organizzata insieme all'associazione d'arte contemporanea Chan. Centottanta paia di scarpe sono state raccolte attraverso il passaparola: un numero molto alto, considerando che il progetto veniva realizzato in Europa per la prima volta, e pertanto il valore e il significato dello stesso non erano ancora noti alla nostra comunità. Alla realizzazione di *Zapatos Rojos* a Milano presero parte anche alcuni membri del Coordinamento America Latina della Sezione italiana di Amnesty International. L'associazione, che è divenuta in seguito promotrice dell'organizzazione dell'opera nelle varie tappe italiane, ha dedicato grande attenzione al progetto, tanto che pubblicò sulla copertina del suo trimestrale sui diritti umani "I Amnesty" un'immagine della marcia, prima ancora che l'iniziativa fosse valorizzata dalla sede messicana della ONG[44]. La città di Milano offriva numerosi luoghi di interesse sia simbolico sia estetico per l'installazione della marcia: la preferenza fu accordata alle Colonne di San Lorenzo, luogo storico situato in una zona centrale della città, in quanto costituisce il punto d'incontro per gruppi diversi per età, estrazione sociale e abitudini. La pubblicazione di immagini dell'installazione milanese su quotidiani, riviste femminili, settimanali e attraverso i social media, ha avuto una larga diffusione, soprattutto dal basso, che ne ha stimolato la realizzazione anche in altre città.

Dobbiamo precisare che nelle diverse edizioni di *Zapatos Rojos* a partire dal Messico e poi in altri paesi, compresa l'Italia, la questione più interessante riguarda il modo in cui le istituzioni si pongono di fronte all'evento nelle realtà in cui viene organizzato. Se in Messico, come abbiamo visto, l'artista installa le scarpe rosse in spazi pubblici dove si trovano importanti sedi istituzionali o simboli legati al potere politico, allo scopo di sensibilizzare l'opinione pubblica sul problema del femminicidio e pretendere giustizia, negli altri paesi, invece, sono spesso le istituzioni pubbliche che si fanno partner del progetto, lo condividono e lo promuovono, affiancando il proprio nome a quello dei soggetti impegnati nella lotta alla violenza sulla donna, che si tratti di una partecipazione sentita o solo di facciata, lo si vede caso per caso. Maggiore è il numero delle istituzioni pubbliche nel mondo che fanno propria la causa politica sottesa al progetto, unendosi nell'interesse a voler combattere l'omertà che circonda i femminicidi di Ciudad Juárez, più forte sarà la pressione simbolica esercitata sulle autorità messicane.

NI UNA MÁS

IAMNEST

TRIMESTRALE SUI DIRITTI UMANI
DI AMNESTY INTERNATIONAL

Diritti umani in Italia

QUALI RISPOSTE

A questo proposito, è interessante notare che fu proprio una prestigiosa sede istituzionale ad ospitare *Zapatos Rojos* a Genova. In occasione della Giornata Internazionale per l'eliminazione della violenza contro le donne, la marcia fu allestita nel Cortile Maggiore di Palazzo Ducale. Il Cortile è un luogo di confine tra l'interno (del Palazzo) e l'esterno (di Piazza De Ferrari), sede particolarmente significativa per gli eventi culturali che vi si tengono (mostre e altre iniziative organizzate dal Comune) e per aver ospitato, nel 2001, il G8. L'installazione, per la connessione con il Palazzo ricordato a livello internazionale, oltre che per il suo prestigio, per il summit che vide la più grave sospensione dei diritti umani per le violenze della Diaz, potenziò il suo valore simbolico. I committenti e gli attivatori del progetto furono Fondazione Palazzo Ducale e Comune di Genova, e vi collaborarono anche alcune associazioni di promozione culturale e sociale e un centro antiviolenza.

Ricordiamo le tre edizioni successive di *Zapatos Rojos* per alcune precise caratteristiche: Lecce, per la prima diffusione capillare sul territorio; Torino, per la presenza del Tavolo per le Madri di Ciudad Juárez; Bergamo, per la presenza di Elina Chauvet in Italia.

A Lecce, prima città del sud Italia ad aver fatto richiesta del progetto, la partecipazione fu molto intensa. Un gruppo di ricercatrici dell'Università del Salento, con la collaborazione della Consigliera per le pari opportunità della Provincia e di numerose associazioni del territorio, assunse il ruolo di attivatore e organizzatore. Il 3 febbraio 2013 arrivarono nella piazza del Duomo della città salentina oltre 450 paia di scarpe, che furono disposte dal fondo della piazza verso il suo ingresso. Il gruppo delle organizzatrici si diede molto da fare nella creazione della rete e, anche grazie a una campagna di promozione realizzata dalla Provincia, diffuse capillarmente la notizia dell'iniziativa sul territorio.

Il mese successivo, anche Torino si caratterizzò per un'organizzazione molto attiva, che coinvolse numerose realtà territoriali. Particolarità di questa edizione, fu la presenza, in qualità di attivatore, del Tavolo per le Madri di Ciudad Juárez, un osservatorio permanente sul femminicidio della città di frontiera, formato da Amnesty International, Donne di sabbia, Donne in nero, Se Non Ora Quando?, Sur-Società Umane

La copertina del trimestrale di Amnesty International – Sezione Italiana, "I Amnesty", n. 2, marzo 2013 con un'immagine di *Zapatos Rojos* – Torino

Resistenti. Il Comune di Torino, partner istituzionale del progetto, grazie al lavoro condotto dal Tavolo Juárez, è da anni particolarmente sensibile al tema del femminicidio nella città messicana, tanto che nel 2008 attribuì la cittadinanza onoraria a Marisela Ortiz. In Piazza Castello, luogo scelto per l'installazione, una lunga fila ordinata di oltre 450 paia di scarpe tracciò un percorso nella piazza, da Palazzo Madama alle vie commerciali oltre la piazza, raccogliendo le centinaia di persone accorse. Durante il pomeriggio, posizionate accanto alla marcia, le attrici della pièce *Donne di sabbia* fecero alcune letture di singole storie tratte dallo spettacolo, dando così voce alle donne assenti. L'impatto visivo della marcia torinese risultò estremamente forte: la piazza, dalla pavimentazione chiara, e la luce di una giornata di sole diedero grande risalto al rosso delle scarpe; ancora oggi risultano numerose le fotografie utilizzate dagli operatori della comunicazione per parlare sia di *Zapatos Rojos* sia di femminicidio in generale.

L'edizione successiva, a Bergamo, fu sostenuta da uno sponsor che permise di portare per la prima volta in Italia Elina Chauvet. In quest'occasione, l'artista poté allestire la marcia di persona e tenere una conferenza aperta alla cittadinanza, raccontando con le proprie parole l'orrore di Ciudad Juárez e sottolineare il significato del suo lavoro. L'installazione, che ebbe luogo il 12 maggio 2013 presso Piazza Vecchia, fu organizzata dalla rete di associazioni del Consiglio delle Donne del Comune di Bergamo, con il coordinamento di Estella Beltramelli.

Dopo il primo anno, ulteriori edizioni vennero realizzate nelle città di Reggio Calabria, Cremona e nei comuni di Mandello del Lario (LC), Noale (VE), Andria (BAT), Sinnai (CA) e mentre scriviamo se ne stanno organizzando ulteriori. Migliaia sono ormai le italiane e gli italiani che hanno preso parte al progetto, tra comunità temporanea e pubblico. Il risultato visivo della marcia di scarpe è sempre riconducibile a *Zapatos Rojos*, inequivocabilmente, una firma chiara che si staglia nel paesaggio urbano. A installazione disallestita, la marcia di scarpe rosse continua a vivere sul Web attraverso le fotografie scattate da chi vi ha preso parte e da chi ha diffuso il progetto attraverso lo *sharing*, contribuendo a renderlo un'icona nazionale.

Elina Chauvet, *Zapatos Rojos* – Andria, Piazza Catuma, 12 aprile 2014
Foto di Laura Tota

• • • La marcia di scarpe rosse: un fenomeno virale

La diffusione che *Zapatos Rojos* ha avuto in Italia non ha precedenti. Dalla prima installazione a Milano, parallelamente al progetto ufficiale numerosi sono stati quelli realizzati autonomamente e i contributi da parte di altri artisti, registi, compagnie teatrali, musicisti, saggisti, giornalisti. In Italia l'opera ha dato vita autonomamente a una sorta di "movimento delle scarpe rosse", che si è alimentato spontaneamente, attraverso la condivisione da parte della società civile. Il fenomeno è reso ancor più particolare dal fatto che *Zapatos Rojos* non è sostenuto né in Messico né in Italia da un'organizzazione strutturata, non possiede un ufficio stampa, non è promosso da una società, come invece avviene in altri ambiti. Dietro all'opera vi è solo l'artista, coadiuvata, in Italia, dalla scrivente. Non sono né l'artista, né la curatrice a proporne la realizzazione, il meccanismo è inverso.

Il bisogno di rappresentazione, la ritualità collettiva, l'effetto catartico insito nel processo, l'esorcizzazione del lutto e del dolore personale e politico, la ribellione a un modello culturale maschilista, la sacralità che l'installazione trasmette sono gli elementi che hanno fatto di *Zapatos Rojos* un progetto partecipativo virale. Il lutto collettivo si visualizza in tutta la sua carica emotiva attraverso la presenza della marcia delle scarpe nello spazio urbano.

Peggy Pehlan in relazione al trauma e al lutto, sottolinea che "l'arte può fornire un mezzo per superare l'inafferrabilità, perché essa non dipende esclusivamente dal linguaggio razionale, da un ordine narrativo o da una cieca fiducia in una cura. Inoltre i teorici dell'arte possono ricordare ai teorici del trauma che la creatività è l'elemento centrale di qualsiasi teoria della sopravvivenza"[45]. Riconoscendo questo valore nel format e nell'immagine che ne scaturisce, ovvero di una pratica estetica che coniuga consapevolezza, aggregazione sociale e protesta, numerosi cittadini, associazioni, istituzioni, enti pubblici, consigliere di parità, rappresentanti politici di ogni livello e partito, **ONG**, università, scuole, librerie hanno organizzato il progetto autonomamente, senza farne richiesta all'artista. Numerose tra queste imitazioni, verificatesi solo in Italia, hanno posto all'artista e alla curatrice questioni relative alla tutela del progetto e del suo significato; malgrado ciò, pur con i limiti

Le attrici di *Donne di Sabbia* recitano alcuni brani tratti dallo spettacolo scritto da Humberto Robles in occasione di *Zapatos Rojos* – Torino, Piazza Castello, 2 marzo 2013

che vedremo, è possibile rintracciare nella diffusione del simbolo e del format un elemento positivo.

Potremmo accostare a quanto accaduto in Italia una dichiarazione rilasciata da Marina Abramovich in un'intervista con Katy Deepwell: "(...) conosco artisti che rifanno il mio lavoro in tutto il mondo, a volte citandomi, a volte no. (...) Un giorno mi arriva l'invito di cinque artisti polacchi che fanno una mostra che si chiama *Le posizioni di Marina*, all'inizio mi sono arrabbiata, poi ho visto il lavoro e ho pensato che fosse fantastico, ho capito che queste idee sull'originalità, il mio ego che coincide con la mia arte, rappresentano un ostacolo all'essenza della performance. Una performance dovrebbe essere come una composizione musicale, come Mozart, soggetta all'interpretazione ed eseguita come si desidera"[46]. *Zapatos Rojos* è proprio come una composizione

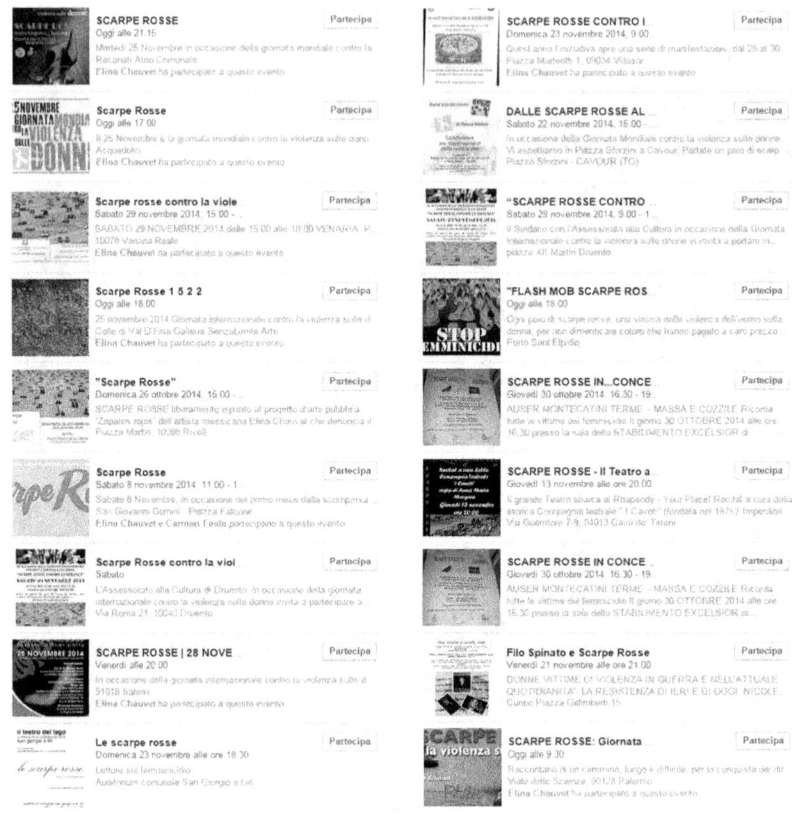

Eventi autonomi ispirati a *Zapatos Rojos* pubblicati su Facebook in occasione della Giornata internazionale per l'eliminazione della violenza contro le donne del 2014

musicale: Elina Chauvet ne fornisce la partitura, che sarà interpretata da ogni specifica comunità temporanea. Ciò che interessa all'artista è che i punti stabiliti nel contratto (ad esempio, assenza dello scopo di lucro, veicolare le informazioni sul femminicidio di Juárez, modalità di organizzazione) siano rispettati. Nel caso di numerose manifestazioni nate autonomamente, che non si avvalgono dell'indicazione di quei punti, accade che la partitura sia a tratti tagliata e ricucita, e per questo motivo, pur componendo una melodia simile all'originale, la stessa potrà denotare mancanze su passaggi preziosi. Ad esempio, numerose iniziative autonome che sono state realizzate ispirandosi a *Zapatos Rojos* hanno trattato solo marginalmente la questione del femminicidio a Juárez, a volte senza nemmeno citarla, assumendo del progetto originale esclusivamente il significato simbolico della lotta alla violenza contro le donne nel mondo. Talvolta l'elemento visivo dell'installazione risulta simile all'originale; altre volte le calzature sono organizzate nello spazio seguendo configurazioni molto diverse (perfettamente allineate, divise per gruppi, in cerchio, ecc.). Oltre alle criticità rilevate, bisogna aggiungere che alcuni progetti autonomi sono privi della rete tra gli attori del territorio, e pertanto contrassegnati da un'unica firma.

Numerose sono le produzioni autonome soprattutto in occasione della Giornata Internazionale per l'eliminazione della violenza contro la donna e della Festa della donna. Tra le iniziative che hanno dato vita a una significativa campagna mediatica, vi sono quelle organizzate da CGIL a Firenze e dall'associazione Auser a San Gimignano, entrambe nel 2013. Anche il Comitato Pari Opportunità dell'Ordine degli avvocati di Milano, nel 2014, ha utilizzato l'immagine delle scarpe rosse come simbolo contro la violenza alle donne in occasione del 25 novembre, collocando decine di paia di scarpe rosse sulla scalinata del Palazzo di Giustizia[47].

Sono state numerose, inoltre, le iniziative di associazioni di promozione sociale e culturale, enti pubblici, università, scuole, librerie, bar, negozi non solo in merito all'organizzazione del progetto che segue a grandi linee il format originale, ma anche alla possibilità di usare il simbolo delle scarpe rosse in segno di rifiuto alla violenza contro le donne, ideando progetti eterogenei. In occasione del 25 novembre 2014, ad esempio, nelle città di Torino, Porto Torres, Riccione, Campobasso, nei comuni dell'Empolese-Valdelsa e a Fossano, solo per citarne alcuni, è stata lanciata l'iniziativa "Scarpe rosse in vetrina": le calzature sono state poste nelle vetrine dei negozi, su invito dei Comuni e della Confesercenti.

Progetti che hanno al centro scarpe rosse, ritenuto un simbolo particolarmente efficace nel trasmettere messaggi di contenuto sociale sulla questione di genere e sul femminicidio, sono stati realizzati in forma di laboratori didattici in numerose scuole di ogni ordine e grado e nelle università, in tutta la penisola. Diverse sono le associazioni di donne che hanno lanciato proposte ispirate al simbolo delle scarpe rosse. Un esempio per tutti: l'Associazione C.h.i.a.r.a. di Voghera, che con "Le donne calzano scarpe rosse" ha vinto il concorso " Progetti per le donne", rivolto a iniziative che hanno ricadute significative per il

Galleria fotografica pubblicata da "laRepubblica.Milano.it" in occasione di *Zapatos Rojos* – Milano, 18 novembre 2012

miglioramento della qualità della vita della donna, aggiudicandosi così la possibilità di esporre nel Padiglione Italia ad "Expo 2015" e l'inclusione nel palinsesto degli eventi di "Women for Expo"[48].

Anche in ambito teatrale e letterario, televisivo e aziendale, sono numerose le produzioni che hanno utilizzano le scarpe rosse nel loro valore simbolico[49]. In particolare, in campo teatrale, nello spettacolo *Ferite a morte*, Serena Dandini fa calzare un paio di scarpe rosse a tutte le protagoniste/lettrici, dichiarando sul sito Web dello spettacolo che l'uso del simbolo è tratto da *Zapatos Rojos*[50]. In ambito televisivo, il caso più eclatante riguarda una trasmissione popolare che tratta il tema della violenza contro le donne, in onda su una rete privata nazionale. Nel 2013 la redazione lanciò una campagna di sensibilizzazione durata circa un anno, collocando nello studio televisivo trentatré paia di scarpe rosse (riprendendo, così, lo stesso numero delle scarpe utilizzate nella prima installazione a Ciudad Juárez) e chiedendo ai telespettatori di inviare

Una foto della marcia di *Zapatos Rojos* – Torino è inclusa nel libro "Photoansa 2013", che racconta un anno di notizie in immagini. Il libro è scaricabile dal sito "Ansa.it", *Le grandi foto Ansa, un anno di immagini*

loro foto con le scarpe rosse al fine di manifestare la propria solidarietà verso le vittime di femminicidio. La redazione televisiva dichiarò che nei primi due mesi di campagna pervennero in studio oltre 3.500 scatti. In campo letterario, la marcia di *Zapatos Rojos* è presente sulla copertina di alcuni libri, tra cui l'edizione tascabile di *Se questi sono gli uomini* di Riccardo Iacona, uscita per Chiarelettere nel giugno 2015.

Oltre ai casi citati, possiamo riscontrare l'utilizzo delle scarpe rosse come simbolo della lotta alla violenza contro le donne nell'intero sistema mediatico. Vecchi e nuovi media hanno contribuito alla diffusione capillare del progetto e del simbolo nell'immaginario collettivo. Fotografie della marcia come immagini di repertorio sono state largamente condivise sia a livello locale sia nazionale e da parte di tutti i media (servizi televisivi, speciali, telegiornali regionali e nazionali, agenzie di stampa, quotidiani, settimanali femminili, settimanali culturali), che accostano foto e video delle scarpe rosse a notizie e approfondimenti sul tema della violenza contro le donne. Per fare un esempio, l'Ansa, nello speciale *Violenza sulle donne: ecco le cifre agghiaccianti*, pubblicato in occasione del 25 novembre 2014, ha inserito nel testo due immagini: una relativa alla Campagna delle Nazioni Unite contro la violenza sulle donne e l'altra tratta dalla marcia di *Zapatos Rojos*[51].

La prima diffusione iconografica è cominciata, come già accennato, attraverso la pubblicazione di una galleria fotografica nella versione on-line del quotidiano "laRepubblica", uscita il giorno stesso in cui *Zapatos Rojos* veniva allestito a Milano[52]. Numerose sono state inoltre le gallerie di immagini successive, pubblicate dalle versioni on-line dei quotidiani e relative a iniziative con scarpe rosse; come quella de "laRepubblica" del 25 novembre 2013, intitolata *Giornata mondiale contro il femminicidio: l'Italia delle scarpe rosse*, che mette insieme le immagini di alcuni eventi realizzati lungo tutta la penisola che hanno utilizzato l'oggetto della scarpa rossa disposto nello spazio secondo modalità differenti e da parte di soggetti diversi[53]. Un grande riconoscimento a *Zapatos Rojos* è stato dato, alla fine del 2013, dall'agenzia di stampa Ansa, che ha pubblicato nel proprio libro *Le grandi foto Ansa, un anno di immagini*, una foto tratta dall'installazione di Torino. L'immagine è stata inserita tra diciannove fotografie, che comprendono quella dell'abbraccio tra Papa Benedetto XVI e Papa Francesco presso il Palazzo del Governatorato, le Femen che protestano ad Amburgo contro l'industria del sesso in Germania, William e Kate con il piccolo George nel giorno del battesimo[54].

La diffusione "virale" dell'immagine della marcia di scarpe rosse si è avuta anche grazie agli *user generated content* e alla condivisione di testi e immagini, soprattutto tramite Facebook e Twitter. Il "Web 2.0", come mezzo di comunicazione che offre a tutti la possibilità di contribuire alla produzione di contenuti, ha favorito la crescita esponenziale di *Zapatos Rojos*. In questo caso non è valso ciò che Boris Groys sottolinea a proposito dei social network, in cui testi e immagini vengono visionati solo da una piccola comunità composta da solidali, co-autori, conoscenti e parenti[55]. *Zapatos Rojos* sembra l'eccezione che conferma la regola. Numerosi utenti della rete hanno utilizzato foto proprie o tratte da altri utenti della marcia di scarpe rosse come immagine del profilo e altrettanti hanno pubblicato immagini analoghe sulla propria pagina Facebook in occasione del 25 novembre, dando vita a un flusso di *sharing*

Il Tg1 usa un'immagine di repertorio di *Zapatos Rojos* per trattare il tema della violenza contro le donne in occasione della Giornata internazionale per l'eliminazione della violenza contro le donne del 2015

che ha moltiplicato la diffusione dell'immagine. Associazioni, radio, tv, personaggi pubblici, che detengono grandi numeri di *follower*, sono in testa: Radio Montecarlo nel 2014 ha pubblicato un'immagine di *Zapatos Rojos* sulla propria bacheca Facebook accompagnata dall'imperativo "BastaViolenza", ottenendo nelle undici ore successive 1.950 condivisioni e 3.383 *like*; il cantante Francesco Renga nel 2015 ha pubblicato un'immagine dell'installazione realizzata a El Paso con impressa la scritta "Giornata mondiale contro la violenza sulle donne" e intitolato il post "Adesso basta!", raccogliendo 6.712 like e 1.311 condivisioni in una sola giornata. Numerose sono state le iniziative con scarpe rosse, documentate poi su Facebook, di associazioni di promozione culturale e sociale, come Diversi da chi?, *Princesa* di Don Andrea Gallo, il Teatro Franco Parenti e tanti altri, compreso il lancio di un singolare *flash-mob* online con le scarpe rosse. Rispetto alla diffusione virale dell'immagine di *Zapatos Rojos* si è verificata una moltiplicazione improvvisa, inaspettata e avvenuta in misura imprevedibile. Si potrebbe sostenere che la marcia di scarpe rosse in Italia costituisca, oggi, una singolare moda. Come nota David Joselit, nella cultura di massa, "una volta superata la soglia quantitativa, mode, trend e celebrità generano automaticamente notizie in grado di moltiplicare autonomamente la loro immagine"[56].

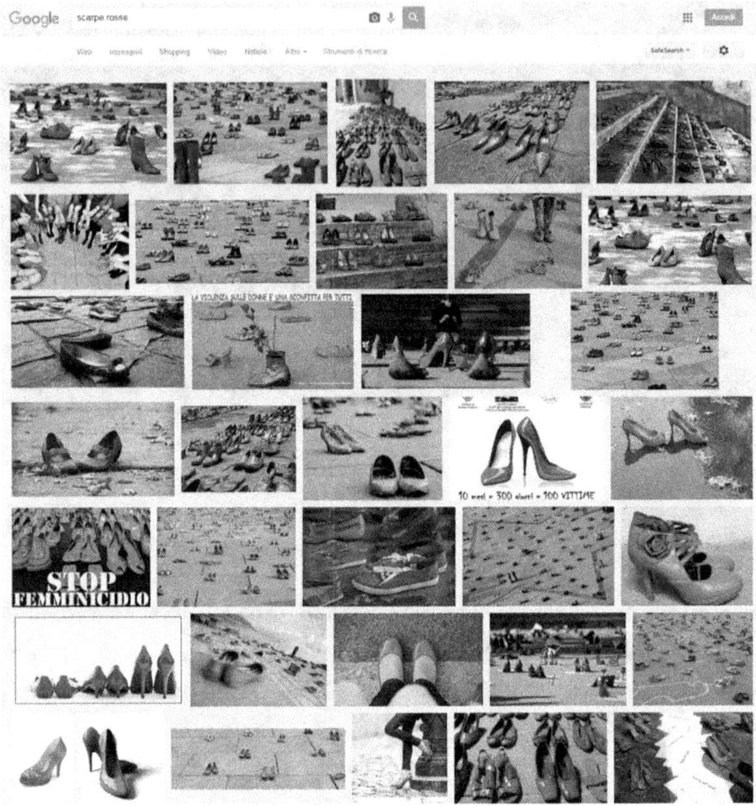

Il risultato della ricerca per immagini di "Scarpe rosse" (accesso dicembre 2014)

La diffusione del simbolo è passata anche attraverso la realizzazione di locandine in occasione di iniziative contro la violenza alla donna, come quella tenuta presso l'Auditorium di Milano per il concerto straordinario dei solisti de "la Verdi" dedicato alla mostra *Le dame del Pollaiolo. Una bottega fiorentina del Rinascimento* alla vigilia della Giornata internazionale per l'eliminazione della violenza contro le donne del 2014, o i manifesti di campagne contro la violenza alle donne, come quello promosso dalla Regione Puglia in collaborazione con il Teatro Pubblico Pugliese *Troppo amore: sbagliato*, divulgato ampiamente anche attraverso riviste e quotidiani.

Francesco Renga
25 November 2015 ·

Adesso Basta! #stopallaviolenzasulledonne
#giornatamondialecontrolaviolenzasulledonne

Il cantante Francesco Renga pubblica in occasione della Giornata Internazionale per l'eliminazione della violenza contro le donne un'immagine di *Zapatos Rojos* a El Paso

Infine, anche l'Accademia della Crusca si è avvalsa dell'immagine delle scarpe rosse nella sua accezione simbolica: il testo in cui il prestigioso istituto argomenta il motivo per cui è corretto usare il termine femminicidio, è accompagnato dall'unica immagine di un paio di scarpe rosse tratte da *Zapatos Rojos*[57].

Da questa analisi, che ha inteso restituire, senza alcuna pretesa di esaustività, la vasta eco che ha avuto il progetto, attraverso alcune modalità operative ed esempi, possiamo sostenere che in Italia, oggi, l'immagine simbolica delle scarpe femminili rosse rappresenta un'icona sotto cui si riconosce una lotta comune.

• • • Perché questa diffusione?
Note sulla violenza contro le donne in Italia

Zapatos Rojos e alcuni dei progetti autonomi che vi si sono ispirati hanno coordinato le diverse realtà sociali e culturali che lottano contro la violenza sulle donne, in territorio italiano: pur nelle singole specificità, numerosi enti e associazioni che si occupano di questo problema in Italia si sono riconosciuti nel simbolo di "scarpe rosse".

Diversi sono gli interrogativi sugli effetti concreti che il progetto riuscirà ad avere nel contesto specifico del Messico. La diffusione di *Zapatos Rojos* esercita realmente una pressione sui governi messicani tale da indurre gli stessi ad intervenire sul fenomeno? Il progetto condurrà al cambiamento sociale? In quale misura tra i promotori e i partecipanti vi sono soggetti che lo utilizzano, in modo fuorviante, come forma di marketing?

Non è possibile rispondere a queste domande, e alcune appaiono utopiche, ma possiamo sostenere che, oggi, grazie a *Zapatos Rojos*, migliaia di italiane e italiani conoscono la tragedia del femminicidio di Ciudad Juárez, sono consapevoli dello stato in cui versano le donne nel contesto della città messicana e dell'esistenza di un problema di violenza contro le donne in quanto donne che è identificato con il termine femminicidio, che non è una categoria sterile. L'individuazione

Il settimanale "Grazia" pubblica un'immagine di *Zapatos Rojos* per trattare il tema del femminicidio in Italia. "Grazia", 2012, n. 48, p. 35.

Affissione della Regione Puglia in occasione della campagna contro la violenza sulle donne "Troppo amore: sbagliato" 2013-2014

del problema è il primo passo e prenderne coscienza è una tappa imprescindibile per una possibile soluzione. Rendersi conto che non si è soli in una battaglia è un altro importante fattore per affrontare il problema: *Zapatos Rojos* unisce persone e organizzazioni e ne rende visibile la forza, anche emotiva, attraverso la marcia.

I benefici che un progetto di questa portata può arrecare al contesto locale di Ciudad Juárez sono diversi. Il segnale di solidarietà che dall'Italia e dalle città del mondo in cui si realizza arriva alle *madres* e ai familiari delle vittime di Juárez è un fatto non trascurabile. L'attivista Marisela Ortiz afferma che più la notizia su Juárez effluisce dai confini messicani, più si infonde la fiducia in un cambiamento. La presenza di una rete internazionale, pur non offrendo alcuna garanzia per l'incolumità di artisti e attivisti messicani, rappresenta sicuramente un forte segnale di partecipazione e comunanza per chi mantiene viva la lotta e, nell'azione collettiva, traccia i contorni transnazionali di una battaglia culturale che è ancora tutta da combattere. In questo modo *Zapatos Rojos*, nato in una precisa realtà locale, è divenuto un progetto che ha senso globalmente. Tuttavia è interessante notare come ciò che numerosi articoli giornalistici riportano rispetto alle scarpe rosse come simbolo internazionale sia errato: tale riconoscimento, ad oggi, vale solo per l'Italia. Non possiamo verificare il motivo per cui questa tendenza sia un fatto esclusivamente italiano. Possiamo solo individuare e provare a interpretare alcuni indicatori.

Il tema della violenza contro le donne, in Italia, è esploso solo negli ultimi sette-otto anni. Il termine femminicidio non era usato dai mass media. La giornata del 25 novembre non era presa in considerazione, se non dagli addetti ai lavori, associazioni che si occupano dei diritti umani e dei diritti delle donne[58]. Numerosi giornalisti e saggisti italiani, negli anni, hanno criticato l'utilizzo del termine femminicidio, perché lo ritenevano inutile ed esagerato; in questa opposizione hanno mostrato profonde lacune sia relative alla conoscenza del problema di genere sia rispetto alle circostanze e alla storia che hanno portato alla nascita del termine stesso. Come rileva la giurista Barbara Spinelli, sebbene il termine femminicidio sia stato usato per la prima volta in Italia il 18 marzo 2008, è solo negli ultimi anni che nel nostro Paese esso viene impiegato in modo massiccio dai media, dai rappresentanti istituzionali e anche dalle associazioni che si occupano di diritti umani. Spesso, però, se ne fa un uso superficiale, come femminile di omicidio, generando confusione[59]. L'introduzione del vocabolo incontra resistenze ancora oggi per il fatto che alcuni lo ritengono un virtuosismo frutto di una delle tante mode linguistiche più che del bisogno di nominare un concetto. Il semiologo Ugo Volli afferma che scrivere "femminicidio" invece di "delitto passionale" non è un espediente linguistico o una risposta linguistica, ma culturale: "[è] la consapevolezza cioè che in quella violenza c'è un rapporto di potere sbagliato e antico, una forma di possesso disumanizzante..."[60]. Matilde Paoli dell'Accademia della Crusca mette bene in evidenza che l'introduzione del termine nella lingua è la conseguenza di un'evoluzione culturale e giuridica. Nel Web, fino al 2010 non erano nemmeno state raggiunte 10 occorrenze, ma a partire dallo stesso anno si è registrato un crescendo continuo (22 nel 2010, 31 nel 2011) che erompe nelle 276 del 2012 e al 22 giugno 2013 supera le 400[61]. Ciò evidenzia che il termine è sempre più riconosciuto; rifiutarlo significherebbe negare l'esistenza del problema.

Tornando ad interrogarci sui motivi per cui *Zapatos Rojos* ha avuto una presa particolare in Italia, la storia giuridica del nostro Paese ci fornisce utili informazioni che riguardano le relazioni inique tra i sessi. Gli interventi normativi risultano tardivi rispetto agli altri Paesi: solo fino a pochi anni fa sono rimaste valide le differenze di genere e limitata la libertà della donna. Quando, nei primi anni Settanta, si è diffuso il femminismo, il "delitto d'onore" non era ancora stato abolito: fino al 1981, a un uomo che uccideva la propria moglie per adulterio veniva data una pena di tre anni di reclusione.

Prima del Codice Penale, il Codice Rocco, promulgato nel 1930, definiva i reati sessuali tra gli atti di "violenza contro la morale" e il buon costume, affermando che la violenza non offendeva la persona, coartandola nella sua libertà, ma ledeva la "moralità pubblica". Il bene da proteggere e tutelare non era la persona, ma il buon costume sociale (che non considerava la donna libera di disporre della propria sessualità). Lo stupro era dunque un "crimine contro la dignità personale e la moralità pubblica", non contro la persona. Solo nel 1996, la L. n. 66, "Norme contro la violenza sessuale", ha spostato il reato di violenza dalla morale pubblica ai reati contro la persona, superando il paternalistico concetto di violenza sessuale che non riconosceva la libertà sessuale delle donne come principale bene giuridico da tutelare.

L'introduzione del reato di stalking risale solo al 2009, con il D.L. 23/02/2009 n. 11, "Misure urgenti in materia di sicurezza pubblica e di contrasto alla violenza sessuale, nonché in tema di atti persecutori", convertito in L. 23/04/2009 n. 38, che ha inserito nel Codice Penale l'art. 612 bis, "Atti persecutori". Ciò spiega il motivo per cui solo dal 2013 la nostra società si sia attivata su questo fronte[62].

Solo nel 2014 abbiamo il primo strumento vincolante in materia di violenza sulle donne, la Convenzione di Istanbul, varata dal Consiglio d'Europa l'11 maggio 2011, ratificata dall'Italia il 27 giugno 2013, ed entrata in vigore il 1° agosto dell'anno seguente. La Convenzione definisce la "violenza nei confronti delle donne" una violazione dei diritti umani e una forma di discriminazione contro le donne, comprendente tutti gli atti di violenza fondati sul genere che provocano o sono suscettibili di provocare danni o sofferenze di natura fisica, sessuale, psicologica o economica, incluse le minacce di compiere tali atti, la coercizione o la privazione arbitraria della libertà, sia nella vita pubblica sia nella vita privata[63]. La Convenzione contiene misure per la prevenzione della violenza, per la protezione delle vittime, i procedimenti penali per i colpevoli e definisce e criminalizza le diverse forme di violenza contro le donne (stalking, matrimonio forzato, mutilazioni dei genitali, violenze fisiche, violenze psicologiche, violenza sessuale). Si tratta di un passo importante che sostiene un cambiamento culturale nei confronti dei diritti della donna.

L'arretratezza dell'Italia in merito al contrasto alla violenza sulla donna è rimarcata anche dall'assenza di un osservatorio, che impedisce di monitorare la situazione e di valutare l'impatto delle politiche poste in essere. Dal 2005 i numeri più attendibili sul femminicidio sono forniti dalla Casa della donne per non subire violenza, con sede a Bologna, che documenta i casi prendendoli dalla stampa[64].

Il quadro della situazione delle discriminazioni e della violnza contro le donne in Italia, è stato ben delineato nel Report firmato dalla Special Rapporteur dell'ONU Rashida Manjoo, che su invito del Governo tecnico Monti condusse una visita ufficiale in Italia dal 15 al 26 gennaio 2012 con l'obiettivo di esaminare la situazione della violenza contro le donne[65]. Nel rapporto si ricorda che l'Italia è stata richiamata dalla Convention on the Elimination of All Forms of Discrimination against Woman (CEDAW). Nel Report si legge che rispetto alla violenza fisica, la più diffusa, che colpisce in tutto il paese, è la violenza domestica (78%). La voce "Femicide" rimanda proprio alla violenza domestica che, perpetrata, si riflette nel numero crescente delle vittime di femminicidio: "Nel 2010 ben 127 donne sono state assassinate da uomini. (...) Nel 54% dei casi di femminicidio, il colpevole era o un partner o un ex partner e solo il 4% dei casi l'autore era sconosciuto alla vittima"[66]. Numerosi sono i casi di violenza non denunciati, frutto di una mancanza di consapevolezza; la violenza domestica non è sempre percepita come un crimine. Se il quadro giuridico prevede una protezione sufficiente per la vittima di violenza, l'inadeguata punizione dei colpevoli e la mancanza di mezzi di ricorso efficaci per le donne vittime di violenza scoraggia la denuncia. Dunque il quadro di diffidenza rispetto alle istituzioni preposte alla tutela dei diritti della donna, descritto in relazione al Messico, vale per certi versi anche per l'Italia, pur non essendo le due situazioni paragonabili.

Il Report dell'ONU sottolinea inoltre un elemento di tipo culturale

"laRepubblica.it" associa un'immagine di scarpe rosse per inviare un messaggio contro la violenza sulle donne in occasione della Giornata internazionale per l'eliminazione della violenza contro le donne del 2015

estremamente importante: sulla figura della donna nella società italiana gravano pesanti stereotipi. La donna viene considerata oggetto sessuale responsabile della cura della casa e dei figli, rappresentazione che passa attraverso i media e i discorsi dei politici. Rashida Manjoo scrive: "Gli stereotipi di genere, che predeterminano i ruoli di uomini e donne nella società, sono profondamente radicati. Le donne portano un pesante fardello in termini di cura delle famiglie, mentre il contributo degli uomini ad essa è tra i più bassi del mondo. Per quanto riguarda la loro rappresentazione nei media, nel 2006, il 53% delle donne che sono apparse in televisione non ha parlato; mentre il 46% è stato associato con temi come il sesso, la moda e la bellezza e solo il 2% con temi di impegno sociale e professionalismo". Sottolinea questo aspetto il documentario *Il corpo delle donne*, realizzato nel 2009 da Lorella Zanardo, Marco Malfi Chindemi e Cesare Cantù, che mostra come nella tv italiana le donne siano generalmente presenti come una rappresentazione grottesca, volgare e umiliante[67]. Il Piano nazionale contro la violenza di genere e lo stalking, approvato dalla Presidenza del Consiglio dei Ministri l'11 novembre 2010, prevede una sensibilizzazione degli operatori dei settori dei media per trasmettere una comunicazione e un'informazione, anche commerciale, rispettosa della rappresentazione di genere, in particolare femminile. I media sono un fortissimo veicolo di stereotipi sessuali, spesso fanno apparire la violenza sulle donne come ordine naturale delle cose, narrazione distorta che porta a sottovalutare il fenomeno e a non farne comprendere la vera natura. Oggi permane un'oggettivazione e una mercificazione fatta dal marketing sul corpo della donna, che lo relega a oggetto di consumo, amplifica e legittima il clima sessista e il concetto di inferiorità della donna. Ciò attiva dei meccanismi inconsci sul pubblico maschile, invitandolo esplicitamente (e non) a considerare il corpo della donna un oggetto, da usare a proprio piacimento. Le donne sono dunque sottoposte a una violenza simbolica continua, tesa a influenzare il loro immaginario, incitandole a uniformarsi alla misura dell'apparenza e a considerare la seduzione come mezzo di accettazione sociale[68].

L'unica via per sconfiggere violenza di genere e femminicidio non può che essere, dunque, di tipo culturale prima che giuridico; il livello giuridico è l'espressione di quello culturale di un paese. La violenza contro le donne è una manifestazione della cultura, un fenomeno strutturale, trasversale a società diverse tra loro, le cui radici risiedono nel rapporto asimmetrico tra i generi. I progetti artistici e culturali, pertanto, possono contribuire a dare una valida risposta alla creazione di consapevolezza. Voluti, richiesti, organizzati non solo all'interno della cornice dell'arte e dai soggetti che combattono principalmente questa battaglia, ma anche da soggetti come scuole e università, sono tasselli fondamentali per mettere in discussione il sistema presente. Serena Dandini sostiene che sono state proprio le donne delle associazioni e dei centri antiviolenza a chiederle di esporsi con uno spettacolo, per risvegliare attraverso l'arte l'attenzione e l'interesse verso questi argomenti in contesti difficilmente penetrabili dai tanti discorsi seri. Così *Ferite a morte* si è trasformato in un evento teatrale virale. Proprio come *Zapatos Rojos* che, partito nel 2009 dalla "città delle morte", si è fatto grido di denuncia nel nostro Paese e si sta diffondendo in varie città del mondo, pur non avendo un'organizzazione strutturata e finanziamenti che lo sostengano, ma basandosi unicamente su comunità temporanee che il progetto genera, aggregando donne e uomini, uniti nel coro "Ni una más, Ni una más, Ni una más...".

1. La mostra *La neta de las netas*, che comprendeva anche disegni e installazioni, ottenne un premio dal governo di Sinaloa. Chauvet Elina, *La neta de las netas*, Catalogo della mostra, Universidad Autónoma de Sinaloa, 2011.

2. Il primo finanziamento fu elargito dal Concaulta, Consiglio Comunale per lo sviluppo delle Culture e delle Arti dello Stato di Chihuahua, nell'ambito del programma per lo sviluppo della cultura giovanile. Il secondo fu assegnato all'artista per un progetto di scultura, che impiegava materiali di riciclo, nell'ambito del programma "Alas y Raíces". Janvier Joyce – Chauvet Elina, *Red Shoes Project,* in "WEA Women Environmental Artists Directory", Issue 3: "Border Crossings", 2011.

3. Peggy Phelan scrive che il valore attribuito dalle artiste femministe alla quotidianità, alla dimensione familiare ed emozionale determina l'insorgere di un vivace dibattito sulla molteplicità degli effetti dei vincoli familiari sulla vita psichica e creativa. Phelan Peggy, "Introduzione", in Reckitt H. (a cura di), *Art and Feminism*, Phaidon Press, London 2001 (trad. it: *Arte e Femminismo*, Phaidon Press, London 2005).

4. Cfr. Bishop Claire, *Artificial Hells. Participatory Art and the Politics of Spectatorship*, 2012 (trad. it.: *Inferni artificiali. La politica della spettatorialità nell'arte partecipativa*, Luca Sossella, 2015 e Thompson N., (a cura di), *Living as Form: Socially Engaged Art From 1991-2011*, Creative Time Books, New York – MIT Press, Cambridge 2012.

5. Pasternak Anne, "Foreword", in Thompson N. (a cura di), *Living as Form...* cit., p. 8. Creative Time, con base a New York, si descrive come "a public arts organization that works with artists to contribute to the dialogues, debates and dreams of our times".

6. Raven Arlene (a cura di), *Art in the Public Interest*, Da Capo Press, New York 1989.

7. Kwon Miwon, *One Place After Another. Site-specific Art and Locational Identity*, MIT Press, Cambridge - London 2002, p. 109.

8. Suzanne Lacy, nel 1994, dava la definizione di queste pratiche nel saggio *Mapping the terrain: New Genre Public Art*: "We might describe this as, to distinguish it in both form and intention from what hase been called public art – a term used for the past twenty-five years to describe sculpture and installations sited in public places. Unlike much of what has therefore been called public art, new genre public art – visual art that uses both traditional and nontraditional media to communicate and interact with a broad and diversified audience about issues directly relevant to their lives – is based on engagement." Lacy Suzanne, "Cultural Pilgrimages and Methaphoric Journeys", in Lacy S. (a cura di), *Mapping the terrain: New Genre Public Art*, Bay Press, 1994, p. 19.

9. Kwon Miwon, *One Place...* cit., p. 105.

10. Bourriaud Nicolas, *Esthétique relationnelle*, Les presses du réel, Dijon 1998 (trad. it: *Estetica relazionale*, Postmedia Books, Milano 2010, p. 46).

11. Clay Shirky parla di "contagio sociale" a proposito dei casi in cui i cittadini utilizzano il proprio surplus di tempo libero per realizzare azioni di interesse comunitario. L'autore fa l'esempio dei Responsible Citizens che, attraverso il loro impegno nel pulire le strade del quartiere, stanno cercando di dimostrare un impegno civico positivo alla gente che conoscono e alla gente che quella gente conosce, ecc. Shirky Clay, *Cognitive Surplus. Creativity and Generosity in a Connected Age*, Penguin Books, Londra 2010 (trad. it: *Surplus cognitivo. Creatività e generosità nell'era digitale*, Codice Edizioni, Torino 2010, p. 109).

12. Bishop Claire, *Inferni artificiali...* cit.

13. "By using people as a medium, participatory art has always had a double ontological status: it is both an event in the world, and also at a remove from it. As such, it has the capacity to communicate on two levels – to participants and to spectators

– the paradoxes that are repressed in everyday discourse, and to elicit perverse, disturbing and pleasurable experiences that enlarge our capacity to image the world and our relations anew. But to reach the second level requires a mediating third term – an object, image, story, film even a spectacle – that permits this experience to have a purchase on the public imaginary." Claire Bishop sottolinea inoltre che non va dimenticato che uno dei requisiti principali dell'arte è che è data per essere vista, e si riflette su uno spettatore. Bishop Claire, "Participation and Spectacle: Where Are We Now?", in Thompson N. (a cura di), *Living as Form...* cit., p. 45.

14. Groys Boris, "Politica dell'installazione", in Id., *Going Public*, e-flux, Inc., Sternberg Press, 2010 (trad. it: *Going Public. Scrivere d'arte in chiave non estetica*, Postmedia Books, Milano 2013, pp. 33-44).

15. I soggetti che hanno fatto parte del tavolo sono: Accademia di Belle Arti di Reggio Calabria, Amnesty International, A.N.P.I., ARCI, Arcidiocesi di RC-Bova Comunità di Accoglienza ONLUS - Centro Antiviolenza "Casa A. Morabito", Centro Antiviolenza "Margherita", Centro Antiviolenza "Casa delle Donne" – C.I.F. (Centro Italiano Femminile) Provinciale di Reggio Calabria, Centro Comunitario Agape, Consigliera Parità Opportunità della Provincia Reggio Calabria, Comitato "Donne e Madri in difficoltà", Coop. Ichora, CSV – Centro Servizi per il Volontariato, DID.AR.T didattica, arte e territorio, G.A.D.IT delegaz.RC, G.O.V.I.C. Gruppo Ospedaliero Volontari in Chirurgia, IDEAREE, Istituto per la Famiglia sez. 319 Gallico, Istituto per la Famiglia Sez. 278 Iona (VV), Legambiente Onlus, Libera. Me Mus.le (Ecojazz), Maestri di Speranza, Progetto Farasha, Presidente Commissione Regionale Pari Opportunità, SNOQ – Se Non Ora Quando Reggio Calabria. Carbone Serena, *La marcia delle scarpe rosse*, in "Exibart. com", 13 novembre 2013.

16. Nel caso delle edizioni italiane di *Zapatos Rojos*, la partecipazione maschile è sempre stata particolarmente elevata.

17. Kwon Miwon, *One Place...* cit.

18. Ib.

19. Castoriadis Cornelius – Lash Christopher, *La Culture de l'égoisme*, Climats, Parigi 2012 (trad. it.: *La cultura dell'egoismo. L'anima umana sotto il capitalismo*, Elèuthera, 2014, p. 13).

20. Bauman Zygmunt, *Capitalismo parassitario*, Laterza, Roma-Bari 2011, p. 34.

21. Guerisoli Francesca, "Segni, luoghi, relazioni", in Colleoni Matteo – Guerisoli Francesca, *La città attraente. Luoghi urbani e arte contemporanea*, Egea, Milano 2014.

22. *Il Mago di Oz* è tratto dal celebre libro per ragazzi *The Wonderful Wizard of Oz* (il meraviglioso mago di Oz) del 1900 di L. Frank Baum. Nel film le scarpe di Dorothy sono rosse, luccicanti, mentre nel libro sono "scarpette d'argento". *Scarpette Rosse* è tratto dalla fiaba *De røde sko* (le scarpette rosse) del 1845 di Hans Christian Andersen, e narra la storia di una ballerina che si trova di fronte alla scelta tra amore e carriera, optando per quest'ultima, decisione che la porterà alla tragedia. Protagoniste sono le scarpette rosse, stregate, donate alla giovane da un ciabattino, che la costringeranno a ballare senza sosta.

23. Janvier Joyce – Chauvet Elina, *Red Shoes Project...* cit.

24. Scotini Marco, "Regina José Galindo. La ripetizione come azione di resistenza", in Savorelli L. (a cura di), *Regina José Galindo*, Vanillaedizioni, Albissola Marina (SV) 2006, p. 9.

25. Ciò non toglie che alcuni fotografi professionisti abbiano realizzato reportage, che gestiscono in autonomia rispetto all'organizzazione di *Zapatos Rojos*.

26. Bishop Claire, *Inferni artificiali...* cit., p. 18.

27. *Zapatos Rojos* è stato esposto anche in Italia, nella mostra collettiva *Tasselli d'arte: scenari latino americani*, a cura di Patrizia Rappazzo, nell'ambito di "Sguardi Altrove" Film festival a regia femminile, XX edizione (Milano, 1 Marzo – 5 Aprile 2013). In questo caso, il progetto è stato documentato attraverso l'allestimento di una marcia di scarpe rosse accompagnata da una didascalia. Nella collettiva esponeva anche Teresa Margolles con i due video *¿Cómo salimos?* (2010) e *Mujeres bordando junto al Lago Atitlán* (2011).

28. Thompson Nato, "Living as Form", in Id. (a cura di), *Living as Form...* cit., p. 19.

29. Ivi, pp. 20-21.

30. *Living as Form, Archive of Socially Engaged Practices from 1991-2011*, in "Creativetime.org". L'archivio on-line comprende 366 progetti, classificati secondo diverse chiavi di ricerca.

31. Thompson Nato, "Curator Statement", in *Living as Form, Archive...* cit.

32. Kwon Miwon, *One Place...* cit., p. 31.

33. Hapgood Susan, *Remaking Art History*, in "Art in America", luglio 1990, p. 120.

34. Kwon Miwon, *One Place...* cit., p. 43.

35. Mazzoleni Monica, *La lotta contro la violenza sulle donne è senza confini*, in "Segnali di fumo. Il magazine sui diritti umani", 28 febbraio 2014.

36. Ballester Buigues Irene, "Diálogos de resistencia. Artistas de España, México y Guatemala en la denuncia del feminicidio", Atencio G. (a cura di), *Feminicidio. El asesinado de mujeres por ser mujeres*, Editorial Catarata, Madrid 2015.

37. Dato aggiornato a dicembre 2015.

38. Kerry Doyle, come assistente direttore e curatrice (2007-2012), prese in carico i compiti di istruzione e di sensibilizzazione della comunità, organizzando progetti curatoriali focalizzati sul dialogo transfrontaliero e l'arte latino-americana contemporanea, curando oltre una dozzina di mostre, performance e installazioni tra le città di El Paso e Juárez. Dal 2012, come direttrice del Centro, ha ampliato la programmazione e il coinvolgimento del pubblico con eventi incentrati sulle pratiche interdisciplinari nel campo delle arti.

39. Washington Valdes Diana, *Red shoes art display protests violence against Juárez women*, in "El Paso Times", 27 luglio 2012.

40. Conversazione privata con Elina Chauvet, 2013.

41. L'artista, nuda, legge un testo che esce dalla sua vagina come se fosse un cordone ombelicale. La donna legge in pubblico, sovvertendo il tradizionale assunto patriarcale che sono le donne ad essere lette, interpretate, capite. Phelan Peggy, "Introduzione" cit.

42. Bordini Silvia, "Il dentro e il fuori", in Bussoni I. – Perna R., *Il gesto femminista. La rivolta delle donne: nel corpo, nel lavoro, nell'arte*, Derive e Approdi, Roma 2014, p. 45.

43. *Con i tuoi occhi*, progetto pubblico curato da Francesca Guerisoli, con Elina Chauvet, Marta Lodola e Chiara Mu. Milano, Colonne di San Lorenzo, 18 Novembre 2012. Il progetto artistico di sensibilizzazione sulla violenza contro le donne ha fatto parte delle iniziative promosse dal Sindaco di Milano, Giuliano Pisapia, e dalla Delegata del Sindaco alle Pari Opportunità del Comune di Milano, Francesca Zajczyk, in occasione della Giornata internazionale per l'eliminazione della violenza contro le donne.

44. "I Amnesty", n. 2/2013.

45. Phelan Peggy, "Introduzione", cit., p. 45.

46. Katy Deepwell intervista Marina Abramovich, "Ecco perché il corpo è una casa" in De Cecco E. – Romano G. (a cura di), *Contemporanee. Percorsi, lavori e poetiche delle artiste dagli anni Ottanta a oggi*, Costa&Nolan, Ancona-Milano 2000, p. 93.

47. *Violenze sulle donne, a Milano scarpe rosse in tribunale*, in "la Repubblica.it", 25 novembre 2014.

48. *Le donne con le scarpe rosse vanno ad Expo*, in "Voghera sei tu", 31 gennaio 2015.

49. Il caso più eclatante, che ha suscitato una netta presa di posizione da parte della comunità internazionale di *Zapatos Rojos* attraverso Facebook, avvenne a Città del Messico: di fronte al Palazzo delle Belle Arti, la rete televisiva statunitense Fox, allestì una copia dell'installazione di *Zapatos Rojos* per registrare la puntata pilota di *Runners*, nuova serie sul tema del traffico di armi. Elina Chauvet dichiarò: "Me pareció algo deplorable porque es un montaje para una cadena de televisión cuando en realidad el problema (de los feminicidios en México) es mucho más grave, además de que Bellas Artes es un espacio que jamás me hubiera permitido el gobierno para llevar la obra; y sí me parece una total falta de respeto, un abuso, porque de seguro dieron un pago para el uso del espacio". Ortega Carmen, *Fox plagia obra de artista mexicana*, in "InfoTodo Mexico. Com", 2 aprile 2015).

50. "(...) E anche *Ferite a morte* ha adottato nelle sue tappe teatrali quel simbolo, chiedendo alle sue lettrici di indossare calzature rosse sul palcoscenico." *La marcia silenziosa delle scarpe rosse*, Sito Web di *Ferite a Morte*, 24 maggio 2013.

51. Redazione Ansa, *Violenza sulle donne: ecco le cifre agghiaccianti*, in "Ansa.it", 25 novembre 2014 (aggiornato il 2 gennaio 2015).

52. *Scarpe rosse in piazza per dire basta alla violenza sulle donne*, in "la Repubblica.Milano.it", 18 novembre 2012.

53. *Giornata mondiale contro il femminicidio: l'Italia delle scarpe rosse*, in "la Repubblica.it", 25 novembre 2013.

54. Cassano Michele, *Le grandi foto Ansa, un anno di immagini*, in "Ansa.it", 2 gennaio 2014.

55. Il critico russo sottolinea che il rapporto tra produttori e spettatori stabilizzatosi nel XX sec. con la cultura di massa si è invertito, determinando che, rispetto ai pochi scelti che proponevano immagini e testi a milioni di lettori e spettatori, sono subentrati milioni di produttori che emettono altrettante immagini e parole per uno spettatore, che però non ha mai avuto tanto poco tempo per osservare. Groys Boris, "Politica dell'installazione" cit., p. 74.

56. Joselit David, *After Art* cit., p. 25.

57. Paoli Matilde (a cura di), *Femminicidio: i perché di una parola*, in "Accademia della Crusca.it", 28 giugno 2013.

58. Mazzoleni Monica, *La lotta contro la violenza sulle donne è senza confini*, in "Sagarana. Rivista letteraria Trimestrale", n. 54, gennaio 2014.

59. Spinelli Barbara, *Femminicidio. Dalla denuncia sociale al riconoscimento giuridico internazionale*, FrancoAngeli, Milano 2008.

Nell'indagine da me condotta, a febbraio 2016, attraverso i vocabolari on-line risulta che per la maggior parte di essi il termine è sconosciuto (es. il Sabatini Coletti, Hoepli, il Nuovo De Mauro). Treccani definisce il femminicidio: "femminicidio (feminicidio), s. m. Uccisione diretta o provocata, eliminazione fisica o annientamento morale della donna e del suo ruolo sociale." Garzanti linguistica definisce il termine con "uccisione di una donna", omettendo "in quanto donna".

60. Volli Ugo – Benedettini Anna, "Scrivere femminicidio è una scelta culturale", in Ordine dei Giornalisti – Consiglio Nazionale, Gruppo di lavoro Pari Opportunità, *Tutt'altro genere d'informazione*, Società Cooperativa Editoriale Cultura e Lavoro, Roma 2015, pp. 115-116.

61. Il termine femminicidio era già presente nell'Ottocento, ma la sua natura era di creazione letteraria e non aveva rilevanza giuridica. Con l'affermarsi dei movimenti femministi negli anni Settanta il termine fu recuperato, avendo presenti i significati attribuiti nel Nord America. Paoli Matilde (a cura di), *Femminicidio... cit.*

La divisione tra chi sostiene l'importanza dell'uso del termine femminicidio e chi la nega riguarda anche gli ambienti femministi. Alcune femministe italiane dichiarano che attraverso l'introduzione del termine femminicidio si è avuta una presa di coscienza maggiore della violenza di genere contro le donne; altre lo ritengono inutile, sostenendo che si debba parlare di omicidio.

62. Il film *Processo per stupro*, diretto da Loredana Rotondo nel 1979, rende bene il clima di arretratezza in termini di diritti delle donne. Primo documentario su un processo per stupro mandato in onda dalla RAI, riscosse una vastissima eco nell'opinione pubblica relativamente al dibattito sulla legge contro la violenza sessuale. Fu insignito del Prix Italia e presentato a festival del cinema, tra cui il Festival di Berlino, e una copia è conservata negli archivi del MoMA di New York. Dal film emerge la violenza degli avvocati che difendevano gli accusati: descrivendo i dettagli della violenza e la vita privata della vittima, puntavano a screditarla, trasformandola in imputata.

63. Convenzione di Istanbul, Art. 3 – Definizioni. Gli altri punti definiscono la "violenza domestica", il termine "genere", l'espressione "violenza contro le donne basata sul genere": la "violenza domestica" comprende tutti gli atti di violenza fisica, sessuale, psicologica o economica che si verificano all'interno della famiglia o del nucleo familiare o tra attuali o precedenti coniugi o partner, indipendentemente dal fatto che l'autore di tali atti condivida o abbia condiviso la stessa residenza con la vittima; con il termine "genere" ci si riferisce a ruoli, comportamenti, attività e attributi socialmente costruiti che una determinata società considera appropriati per donne e uomini; l'espressione "violenza contro le donne basata sul genere" designa qualsiasi violenza diretta contro una donna in quanto tale, o che colpisce le donne in modo sproporzionato.

64. Le fonti sui femminicidi sono: la Relazione annuale Casa della donne per non subire violenza, Bologna, che dal 2005 documenta i casi prendendoli dalla stampa; l'Indagine istituzionale Eu.R.E.S., *Il femminicidio in Italia nell'ultimo decennio Dimensioni, caratteristiche e profili di rischio*, dicembre 2012, che incrocia i dati tratti dalla stampa con quelli del Ministero dell'Interno; il Ministero dell'Interno, che dal 2014 fornisce dati trimestrali su omicidi volontari divisi per genere traendoli dalla Polizia di Stato; l'Istat.

65. Manjoo Rashida, *Report of the Special Rapporteur on violence against women, its causes and consequences on her mission to Italy (15–26 January 2012)*, United Nations, General Assembly, Human Rights Council, XX Sessione, 15 giugno 2012.

66. Ivi, pp. 6 e 8.

67. Zanardo Lorella, Malfi Chindemi Marco, Cantù Cesare, *Il corpo delle donne*, 2009 (video, 24'21"). Si veda anche Zanardo Lorella, *Il corpo delle donne*, Feltrinelli, Milano 2010.

68. Contesi Dada, *L'apartheid di genere. Come cambiare il destino delle donne*, Book Sprint, Romagnano al Monte (SA) 2014.

Inoltre è da sottolineare il modo improprio con cui le donne vengono descritte dalla lingua italiana, in particolare l'uso della forma maschile anziché femminile per i titoli professionali e per i ruoli istituzionali ricoperti sempre più spesso da donne. L'associazione di giornaliste GiULiA ha realizzato alcune pubblicazioni che riassumono le ricerche effettuate in merito, compreso un "manuale di grammatica": GiULiA - Robustelli Cecilia, *Donne, grammatica e media. Suggerimenti per l'uso dell'italiano*, Eurograf, Ariccia (RM) 2014.

AA.VV., *El Monu. Paseo por las memorias del parque*, Bazar Cultural del Monu, Ciudad Juárez 2015.

AA.VV., *Sistemi Emotivi. Artisti contemporanei tra emozione e ragione*, Catalogo della mostra, Centro di Cultura Contemporanea Strozzina, Firenze, 30 novembre 2007 – 3 febbraio 2008, Silvana Editoriale, Cinisello Balsamo (MI) 2007.

Amnesty International, *México, muertes intolerables, 10 anos de desapareciones y asesinatos de mujeres en Ciudad Juárez y Chiuhauha*, EDDI, Londra/Madrid, agosto 2003.

Arena Alba, *La barbarie silenziosa. La violenza contro le donne e la crisi del patriarcato*, Edizioni Clandestine, Massa (MS) 2014.

Atencio G. (a cura di), *Feminicidio. El asesinado de mujeres por ser mujeres*, Editorial Catarata, Madrid 2015.

Ballester Buigues Irene, *El cuerpo abierto. Representaciones extremas de la mujer en el arte contemporaneo*, Ediciones Trea, Cenero-Gijón 2012.

Ballester Buigues Irene, "Diálogos de resistencia. Artistas de España, México y Guatemala en la denuncia del feminicidio", in Atencio G. (a cura di), *Feminicidio. El asesinado de mujeres por ser mujeres*, Editorial Catarata, Madrid 2015.

Ballester Buigues Irene, *From Empowerment. Extreme Pictures against the Globalizing Patriarchal Capitalism: Fight and Resistance versus Mexican Femicide and the Chicano beyond Border*, in "Arte y políticas de identidad", Universidad de Murcia, vol. 3 (dicembre), 2010.

Barrios J.L. – Chávez Mac Gregor H. – García de Germenos P., Henaro S. –Jorge Reynoso Pholenz J. (a cura di), *Espectrografías: Memorias e Historia*, Catalogo della mostra, Museo Universitario Arte Contemporáneo, UNAM, Città del Messico,1 dicembre 2010–27 marzo 2011.

Bauman Zygmunt, *Capitalismo parassitario*, Laterza, Roma-Bari 2011.

de Benito Fernández Álvaro , *Proyecto Juárez*, in "Arte Al Dia", 24 novembre 2011.

Bishop Claire, *Artificial Hells. Participatory Art and the Politics of Spectatorship*, 2012 (trad. it.: *Inferni artificiali. La politica della spettatorialità nell'arte partecipativa*, Luca Sossella, 2015).

Bishop Claire, "Participation and Spectacle: Where Are We Now?", in Thompson N. (a cura di), *Living as Form: Socially Engaged Art From 1991-2011*, Creative Time Books, New York – MIT Press, Cambridge 2012.

Bonansinga Kate, *Curating at the Edge: Artists Respond to the U.S./Mexico Border*, University of Texas Press, El Paso 2014.

Bordini Silvia, "Il dentro e il fuori", in Bussoni I. – Perna R., *Il gesto femminista. La rivolta delle donne: nel corpo, nel lavoro, nell'arte*, Derive e Approdi, Roma 2014.

Bourdieu Pierre, *La domination masculine*, Éditions du Seuil, 1998 (trad. it.: *Il dominio maschile*, Feltrinelli, Milano 1998-2014).

Bourriaud Nicolas, *Esthétique relationnelle*, Les presses du réel, 1998 (trad. it: *Estetica relazionale*, Postmedia Books, Milano 2010).

Bussoni Ilaria – Perna Raffaella (a cura di), *Il gesto femminista. La rivolta delle donne: nel corpo, nel lavoro, nell'arte*, DeriveApprodi, Roma 2014.

NI UNA MÁS

Butler Judith, *Precarious Life: the Powers of Mournig and Violence*, Verso, London-New York 2004 (trad. it: *Vite precarie. I poteri del lutto e della violenza*, Postmedia Books, Milano 2013).

Calzolaio Chiara, "'Rispetta Juárez la CEDAW?'. I femminicidi di Ciudad Juárez alla luce del riconoscimento internazionale di discriminazione e violenza di genere", in Corti I. (a cura di), *Universo femminile. La CEDAW tra diritto e politiche*, Edizioni dell'Università degli Studi di Macerata EUM, Macerata 2013.

Calzolaio Chiara, "Femminicidi, movimenti sociali e soggettività politiche a Ciudad Juárez, Messico", in Rossi A. – Koensler A. (a cura di), *Comprendere il dissenso. Etnografia e antropologia dei movimenti sociali*, Perugia, Morlacchi Editore, Perugia 2012.

Camara de Diputados del H. Congreso de la Union, *Ley General de acceso de las mujeres a una vida libre de violencia*, Nueva Ley Publicada en el Diario Oficial de la Federacion el 1° de Febrero de 2007.

Caputi Jane - Russell Diana E.H., "Femicide: Sexist Terrorism against Women", in Radford J. – Russell D.E.H. (a cura di), *Femicide. The Politics of Woman Killing*, Open University Press, Buckingham 1992.

Carbone Serena, *La marcia delle scarpe rosse*, in "Exibart. com", 13 novembre 2013.

Cassano Michele, *Le grandi foto Ansa. Un anno di immagini*, in "Ansa.it", 2 gennaio 2014.

Castoriadis Cornelius – Lash Christopher, *La Culture de l'égoisme*, Climats, Parigi 2012 (trad. it.: *La cultura dell'egoismo. L'anima umana sotto il capitalismo*, Elèuthera, 2014).

Ceniceros Ortiz Brenda Isela, *Visibilities about Juárez feminicide through art*, Ciudad Juárez, 4 febbraio 2016 (*forthcoming*).

Ceniceros Ortiz Brenda Isela, testo pubblicato nell'ambito delle attività del corso *Combatividad y resistencia. Arte y feminismo en América Latina*, organizzato dalla piattaforma on-line "Feminicidio. net", coordinato da Irene Ballester Beigues, Madrid, marzo-giugno 2015.

Chauvet Elina, *La nieta de las nietas*, Catalogo della mostra, Universidad Autónoma de Sinaloa, 2011.

Coll Elizabeth, *Lorena Wolffer sasude a Nueva York con los casos del asesinadas en Jurez*, in "La Jornada.com.mx", 7 aprile 2004.

Colleoni Matteo – Guerisoli Francesca, *La città attraente. Luoghi urbani e arte contemporanea*, Egea, Milano 2014.

Contesi Dada, *L'apartheid di genere. Come cambiare il destino delle donne*, BookSprint, Romagnano al Monte (SA) 2014.

Corti I. (a cura di), *Universo femminile. La CEDAW tra diritto e politiche*, Edizioni dell'Università degli Studi di Macerata (EUM), Macerata 2013.

Dandini Serena – Misiti Maura, *Ferite a morte. E se le vittime potessero parlare?*, Rizzoli, Milano 2013.

Dara Chiara, *Gross violations dei diritti delle donne in Messico. La risposta del diritto internazionale*, Firenze University Press, Firenze 2014.

De Cecco Emanuela – Romano Gianni, *Contemporanee. Percorsi, lavori e poetiche delle artiste dagli anni Ottanta a oggi*, costa&nolan, Ancona-Milano 2000.

Dean Matteo, "Assemblando donne", in Giletti Benso S. – Silvestrini L. (a cura di), *Ciudad Juárez. La violenza sulle donne in America Latina, l'impunità, la resistenza delle Madri*, FrancoAngeli, Milano 2010.

Deepwell Katy – Marina Abramovich, "Ecco perché il corpo è una casa", in De Cecco E. – Romano G. (a cura di), *Contemporanee. Percorsi, lavori e poetiche delle artiste dagli anni Ottanta a oggi*, Costa&Nolan, Ancona-Milano 2000.

Detwiler L. – Breckenridge J. (a cura di), *Pushing the Boundaries of Latin American Testimony: Meta-Morphoses and Migrations*, Palgrave Macmillan, New York 2012.

Doyle Kerry – Durán Barraza Gabriela,

"Luchando, Rimando, Sachando, Pintando. Young Female Artists Collectives in Ciudad Juárez", in Rohrleitner M.-Ryan S.E. (a cura di), *Dialogues across Diasporas: Women Writers, Scholars, and Activists of Africana and Latina Descent in Conversation*, Lexington Books, Lanham 2015.

Driver Alice, *More or Less Dead. Feminicide, Haunting, and the Ethics of Representation in Mexico*, The University of Arizona Press, 2015.

Driver Alice, "Ciudad Juárez as a Palimpsest: Searching for Ecotestimonios", in Detwiler L. – Breckenridge J. (a cura di), *Pushing the Boundaries of Latin American Testimony: Meta-Morphoses and Migrations*, Palgrave Macmillan, New York 2012.

Felshin N. (a cura di), *But is it Art? The Spirit of Art as Activism*, Bay Press, Seattle, Washington 1995.

Fernandez Marc – Rampal Jean-Christophe, *La ville qui tue les femmes*, *Hachette Littératures*, Paris 2005 (trad. it.: *La città che uccide le donne. Inchiesta a Ciudad Juárez*, Fandango Libri, Roma 2007).

Fong Ronquillo Yéffim, "El significado hestorico del monumento a Benito Juárez en la frontera", in AA.VV., *El Monu. Paseo por las memorias del parque*, Bazar Cultural del Monu, Ciudad Juárez 2015.

Fregoso Rosa-Linda, *For the Women of Ciudad Juárez*, in "TheFeministWire. com", 3 dicembre 2012.

Fregoso Rosa-Linda, *Lourdes Portillo Retrospective at MoMA*, in "TheFeministWire.com", 21 giugno 2012.

Fregoso R.L. – Bejarano C. (a cura di), *Terrorizing Women: Feminicide in the Américas,* Duke University Press, Durham 2010.

Galindo Regina José, Siviero Viviana, "Intervista", in Savorelli Livia (a cura di), *Regina José Galindo*, Vanilla Edizioni, Albissola Marina (SV) 2006.

Gardea Duarte Óscar , "PM / Conflicto e identidad", in AA.VV., *El Testigo. Teresa Margolles*, Catalogo della mostra, CA2M Centro de arte dos de Mayo Comunidad de Madrid, Madrid 2014.

García Martínez Anayeli, *Se refugia Marisela Ortiz en EU*, in "Cimacnoticias. com.mx", 14 marzo 2011.

Gibler John, *The Disappeared. The story of September 26, 2014, the day 43 Mexican students went missing — and how it might be a turning point for the country, The California Sunday Magazine,* dicembre 2014 (trad. it.: *Non rispondono all'appello*, "Internazionale", n. 1089, anno 22, 13/19 febbraio 2015, pp. 34-42).

Giletti Benso S. – Silvestrini L. (a cura di), *Ciudad Juárez. La violenza sulle donne in America Latina, l'impunità, la resistenza delle Madri*, FrancoAngeli, Milano 2010.

Giletti Benso Silvia, "I vortici della violenza", in Silvia Giletti Benso, Laura Silvestrini (a cura di), *Ciudad Juárez. La violenza sulle donne in America Latina, l'impunità, la resistenza delle Madri*, FrancoAngeli, Milano 2010.

GiULiA – Robustelli Cecilia, *Donne, grammatica e media. Suggerimenti per l'uso dell'italiano*, Eurograf, Ariccia (RM) 2014.

González Rodríguez Sergio, *Huesos en el desierto*, Anagrama, Barcelona 2002 (trad. it.: *Ossa nel deserto*, Adelphi, Milano 2006).

Gregory J. – Dean A. – Pellicia D., *Ni Una Más, Not One More: The Juárez Murders*, Curators Statement, Catalogo della mostra, The Leonard Pearlstein Gallery, Drexel University, Philadelphia 2010.

Groys Boris, "Politica dell'installazione", in Id., *Going Public*, e-flux, Inc., Sternberg Press, 2010 (trad. it: *Going Public. Scrivere d'arte in chiave non estetica*, Postmedia Books, Milano 2013).

Hapgood Susan, *Remaking Art History*, in "Art in America", luglio 1990.

Henríquez Tomás, "El retrato de tu ausencia", in Morales Vázquez Alejando, *El retrato de tu ausencia*, Instituto Chihuahuense de la Cultura, Chihuahua 2015.

Heiskanen Benita, *Ni Una Más, Not One More: Activist-Artistic Response to the Juárez Femicides*, in "JOMEC Journal Journalism, Media and Cultural Studies", n. 3, giugno 2013.

Janvier Joyce – Chauvet Elina, *Red Shoes Project*, in "WEA Women Environmental Artists Directory", Issue 3: "Border Crossings", 2011.

Joselit David, *After Art*, Princeton University Press, 2013 (trad. it.: *Dopo l'arte*, Postmedia Books, Milano 2015).

Karnes A. (a cura di), *México Inside Out: Themes in Art Since 1990*, Catalogo della mostra, Modern Art Museum of Forth Worth, 15 settembre 2013 – 5 gennaio 2014, Forth Worth, Texas, 2013.

Kelley Jeff, "The Body Politics of Suzanne Lacy", in Nina Felshin (a cura di), *But is it Art? The Spirit of Art as Activism*, Bay Press, Seattle, Washington 1995.

Kwon Miwon, *One Place After Another. Site-specific Art and Locational Identity*, MIT Press, Cambridge - London 2002.

Lacy Suzanne, "In Mourning and in Rage (with Analysis Aforethought)", in Radford J. – Russell D.E.H. (a cura di), *Femicide. The Politics of Woman Killing*, Open University Press, Buckingham 1992.

Lacy S. (a cura di), *Mapping the terrain: New Genre Public Art*, Bay Press, 1994.

Lagarde y de los Ríos Marcela, "Por la vida y la libertad de las mujeres: Fin al feminicidio/ Día V, Juárez", in *Apuntes para la Agenda legislativa del PRD 2004. Mesa Directiva del GPPRD*. Grupo Parlamentario del PRD. Cámara de Diputados, Congreso de la Unión LIX Legislatura. México, febbraio 2004.

Lippard Lucy, "Foreward", in Bonansinga Kate, *Curating at the Edge: Artists Respond to the U.S./Mexico Border*, University of Texas Press, El Paso 2014.

Lippard Lucy, *The Pains and Pleasures of Rebirth: Women's Body Art*, in "Art in America 64", 3 (maggio-giugno 1976).

Lorusso Fabrizio, *Narcoguerra. Cronache dal Messico dei cartelli della droga*, Odoya, Bologna 2015.

Manjoo Rashida, *Report of the Special Rapporteur on violence against women, its causes and consequences on her mission to Italy (15–26 January 2012)*, United Nations, General Assempbly, Human Rights Council, XX Sessione, 15 giugno 2012.

Martell Mayra, *Foto delle stanze delle donne scomparse di Ciudad Juárez*, in "Vice.it", 30 ottobre 2015.

Mazzoleni Monica, *La lotta contro la violenza sulle donne è senza confini*, in "Sagarana. Rivista letteraria Trimestrale", n. 54, gennaio 2014.

Medina Gonzalez Cuauhtémoc, *Espectralidad materialista*, in "Otra parte, revista de letras y artes", vol. 1 (24), 2011.

Merewether Charles, "De la inscripción a la disolución: un ensayo sobre el consumo en la obra de Ana Mendieta", in *Ana Mendieta*, Centro Galego de Arte Contemporáneo, Santiago de Compostela, 1996.

Monárrez Fragoso Julia, *Feminicidio sexual sistémico: víctimas y familiares, Ciudad Juárez, 1993-2004*, Tesi di Dottorato in Scienze Sociali, specialità Genere, UAM-X, México, D.F., 2005.

Monárrez Fragoso Julia, "The Victims of Ciudad Juárez Feminicide: Sexually Fetishized Commodities", in Fregoso R.L. – Bejarano C. (a cura di), *Terrorizing Women: Feminicide in the Américas*, Duke University Press, Durham 2010.

Morales Carrillo Alfonso, "On Aftertaste as Premonition: The Ciudad Juárez of Mayra Martell", in *Mayra Martell. Ciudad Juárez*, seltmann+soehne, Berlin/ Lüdenscheid 2013.

Observatorio Ciudadano Nacional del Feminicidio (OCNF), *Estudio de la implementación del tipo penal de feminicidio en Mexico: causas y consecuencias 2012-2013*, Messico, novembre 2014.

Ordine dei Giornalisti – Consiglio Nazionale, Gruppo di lavoro Pari Opportunità, *Tutt'altro genere d'informazione*, Società Cooperativa

Editoriale Cultura e Lavoro, Roma 2015.

Orquiz Martin, *'El Punto', un proyecto de primer mundo para Juárez*, in "El Diario. mx", 19 marzo 2013.

Ortega Carmen, *Fox plagia obra de artista mexicana*, in "InfoTodo Mexico.com", 2 aprile 2015.

Ortiz Rivera Marisela, *Asesinatos de mujeres en Ciudad Juárez*, Seminario "Un vento caldo vi accarezzerà. I Femminicidi di Ciudad Juárez", Aula Magna Facoltà di Economia, Università degli Studi di Torino, 28 maggio 2007.

Ortiz Uribe Mónica, *Juárez Murder Victims Get A Memorial. Families Still Seek Justice*, in "Fronterasdesk.org", 8 novembre 2011.

Pane G., Manganelli G., Vergine L. (a cura di), *Gina Pane, Partitions: Opere Multimedia 1984-1985*, Padiglione d'Arte Contemporanea, Milano, Mazzotta, Milano 1985.

Paoli Matilde (a cura di), *Femminicidio: i perché di una parola*, in "Accademia della Crusca.it", 28 giugno 2013.

Pasternak Anne, "Foreword", in Thompson N. (a cura di), *Living as Form: Socially Engaged Art From 1991-2011*, Creative Time Books, New York – MIT Press, Cambridge 2012.

Peinetti Patrizia, "Diniego e percorsi della verità", in Giletti Benso S. – Silvestrini (a cura di), *Ciudad Juárez. La violenza sulle donne in America Latina, l'impunità, la resistenza delle Madri*, FrancoAngeli, Milano 2010.

Perna Raffaella, *Arte, fotografia e femminismo in Italia negli anni Settanta*, Postmedia Books, Milano 2013.

Phelan Peggy, "Introduzione", in Reckitt H. (a cura di), *Art and Feminism*, Phaidon Press, London 2001 (trad. it: *Arte e Femminismo*, Phaidon Press, London 2005).

Pineda Jaimes Servando, "Ciudad Juárez: dal femminicidio alla speranza", in Giletti Benso S. – Silvestrini L. (a cura di), *Ciudad Juárez. La violenza sulle donne in America Latina, l'impunità, la resistenza delle Madri*, FrancoAngeli, Milano 2010.

Putnam Robert, *Bowling Alone: The Collapse and Revival of American Community*, Simon & Shuster, New York 2000.

Radford J. – Russell D.E.H. (a cura di), *Femicide: The Politics of Woman Killing*, Open University Press, Buckingham 1992.

Raven Arlene (a cura di), *Art in the Public Interest*, Da Capo Press, New York 1989.

Reckitt H. (a cura di), *Art and Feminism*, Phaidon Press, London 2001 (trad. it: *Arte e Femminismo*, Phaidon Press, London 2005).

Redazione Ansa, *Violenza sulle donne: ecco le cifre agghiaccianti*, in "Ansa.it", 25 novembre 2014 (aggiornato il 2 gennaio 2015).

Rodriguez Mauricio, *Víctimas abuchean a autoridades por inauguración de monumento en Juárez*, in "Proceso.com. mx", 7 novembre 2011.

Ronquillo Victor, *Las muertas de Juárez. Crónica de una larga pesadilla*, Temas De Hoy, Madrid 2004 (trad. it.: *L'inferno di Ciudad Juárez. La strage di centinaia di donne al confine Messico-Usa*, Baldini Castoldi Dalai, Milano 2006).

Rohrleitner M., Ryan S.E. (a cura di), *Dialogues across Diasporas: Women Writers, Scholars, and Activists of Africana and Latina Descent in Conversation*, Lexington Books, Lanham 2015.

Rosas Heimpel Carolina, *La reivindicación de la ciudad por el arte urbano: Ciudad Juárez, Chihuahua, México*, in "Arte y Ciudad - Revista de Investigación", n. 3, Aprile 2013.

Rossi A. – Koensler A. (a cura di), *Comprendere il dissenso. Etnografia e antropologia dei movimenti sociali*, Perugia, Morlacchi Editore, Perugia 2012.

Salazar Gutiérrez Salvador, *Estéticas disidentes en Ciudad Juárez: activismo político y biorresistencias más allá del Estado y del convencionalismo institucional*, in "Cuadernos Interculturales", Universidad de Playa Ancha, Chile, volume 1, n. 22, 2014.

NI UNA MÁS

Savorelli Livia (a cura di), *Regina José Galindo*, Vanilla Edizioni, Albissola Marina (SV) 2006.

Schmall Emily, *Juárez Chic? Fashion Companies Make Wrong Turn at the Border*, in "Daily Finance.com", 24 luglio 2010.

Schmidt Camacho Alicia R., *Ciudadana X: Gender Violence and the Denationalization of Women's Rights in Juárez, Mexico*, in "The Centennial Review", 5 (1), Spring.

Schor Gabriele, "L'avanguardia femminista. Un rovesciamento radicale", in Id. (a cura di), *Donna: avanguardia femminista negli anni '70. Dalla Sammlung Verbund di Vienna*, Catalogo della mostra, Roma, Galleria nazionale d'arte moderna, 19 febbraio – 16 maggio 2010, Electa, Milano 2010.

Scotini Marco, "Regina José Galindo. La ripetizione come azione di resistenza", in Savorelli L. (a cura di), *Regina José Galindo*, Vanillaedizioni, Albissola Marina (SV) 2006.

Segato Rita Laura, "Territorio, sovranità e crimini da secondo Stato: la scrittura sul corpo delle donne assassinate", in Giletti Benso S.– Silvestrini L. (a cura di), *Ciudad Juárez. La violenza sulle donne in America Latina, l'impunità, la resistenza delle Madri*, FrancoAngeli, Milano 2010.

Segato Rita Laura, *Guía para el conversatorio sobre el feminicidio. Feminicidios y violencias de género en la encrucijada de la cultura, el mercado y la justicia*, Tercer Foro Social Américas, Ciudad de Guatemala, 7-12 ottobre 2008 (appunti non pubblicati).

Sessini Jérôme, *The Wrong Side. Living on the Mexican Border*, Contrasto, Roma-Milano 2012.

Sheren Ila Nichole, *Portable Borders: Performance Art and Politics on the U.S. Frontera Since 1984*, University of Texas Press, El Paso 2015.

Shirky Clay, *Cognitive Surplus. Creativity and Generosity in a Connected Age*, Penguin Books, Londra 2010 (trad. it: *Surplus cognitivo. Creatività e generosità nell'era digitale*, Codice Edizioni, Torino 2010).

Sierra Sonia, *Proyecto Juárez exhibe la globalizacion*, in "El Universal.mx", 30 ottobre 2010.

Sileo D. –Viola E. (a cura di), *Regina José Galindo. Estoy viva*, Catalogo della mostra, PAC Padiglione d'Arte Contemporanea, Milano, 25 marzo – 8 giugno 2014, Skira, Ginevra-Milano 2014.

Solomon-Godeau Abigal, "Le belle arti del femminismo", in Gabriele Schor (a cura di), *Donna: avanguardia femminista negli anni '70. Dalla Sammlung Verbund di Vienna*, Catalogo della mostra, Roma, Galleria nazionale d'arte moderna, 19 febbraio – 16 maggio 2010, Electa, Milano 2010.

Spinelli Barbara, *Femminicidio. Dalla denuncia sociale al riconoscimento giuridico internazionale*, FrancoAngeli, Milano 2008.

Spinelli Barbara, *Perché si chiama femminicidio*, *Femminicidio Feminicide Feminicidio*, in "Corriere della Sera.it", "La27ora", 1 maggio 2012.

Staudt Kathleen – Méndez Zulma Y., *Courage, Resistance, and Women in Ciudad Juárez: Challenges to Militarization*, The University of Texas Press, El Paso 2015.

Staudt Kathleen, *Violence and Activism at the Border: Gender, Fear, and Everyday Life in Ciudad Juárez*, University of Texas Press, El Paso 2008.

Subrizi Carla, *Azioni che cambiano il mondo. Donne, arte e politiche dello sguardo*, Postmedia Books, Milano 2012.

Taylor D. – Costantino R. (a cura di), *Holy Terrors: Latin American Women Perform*, Duke University Press, Durham – London 2003.

Thompson N., (a cura di), *Living as Form: Socially Engaged Art From 1991-2011*, Creative Time Books, New York – MIT Press, Cambridge 2012.

de Vajay S. (a cura di), *Bridges & Borders*, JRP Ringier, Zurigo 2009.

Vicente Aliaga Juan, *Orden fálico. Androcentrismo y violencia de género en las prácticas artísticas del siglo XX*, Akal, Madrid 2007.

Viola Eugenio, "L'estetica sacrificale di Regina José Galindo. Un percorso tra le azioni italiane", in Sileo D. – Viola E. (a cura di), *Regina José Galindo. Estoy viva*, Catalogo della mostra, PAC Padiglione d'Arte Contemporanea, Milano, 25 marzo – 8 giugno 2014, Skira, Ginevra-Milano 2014.

Vitale Negrin Angela – Carrino Simona, "America Centro-Meridionale: dove l'impunità trova casa. Le denunce di Amnesty International", in Silvia Giletti Benso, Laura Silvestrini (a cura di), *Ciudad Juárez. La violenza sulle donne in America Latina, l'impunità, la resistenza delle Madri*, FrancoAngeli, Milano 2010.

Vogel Wolf-Dieter, *Ciudad Juárez: El arte regresa al espacio público. Intervista a Carolina Rosas Heimpel*, in "Heinrich Böll Stiftung", 3 dicembre 2014.

Volkart Ivonne, *War Zone: Bodies, Identities and Femininity in the Global High-Tech Industry*, in "n.paradoxa", Londra, luglio 1999.

Volli Ugo – Benedettini Anna, "Scrivere femminicidio è una scelta culturale", in Ordine dei Giornalisti – Consiglio Nazionale, Gruppo di lavoro Pari Opportunità, *Tutt'altro genere d'informazione*, Società Cooperativa Editoriale Cultura e Lavoro, Roma 2015, pp. 115-116.

Warsza Joanna, "Extreme nonviolence", in Żmijewski Artur – Warsza Joanna, *Forget Fear*, 7th Berlin Biennale For Contemporary Art, 27 aprile – 1 luglio 2012, KW Institute of Contemporary Art, Verlag der Buchhandlung Walther König, Köln 2012.

Washington Valdez Diana, "La cultura del sacrificio", in Giletti Benso S. – Silvestrini L. (a cura di), *Ciudad Juárez. La violenza sulle donne in America Latina, l'impunità, la resistenza delle Madri*, FrancoAngeli, Milano 2010.

Washington Valdes Diana, *Cosecha de mujeres. Safari en el desierto mexicano*, Océano, Barcellona 2005.

Washington Valdes Diana, *Red shoes art display protests violence against Juárez women*, in "El Paso Times", 27 luglio 2012.

Weizman Eyal, "Cuando los testigos no pueden hablar, los edificios deben...", in AA.VV., *El Testigo. Teresa Margolles*, Catalogo della mostra, CA2M Centro de arte dos de Mayo Comunidad de Madrid, Madrid 2014.

Zamora Márquez Anaiz, *Reportage – Mapa del feminicidio in Messico*, in "Cimacnoticias.com.mx", 18 gennaio 2015.

Zamora Márquez Anaiz, *Reportaje – Aún sin cumplir, sentencia de Campo Algodonero*, in "Cimacnoticias.com.mx", 19 novembre 2013.

Zanardo Lorella, *Il corpo delle donne*, Feltrinelli, Milano 2010.

Żmijewski Artur, "Foreword", in Żmijewski A. – Warsza J., *Forget Fear*, 7th Berlin Biennale For Contemporary Art, 27 aprile – 1 luglio 2012, KW Institute of Contemporary Art, Verlag der Buchhandlung Walther König, Köln 2012.

Conversazioni e interviste non pubblicate, citate nel testo:

Marisela Ortiz, attivista; Rayito Rocha, attivista; Pablo Hernández Batista, professore di Giornalismo presso la Universidad Autónoma de Ciudad Juárez; Olga Guerra, artista; Teresa Sordo, *Bordamos por la paz*; Elina Chauvet, artista; Alejandro Morales Vázquez, artista e curatore; Democracia, artisti; Mayra Martell, artista; Teresa Serrano, artista.

Francesca Guerisoli (Genova, 1980) si occupa di storia e critica d'arte contemporanea e di museologia. I suoi interessi di ricerca comprendono il rapporto dell'arte con la dimensione sociale e politica e l'arte negli spazi pubblici. Dal 2009 è docente di Arte e Architettura e Linguaggi della Fotografia presso l'Università di Milano-Bicocca. Ha curato diversi progetti espositivi, tra cui *Un altro mondo è ancora possibile?* (Palazzo Ducale, Genova, 2011), *Frammenti d'Italia* (sedi varie, 2014), *Zapatos Rojos* (sedi varie, 2012-2015). Numerosi i suoi contributi a volumi collettanei e a riviste. È co-autrice del volume *La città attraente. Luoghi urbani e arte contemporanea* (Egea, 2014).

Ni una más
Arte e attivismo contro il femminicidio
di Francesca Guerisoli

postmedia books 2016
240 pp. 147 ill.
isbn 9788874901562

tutti i diritti riservati / all rights reserved
È vietata la riproduzione non autorizzata
con qualsiasi mezzo, compresa la fotocopia

Postmedia Srl
Milano

www.postmediabooks.it

www.ingramcontent.com/pod-product-compliance
Lightning Source LLC
LaVergne TN
LVHW011004200726
843509LV00011B/987